누구나 쉽게 완성하는
프로크리에이트 드림
2D 애니메이션
with 아이패드

프로크리에이트 드림 2D 애니메이션 with 아이패드

ⓒ 2024. 정진호 All rights reserved.

1판 1쇄 발행 2024년 7월 8일

지은이 정진호
펴낸이 장성두
펴낸곳 주식회사 제이펍

출판신고 2009년 11월 10일 제406-2009-000087호
주소 경기도 파주시 회동길 159 3층 / **전화** 070-8201-9010 / **팩스** 02-6280-0405
홈페이지 www.jpub.kr / **투고** submit@jpub.kr / **독자문의** help@jpub.kr / **교재문의** textbook@jpub.kr

소통기획부 김정준, 이상복, 안수정, 박재인, 송영화, 김은미, 배인혜, 권유라, 나준섭
소통지원부 민지환, 이승환, 김정미, 서세원 / **디자인부** 이민숙, 최병찬

기획 송찬수 / **진행** 안수정 / **교정·교열** 이슬 / **내지 및 표지 디자인** 다람쥐생활
용지 타라유통 / **인쇄** 한길프린테크 / **제본** 일진제책사

ISBN 979-11-93926-23-9 (13000)
책값은 뒤표지에 있습니다.

※ 이 책은 저작권법에 따라 보호를 받는 저작물이므로 무단 전재와 무단 복제를 금지하며,
  이 책 내용의 전부 또는 일부를 이용하려면 반드시 저작권자와 제이펍의 서면 동의를 받아야 합니다.
※ 잘못된 책은 구입하신 서점에서 바꾸어드립니다.

제이펍은 여러분의 아이디어와 원고를 기다리고 있습니다. 책으로 펴내고자 하는 아이디어나 원고가 있는 분께서는
책의 간단한 개요와 차례, 구성과 지은이/옮긴이 약력 등을 메일(submit@jpub.kr)로 보내주세요.

정진호 지음

누구나 쉽게 완성하는
프로크리에이트 드림
2D 애니메이션
with 아이패드

릴스, 쇼츠, 틱톡 등 숏폼부터 유튜브까지
나만의 애니메이션 영상 콘텐츠 제작

※ 드리는 말씀

- 이 책에 기재된 내용을 기반으로 한 운용 결과에 대해 지은이, 소프트웨어 개발자 및 제공자, 제이펍 출판사는 일체의 책임을 지지 않으므로 양해 바랍니다.
- 이 책에 등장하는 회사명, 제품명은 일반적으로 각 회사의 등록 상표(또는 상표)이며, 본문 중에는 ™, ©, ® 마크 등을 생략하고 있습니다.
- 용어 표기는 맞춤법 규정보다는 프로그램이나 화면에 표시된 단어를 우선으로 하였습니다.
- 외래어 표기법에 따르면 Procreate Dreams의 정확한 표기는 '프로크리에이트 드림스'이나 이 책에서는 '프로크리에이트 드림'으로 통일하였습니다.
- 프로크리에이트 드림의 업데이트 등 집필 시점과 학습 시점의 차이로 인해 일부 기능은 지원하지 않거나 다를 수 있습니다.
- 책 내용과 관련된 문의사항은 지은이 혹은 출판사로 연락해 주시기 바랍니다.
  - 지은이: jvisualschool@gmail.com
  - 출판사: help@jpub.kr

차례

이 책의 구성 • 9 | 예제 파일 다운로드 • 10 | 들어가며 • 11
프로크리에이트 드림을 소개합니다 • 13 | 2D 애니메이션 제작을 위한 필수품 • 16

PART 01 프로크리에이트 드림과 친해지기

LESSON 01 프로크리에이트 드림 시작하기 — 18
- 프로크리에이트 드림의 첫 화면, 극장 — 18
- 선택 메뉴 살펴보기 — 19
- 공유 기능 맛보기 — 20
- 새로운 영화 만들기 — 21

LESSON 02 편집이 진행되는 작업 영역 살펴보기 — 24
- 영화 작업의 캔버스, 스테이지 — 24
- 영화의 현재 시간, 타임 코드 — 25
- 기본 도구 모음, 툴바 — 26
- 콘텐츠를 배치하는 타임라인과 트랙 — 27
- 영화 재생과 재생 헤드 — 28

LESSON 03 작업 효율이 높아지는 제스처 — 30
- 작업 취소 — 30
- 재실행 — 30
- 스테이지 확대, 축소, 회전 — 31
- 영역 크기 초기화 — 31
- 전체 화면으로 영화 감상하기 — 31
- 타임라인 트랙 및 시간 확대, 축소 — 32
- 더블 탭 — 33

LESSON 04 3가지 애니메이션 방식 — 34
- 프레임별로 작업하는 플립북 — 34
- 애니메이션 작업의 정석, 키프레임 — 35
- 드로잉하면 움직임이 되는 연출 — 35

LESSON 05　기본 환경설정 변경하기　　　　　　　　　　　　36

LESSON 06　완성한 영화 공유하기　　　　　　　　　　　　　41
　　극장에서 공유하기　　　　　　　　　　　　　　　　　　41
　　편집 화면에서 공유하기　　　　　　　　　　　　　　　　42

LESSON 07　연출 모드로 애니메이션 만들기 〔간단 실습〕　　44
　　새로운 영화 만들기　　　　　　　　　　　　　　　　　　44
　　배경 색상 변경하기　　　　　　　　　　　　　　　　　　46
　　그리기 및 페인트 모드에서 구름 그리기　　　　　　　　46
　　콘텐츠 이름 변경 및 타임라인 채우기　　　　　　　　　48
　　저장된 이미지 가져오기　　　　　　　　　　　　　　　　49
　　연출 모드로 움직임 표현하기　　　　　　　　　　　　　53
　　크기 변경 추가 및 키프레임 상세 보기　　　　　　　　　56
　　영화 이름 변경 및 동영상 파일로 저장하기　　　　　　　58

LESSON 08　키프레임 추가하여 애니메이션 만들기 〔간단 실습〕　60
　　새로운 영화 만들기　　　　　　　　　　　　　　　　　　61
　　프로크리에이트 파일 가져오기　　　　　　　　　　　　　61
　　레이어를 트랙으로 만들기　　　　　　　　　　　　　　　63
　　그룹에서 분리하기　　　　　　　　　　　　　　　　　　65
　　키프레임으로 자동차 움직이기　　　　　　　　　　　　　66
　　자연스러운 움직임을 위한 이징 설정　　　　　　　　　　69
　　360도 회전하는 타이어 움직임 표현하기　　　　　　　　70
　　콘텐츠 복제하여 배치하기　　　　　　　　　　　　　　　72
　　콘텐츠 크기 변경 및 방향 전환　　　　　　　　　　　　　73
　　라이브 필터로 이미지 색상 변경하기　　　　　　　　　　75
　　키프레임 간격 조정으로 속도 변경하기　　　　　　　　　77
　　스테이지 등장 시간 바꾸기　　　　　　　　　　　　　　78

LESSON 09　플립북 방식으로 애니메이션 만들기 〔간단 실습〕　79
　　새로운 영화 만들기　　　　　　　　　　　　　　　　　　79
　　참고 이미지 불러오기　　　　　　　　　　　　　　　　　80
　　플립북 모드 시작하기　　　　　　　　　　　　　　　　　81
　　첫 프레임부터 시작하기　　　　　　　　　　　　　　　　82
　　전체 프레임 완성하기　　　　　　　　　　　　　　　　　84
　　바닥 추가하기　　　　　　　　　　　　　　　　　　　　86
　　필요 없는 콘텐츠 정리하기　　　　　　　　　　　　　　87

PART 02 프로젝트로 배우는 프로크리에이트 드림

LESSON 01 밤하늘의 반딧불이 92

LESSON 02 푸른 하늘에 글자 그리기 103

LESSON 03 가을 공원의 떨어지는 낙엽 129

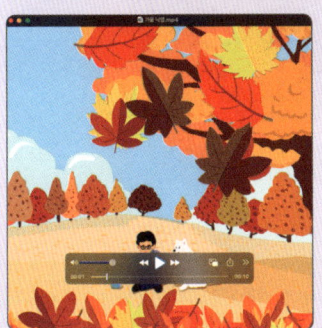

LESSON 04 폴라로이드 카메라 141

LESSON 05 창가의 고양이 156

LESSON 06 젖소를 납치하는 UFO 166

차례 7

LESSON 07 산타가 선물을 나르는
크리스마스카드 183

LESSON 08 공이 통통 튕기는 탁구 라켓 196

LESSON 09 밤바다를 비추는 등대 215

LESSON 10 음악이 재생되는 턴테이블 231

좀 더 효과적인 애니메이션 제작을 위한 보조 도구 • 247
찾아보기 • 251

이 책의 구성

이 책은 크게 2부로 구성되어 있습니다.

PART 01 프로크리에이트 드림을 처음 시작하는 분들을 위한 기본 설명입니다. 주요 기능과 3가지 애니메이션 제작 방식을 소개합니다.

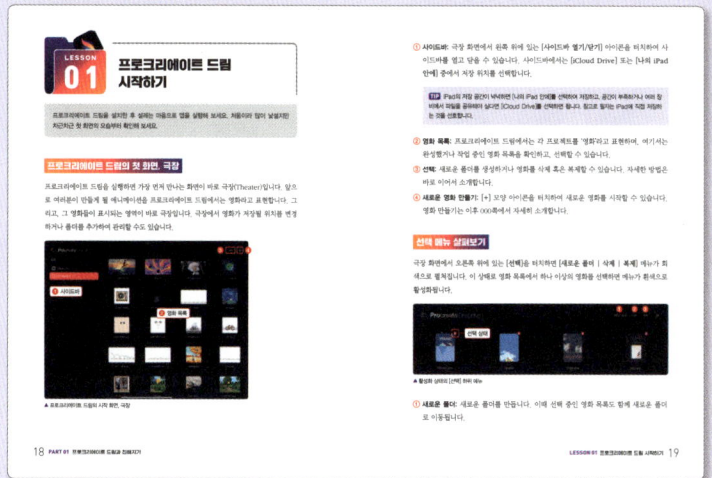

PART 02 간단하지만 다양한 애니메이션 작품들을 만들어 봅니다. LESSON 하나당 작업 시간은 30분~1시간 정도 소요되며, 실습에 필요한 모든 파일을 제공합니다.

예제 파일 다운로드

이 책에서 설명하는 내용을 직접 따라 해 볼 수 있도록 실습용 예제 파일과 완성 결과를 제공합니다. 아이패드에서 카메라를 이용하여 아래 QR 코드를 스캔하면 압축된 예제 파일을 다운로드할 수 있으며, 아이패드의 [파일] 앱의 [다운로드] 폴더에서 다운로드한 압축 파일을 풀어 원하는 위치에 저장한 후 사용하면 됩니다.

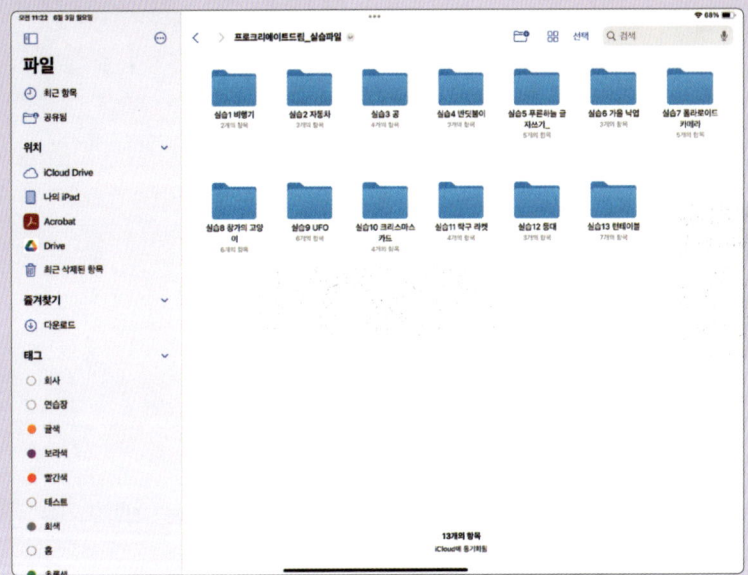
▲ 실습용 파일에 포함된 폴더

▲ 실습용 파일 다운로드 QR

예제 파일 사용 시 주의할 점

- 이 책에 포함된 실습용 파일은 학습 용도 이외에 상업적인 용도로 사용하거나 재배포할 수 없습니다.
- 실습 파일에 포함된 음원은 모두 freesound.org에서 다운로드한 것입니다.

처음 도전하는 2D 애니메이션

필자는 오래 전부터 프로크리에이트를 이용해 비주얼 씽킹이나 도서의 삽화 등 다양한 디지털 드로잉 작업을 하고 있었습니다. 그러던 중 2023년 가을, 프로크리에이트의 개발사인 Savage Interactive Pty Ltd.에서 손쉽게 애니메이션을 완성할 수 있는 놀라운 앱을 출시하였습니다. 바로 이 책의 주제인 프로크리에이트 드림입니다.

애니메이션은 여러 장의 멈춰 있는 이미지가 순차적으로 바뀌면서 움직이는 것처럼 보이는 잔상의 예술입니다. 이 예술을 돕는 도구가 바로 프로크리에이트 드림입니다. 처음에는 유튜브의 영상을 보며 기본 기능을 익혔고, 이후 웹사이트의 핸드북(https://help.procreate.com/dreams)을 찾아보고, 유튜브의 튜토리얼을 하나씩 따라 해 보면서 이 앱의 매력에 푹 빠지게 되었습니다.

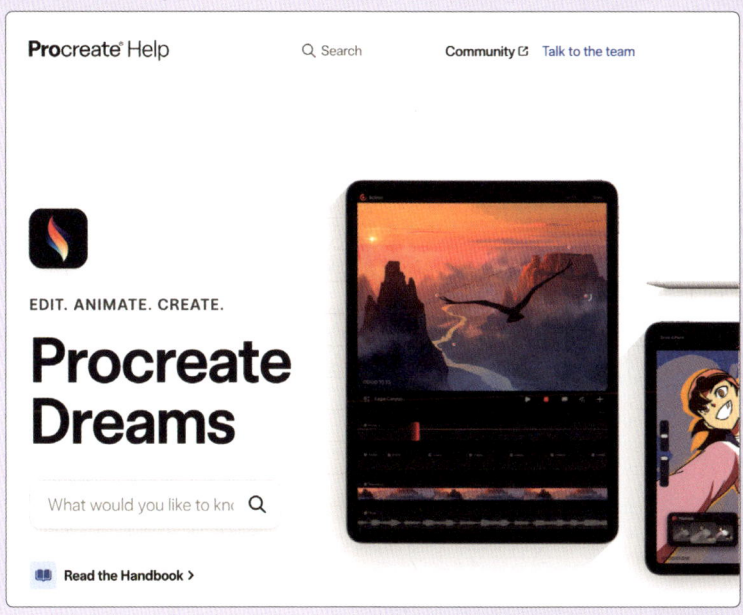

▲ 프로크리에이트 드림의 온라인 핸드북

초보자에서 전문가까지

유튜브에는 정말 많은 동영상 강좌가 있지만, 단편적인 지식이 대부분이었습니다. 프로크리에이트 드림의 유연하고 강력한 기능은 한 편의 애니메이션 영화를 정말 쉽게 제작할 수 있도록 도와주지만, 유튜브 영상만으로 초보자들이 쉽게 따라 하기는 어려워 보였습니다. 이런 멋진 도구를 초보자에서 전문가에 이르기까지 누구나 쉽게 따라 하며 기능을 하나씩 익히고 새로운 영감을 얻기를 바라는 마음에 이 책을 쓰게 되었습니다. 그러니 2D 애니메이션을 처음 접하는 분들이라도 겁내지 말고 도전해 보시기 바랍니다.

사용할 때마다 느끼는 것이지만 프로크리에이트 드림은 정말 가성비가 좋은 앱입니다. 사용자를 배려한 기능들 덕분에 쓰면 쓸수록 애정과 감사의 마음이 생긴답니다. 부디 이 책과 함께 여러분도 프로크리에이트 드림의 매력에 푹 빠져 보시기 바랍니다.

여러분을 위한 책입니다

- **2D 애니메이션을 처음 시작하는 사람:** 이제 막 아이패드를 구입했거나, 아이패드를 가지고 있지만 창작을 위한 도구로 사용해 본 경험이 없는 사람을 위해 쉽고 재미있게 2D 애니메이션을 시작하는 방법을 안내해 드립니다.
- **다양한 도전을 즐기는 사람:** 이 책에서는 여러분의 취향에 맞는 애니메이션 스타일을 찾을 수 있도록 가능한 다양한 스타일의 작품을 만들어 볼 수 있습니다.
- **프로크리에이트 드림의 강력함을 제대로 경험해 보고 싶은 사람:** 프로크리에이트 드림은 놀랍도록 강력한 기능이 곳곳에 깨알같이 숨어 있는 흥미로운 앱입니다. 마치 개발팀이 일부러 숨겨 놓은 것 같기도 합니다. 필자가 직접 다양한 시도를 하며 알게 된 기능을 쉽게 알려 드립니다.

프로크리에이트 드림을 소개합니다

프로크리에이트 드림은 2D 애니메이션을 처음 시작하는 초보자부터 전문가에 이르기까지 가능하면 많은 사람이 쉽고 즐겁게 2D 애니메이션을 만들 수 있도록 개발된 앱입니다. 프로크리에이트는 드로잉과 페인팅에 특화되어 있는 반면에 프로크리에이트 드림은 애니메이션에 특화되어 있습니다. 이미 프로크리에이트를 사용해 본 경험이 있다면 익숙한 브러시와 레이어 시스템을 활용할 수 있으며, 빠른 그래픽 엔진 탑재 등 애니메이션을 쉽게 만들기 위해 필요한 모든 것을 담고 있습니다. 아이패드와 프로크리에이트 드림만 있으면 거실, 카페, 도서관 등 여러분이 있는 모든 장소가 애니메이션 스튜디오로 변신하는 즐거운 경험을 할 수 있습니다.

▲ 카페에서 아이패드로 작업 중인 모습

프로크리에이트 드림의 특징

구독제가 아닌 1회 유료 결제만으로 사용할 수 있으면서도, 전문적인 작업에도 전혀 손색이 없는 강력한 기능을 제공하는 프로크리에이트 드림은 사용하면 할수록 정말 놀라운 앱이라는 생각이 절로 듭니다.

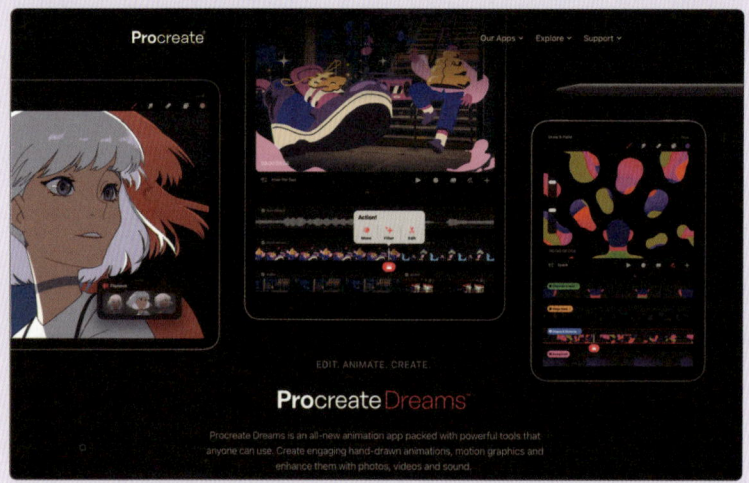

▲ 프로크리에이트 드림의 강력한 기능을 확인할 수 있는 웹사이트(https://procreate.com/dreams)

필자가 생각하는 프로크리에이트 드림의 대표적인 장점은 다음과 같습니다.

- **직관적인 사용성:** 프로크리에이트 드림은 직관적인 사용자 인터페이스와 간단한 도구 및 메뉴 구조를 제공하여 쉽고 빠르게 배울 수 있습니다.
- **다양한 브러시 및 도구:** 다양한 브러시, 펜, 연필, 마커 및 텍스처 도구가 포함되어 있어 다양한 스타일의 디지털 작품을 만들 수 있습니다.
- **고해상도 및 레이어 지원:** 최대 3840×3840의 고해상도 파일을 만들 수 있습니다.
- **빠른 반응 속도:** 즉각적으로 반응하는 뛰어난 성능을 제공합니다. 특히 아이패드 프로를 사용한다면 더욱 놀라운 사용자 경험을 체험할 수 있습니다.
- **프로크리에이트 브러시 가져오기:** 프로크리에이트를 사용 중이라면 직접 만들었거나 구입한 유료 브러시를 그대로 가져와 사용할 수 있습니다. 아이패드의 창을 분할해서 프로크리에이트와 프로크리에이트 드림을 동시에 열고 프로크리에이트의 브러시를 프로크리에이트 드림으로 드래그하면 됩니다.

이러한 장점으로 프로크리에이트 드림은 출시 전부터 많은 기대를 얻었으며, 출시와 동시에 초보자는 물론 전문 애니메이터에게도 큰 사랑을 받게 되었습니다. 일단 사용해 보면 새로운 아이디어가 마구 샘솟는 마법 같은 앱입니다.

단, 이렇게 완벽해 보이는 프로크리에이트 드림에도 몇 가지 제약이 있습니다.

- **오직 아이패드만 지원:** 이 책을 쓰는 현재까지는 아이패드 전용 앱으로 출시되어 PC나 안드로이드 태블릿에서는 사용할 수 없습니다.
- **벡터 그래픽 기능 없음:** 픽셀을 기반으로 하는 그래픽에 초점을 맞추고 있으며, 벡터 그래픽 기능을 제공하지 않습니다. 벡터 작업이 필요하다면 어도비의 애프터 이펙트와 같은 소프트웨어를 사용해야 합니다.
- **높은 성능의 장비:** 고해상도 이미지 및 다중 레이어 작업을 위해 높은 성능의 아이패드가 필요합니다. 즉, 구형 아이패드에서는 원활한 사용이 어려울 수 있습니다.

지금까지 장황하게 설명했으나, 한 줄로 요약하면 프로크리에이트는 2D 애니메이션을 처음 시작하는 사람에게 특히나 유용한 앱입니다. 그러니 살짝 망설여진다면 이 책과 함께 지금 바로 프로크리에이트 드림을 실행해 보세요. 여러분이 꿈꾸던 모습이 화면 속에 펼쳐질 것입니다.

2D 애니메이션 제작을 위한 필수품

이제 본격적인 애니메이션 창작에 앞서 꼭 필요한 도구 3가지를 소개합니다.

- **아이패드:** 프로크리에이트 드림은 iPadOS 16 이상이 설치된 아이패드에서 동작합니다. 프로, 에어, 일반, 미니 4가지 종류가 출시되고 있으나 애니메이션 작업을 위해서는 '거거익선'입니다. 즉, 화면이 클수록 좋습니다. 참고로 필자는 아이패드 프로 12.9인치 5세대(M1) 제품을 사용하고 있습니다.

- **애플 펜슬:** 프로크리에이트 드림은 손가락을 이용해 작업할 수도 있지만, 타임라인에서 다중 콘텐츠 선택 등 반드시 펜슬을 이용해야 하는 기능도 있습니다. 애플 펜슬은 사용 중인 아이패드에 따라 다르므로 다음 웹페이지를 참고하여 선택하면 됩니다.
https://support.apple.com/ko-kr/HT211029

- **프로크리에이트 드림:** 이 책의 주인공인 프로크리에이트 드림은 앱스토어에서 'procreate dream' 또는 '프로크리에이트 드림'으로 검색해서 설치할 수 있습니다. 2024년 6월 기준 가격은 29,000원(19.99달러)입니다. 한 번 구입하면 평생 사용할 수 있으며, 지속적인 업그레이드도 지원합니다.

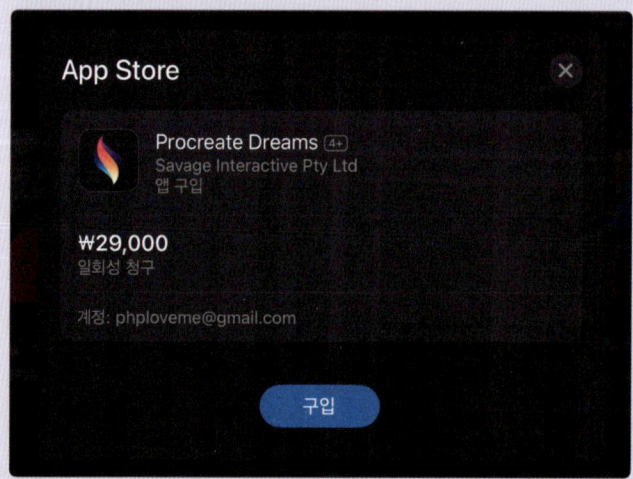

프로크리에이트 드림과 친해지기

본격적인 실습에 앞에 프로크리에이트 드림의
주요 기능을 하나씩 살펴보겠습니다.
우선은 기본 기능 소개 후 간단한 영상을 만들어 보면서
기초 사용법을 하나씩 설명합니다.
이미 기본 사용 방법에 익숙하거나 빠르게 창작의 재미를 느끼고 싶다면
바로 [PART 02]로 넘어가도 좋습니다.

프로크리에이트 드림 시작하기

프로크리에이트 드림을 설치한 후 설레는 마음으로 앱을 실행해 보세요. 처음이라 많이 낯설겠지만 차근차근 첫 화면의 모습부터 확인해 보세요.

프로크리에이트 드림의 첫 화면, 극장

프로크리에이트 드림을 실행하면 가장 먼저 만나는 화면이 바로 극장(Theater)입니다. 앞으로 여러분이 만들게 될 애니메이션을 프로크리에이트 드림에서는 영화라고 표현합니다. 그리고 그 영화들이 표시되는 영역이 바로 극장입니다. 극장에서 영화가 저장될 위치를 변경하거나 폴더를 추가하여 관리할 수도 있습니다.

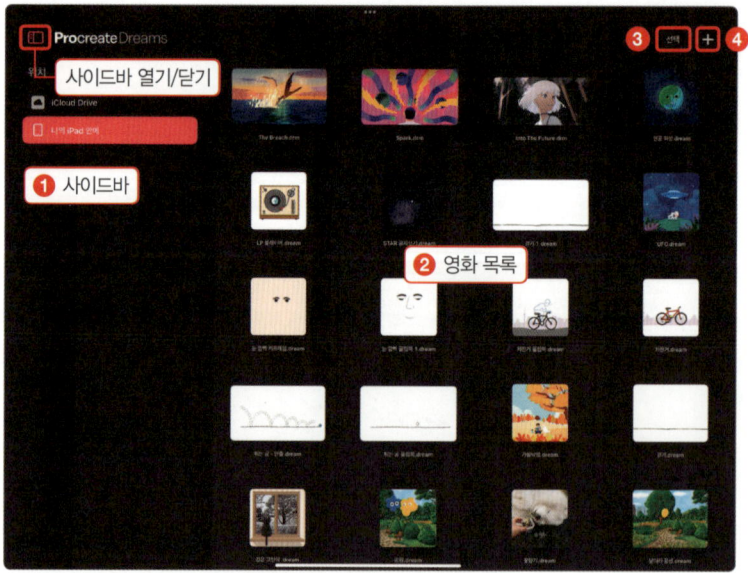

▲ 프로크리에이트 드림의 시작 화면, 극장

① **사이드바:** 극장 화면에서 왼쪽 위에 있는 [사이드바 열기/닫기] 아이콘을 터치하여 사이드바를 열고 닫을 수 있습니다. 사이드바에서는 [iCloud Drive] 또는 [나의 iPad 안에] 중에서 서장 위치를 선택합니다.

> **TIP** iPad의 저장 공간이 넉넉하면 [나의 iPad 안에]를 선택하여 저장하고, 공간이 부족하거나 여러 장비에서 파일을 공유해야 한다면 [iCloud Drive]를 선택하면 됩니다. 참고로 필자는 iPad에 직접 저장하는 것을 선호합니다.

② **영화 목록:** 프로크리에이트 드림에서는 각 프로젝트를 '영화'라고 표현하며, 여기서는 완성했거나 작업 중인 영화 목록을 확인하고, 선택할 수 있습니다.

③ **선택:** 새로운 폴더를 생성하거나 영화를 삭제 혹은 복제할 수 있습니다. 자세한 방법은 바로 이어서 소개합니다.

④ **새로운 영화 만들기:** [+] 모양 아이콘을 터치하여 새로운 영화를 시작할 수 있습니다. 영화 만들기는 이후 21쪽에서 자세히 소개합니다.

선택 메뉴 살펴보기

극장 화면에서 오른쪽 위에 있는 [선택]을 터치하면 [새로운 폴더 | 삭제 | 복제] 메뉴가 회색으로 펼쳐집니다. 이 상태로 영화 목록에서 하나 이상의 영화를 선택하면 메뉴가 흰색으로 활성화됩니다.

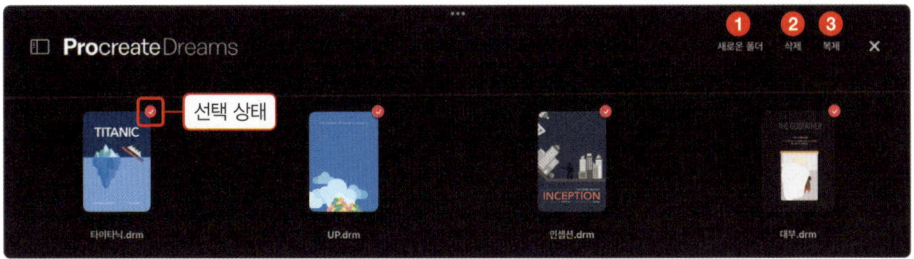

▲ 활성화 상태의 [선택] 하위 메뉴

① **새로운 폴더:** 새로운 폴더를 만듭니다. 이때 선택 중인 영화 목록도 함께 새로운 폴더로 이동됩니다.

② **삭제:** 선택한 영화를 삭제합니다. 한 번 삭제하면 되돌릴 수 없으므로 신중하게 선택해야 합니다.

③ **복제:** 선택한 영화를 복제합니다. 복제된 영화에는 원본과 같은 파일 이름 뒤에 1, 2, 3, … 순서로 번호가 붙습니다. 완성한 영화를 다른 영화에 활용하거나 또 다른 방식으로 편집할 때 원본을 유지한 채 복제본을 사용하면 효과적입니다.

▲ 복제된 영화들

공유 기능 맛보기

영화 목록에서 임의의 영화를 1초 정도 길게 터치하면 아래와 같이 팝업 메뉴가 펼쳐집니다. 이 중에서 [공유]를 선택하면 다양한 형식으로 저장할 수 있으며, 여기서 [Procreate Dreams]를 선택하면 추가 옵션을 선택할 수 있습니다. 공유에 대한 보다 자세한 내용은 이후 41쪽에서 설명합니다.

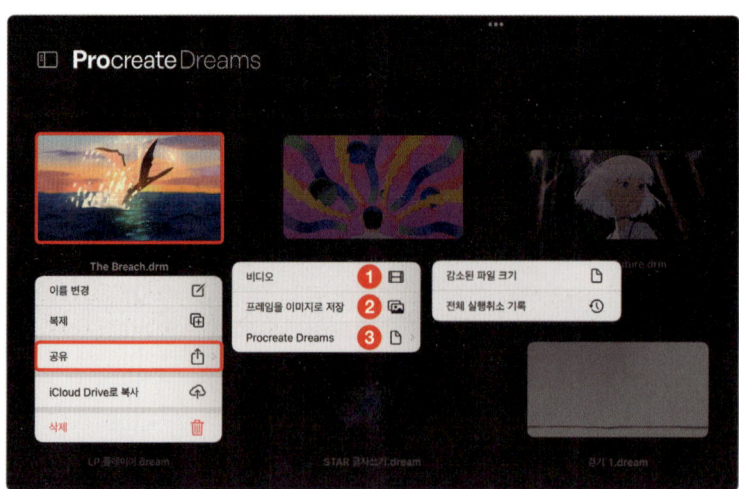

▲ 다양한 공유 메뉴

① **비디오:** 영화를 동영상 파일(MP4)로 저장합니다.
② **프레임을 이미지로 저장:** 영화의 각 프레임을 이미지 파일로 저장합니다. 이 방법으로 저장하면 무수히 많은 이미지가 생성됩니다. 예를 들어 초당 30프레임, 재생 시간 10초 영화라면 무려 300장의 이미지 파일이 생성됩니다.
③ **Procreate Dreams:** 다른 아이패드에서 이어서 편집할 수 있도록 저장합니다. 확장자는 .drm이며, 추가 옵션에서는 [**감소된 파일 크기**]를 추천합니다. 참고로 이전 버전의 확장자는 .dream입니다.

새로운 영화 만들기

프로크리에이트 드림의 새로운 프로젝트, 즉 새로운 영화 만들기는 극장 화면에서 오른쪽 위에 있는 [+] 아이콘을 터치하는 것부터 시작합니다. [+] 아이콘을 터치하면 다음과 같은 새로운 영화 만들기 화면이 열리며, 여기서 위아래로 스크롤하면서 스크린 크기 및 세부 옵션을 설정할 수 있습니다.

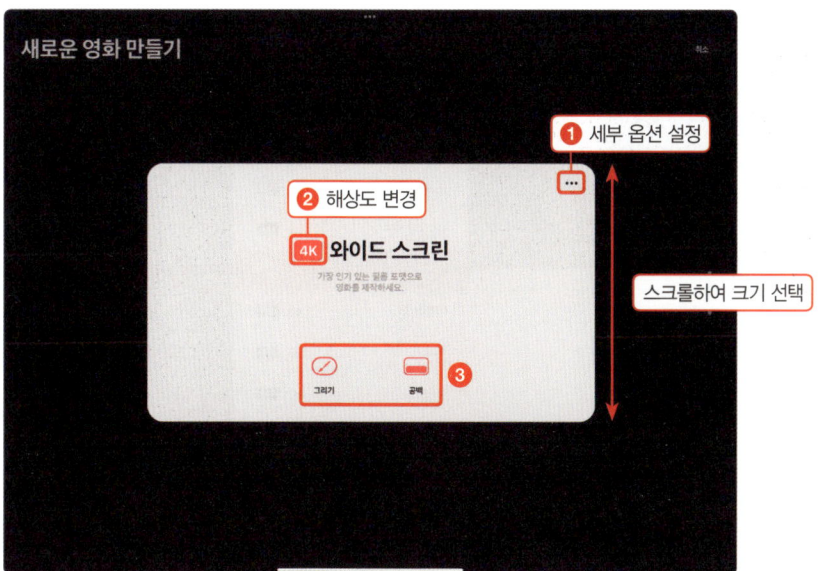

▲ 새로운 영화의 스크린 크기 선택 화면

명칭	UHD	화면비	해상도	특징
와이드 스크린	4K	16:9	3840 x 2160	TV에서 재생하면 좋습니다.
스크린 크기	4K	4:3	3840 x 2879	아이패드 화면 크기와 같습니다.
정사각형	4K	1:1	3840 x 3840	가로 세로 크기가 같습니다.
소셜 미디어	4K	9:16	2160 x 3840	와이드 스크린의 세로형입니다.
울트라와이드 스크린	4K	21:9	3840 x 1646	극장 상영에 적당합니다.

TIP 사용하는 아이패드 종류에 따라 화면비와 해상도가 다를 수 있습니다.

① **초당 프레임 수 및 재생 시간 변경:** 스크린 크기 선택 창의 오른쪽 위에 있는 [⋯]을 터치하면 초당 프레임 수(Frame Per Second)와 재생 시간을 변경할 수 있습니다. 기본값은 초당 프레임 수가 24FPS, 재생 시간이 30초입니다.

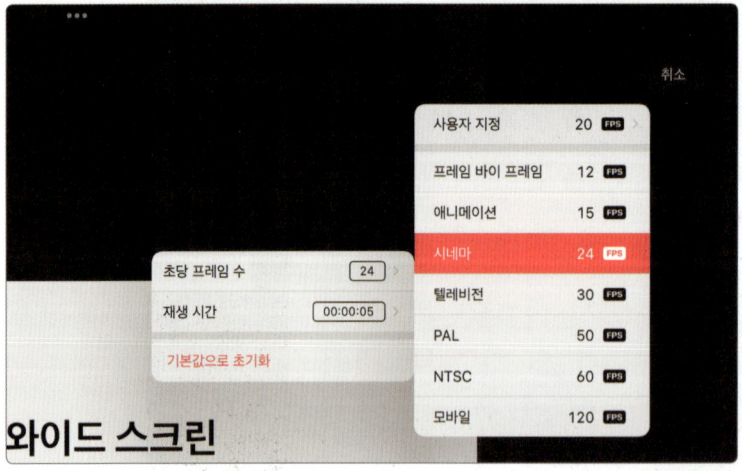

② **해상도 변경:** 스크린 크기 선택 창에서 기본값으로 표시된 [4K] 버튼을 터치하면 해상도를 바꿀 수 있습니다.

초당 프레임 수, 재생 시간, 너비, 높이는 이후 영화 속성 메뉴에서 언제든지 변경할 수 있습니다. 참고로 초당 프레임 수가 클수록 영상은 부드럽게 보이지만, 파일 용량이 커지고 더 많은 프레임 작업을 해야 한다는 어려움이 있습니다. 일단 처음에는 기본값으로 설정하고 시작하는 것을 추천합니다.

③ **그리기/공백:** 스크린 크기 선택과 옵션 설정이 끝났다면 이제 새로운 영화를 시작하기 위해 [그리기] 또는 [공백]을 터치합니다. [그리기]를 터치하면 그리기 및 페인트 모드에서 시작하므로 처음 시작할 때는 [공백]을 터치하면 됩니다. 그리기 및 페인트 모드에 대해서는 이후 46쪽에서 자세히 설명합니다.

LESSON 02
편집이 진행되는 작업 영역 살펴보기

본격적으로 영화를 만들기에 앞서, 영화 만들기 작업이 진행되는 작업 영역의 구성을 소개하겠습니다. 간단해 보이지만 매우 편리하고 강력한 기능들이 숨어 있습니다.

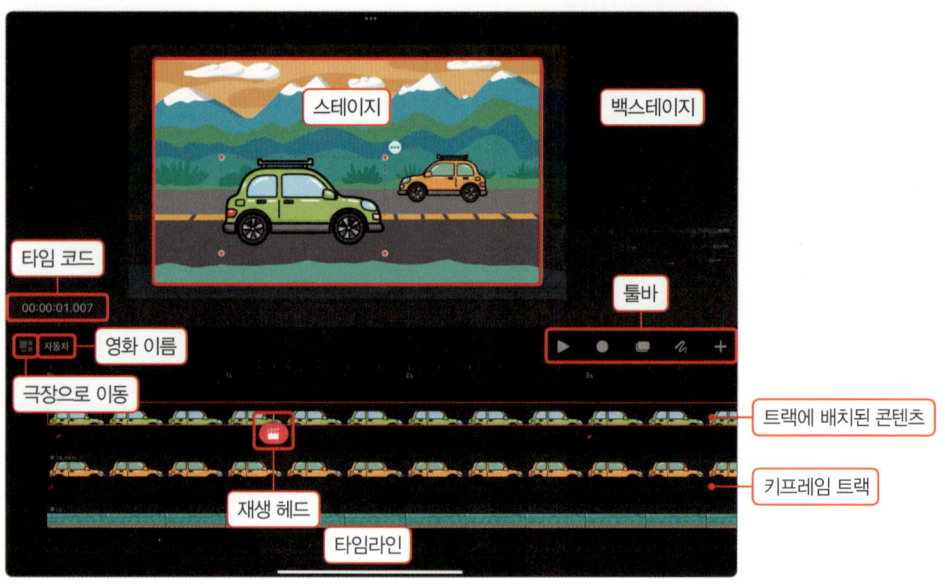

▲ 프로크리에이트 드림의 작업 영역 구분

영화 작업의 캔버스, 스테이지

영상이 재생되는 영역이자, 드로잉을 하거나 콘텐츠를 변형하는 곳이 스테이지(Stage) 영역입니다. 중앙의 밝게 표시된 사각형이 실제 동영상으로 만들어지는 스테이지이며, 스테이지 바깥쪽 어두운 부분이 백스테이지(Backstage)입니다. 영화로 완성되는 영역은 스테이지이지만, 백스테이지에서도 다양한 작업이 이루어집니다. 책에서는 스테이지와 백스테이지를 통칭하여 스테이지 영역이라고 표현하겠습니다.

영화의 현재 시간, 타임 코드

스테이지 왼쪽 아래에는 시간과 프레임이 함께 표시되는 타임 코드(Time Code)가 있으며, '시:분:초.프레임' 형식으로 표시됩니다. 예를 들어 '00:00:05.010'라고 표시되어 있다면 현재 영화의 재생 위치가 5초의 10번째 프레임이라는 의미합니다. 타임 코드를 터치하면 다음과 같은 스테이지 옵션이 나타납니다.

▲ 스테이지 옵션

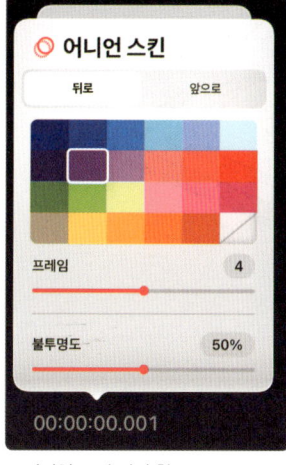
▲ 어니언 스킨 편집 창

▲ 배경 색상 선택 창

① **어니언 스킨 보기/가리기:** 어니언 스킨을 표시하거나 숨길 수 있습니다. 어니언 스킨은 플립북 모드로 작업할 때, 현재 프레임 기준으로 이전 프레임과 다음 프레임을 확인할 수 있는 기능입니다. 자세한 설명은 84쪽을 참고하세요.

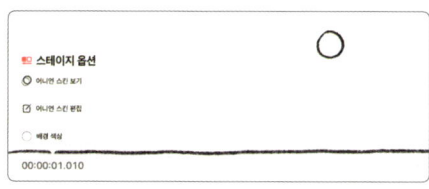
▲ 어니언 스킨을 가린 상태

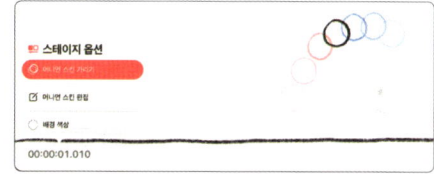
▲ 어니언 스킨을 표시한 상태

② **어니언 스킨 편집:** 현재 프레임을 기준으로 뒤쪽과 앞쪽 프레임의 어니언 스킨의 색상, 표시할 프레임 숫자, 불투명도를 설정합니다.

③ **배경 색상:** 영화의 배경 색상을 지정하거나 투명하게 만들 수 있습니다. 배경을 투명하

게 만들면 완성된 영화를 다른 영화에 삽입하거나 파워포인트 등 다른 프로그램에서 활용할 때 효과적입니다.

> **TIP** 어니언 스킨(Onion skin)은 양파 껍질이란 뜻으로, 양파 껍질처럼 여러 겹을 겹쳐서 작업하는 방식입니다. 매우 오랜 전통을 가진 2D 애니메이션 기법이죠. 애니메이션을 만들 때 반투명한 종이에 그림을 그린 후 밝은 빛이 나오는 라이트 박스 위에 올려놓으면 앞쪽 프레임과 뒤쪽 프레임을 동시에 볼 수 있습니다. 이렇게 프레임을 비교하며 편하게 작업할 수 있습니다.

▲ 어니언 스킨을 이용한 애니메이션 작업

기본 도구 모음, 툴바

툴바(Tool Bar)에는 애니메이션 작업을 할 수 있는 도구가 모여 있습니다. 툴바 영역 왼쪽 끝에 있는, 여러 개의 사각형이 합쳐진 듯한 아이콘은 극장 화면으로 빠져나가는 아이콘이며, 그 오른쪽에 표시된 영화 이름을 터치하면 여러 가지 설정을 확인하고 변경할 수 있는 환경설정 화면이 열립니다. 환경설정 화면에 대한 설명은 이후 36쪽을 참고하세요.

계속해서 툴바 영역에서 오른쪽 끝에 있는 5개의 아이콘이 앞으로 가장 자주 사용하게 될 기본 툴바 아이콘입니다. 왼쪽부터 각각 ❶ [재생], ❷ [연출], ❸ [타임라인 편집], ❹ [그리기 및 페인트], ❺ [추가]입니다. 여기서는 각 아이콘의 명칭만 파악해 알아 두세요. 구체적인 사용 방법은 이후 실습을 통해 자세히 파악할 수 있습니다.

▲ 툴바의 주요 기능 아이콘

콘텐츠를 배치하는 타임라인과 트랙

타임라인(Timeline)에 트랙을 만들고, 트랙에 그림, 사진, 영상, 음악 등의 콘텐츠를 배치하여 애니메이션을 완성하게 됩니다. 추가할 수 있는 최대 트랙의 수는 사용하는 아이패드에 따라 다릅니다. 예를 들어 아이패드 프로 12.9인치 5세대라면 무려 200개의 콘텐츠 트랙과 2개의 비디오 트랙(최대 4K)을 지원합니다. 아이패드 종류에 따른 트랙의 수는 오른쪽 QR 코드를 스캔해서 확인할 수 있습니다.

▲ 아이패드 종류에 따른 트랙 수

[공백]을 터치하여 새로운 영화를 시작하면 타임라인이 텅 비어 있습니다. 여기에 필요한 콘텐츠들을 배치하기 위해 우선 트랙을 추가해야 합니다.

이러한 트랙은 시간에 따른 콘텐츠의 움직임을 구분하기 위해 적절하게 추가해서 사용해야 합니다. 즉, 아래와 같이 2대의 자동차가 서로 다른 방향으로 움직이는 장면을 표현하고 싶다면 최소 2개의 트랙을 추가하고 트랙마다 하나씩 자동차 콘텐츠를 배치한 후 움직임을 다르게 적용해야 합니다. 같은 시간대에 하나의 트랙에서는 하나의 콘텐츠만 움직이게 만들 수 있기 때문입니다.

▲ 여러 콘텐츠가 동시에 움직이는 애니메이션일수록 여러 개의 트랙이 필요합니다.

트랙과 트랙에 배치한 콘텐츠는 영화에서 표시되는 시간을 결정합니다. 이것은 매우 중요한 개념이며, 초보자들이 가장 혼란스러워하는 개념이기도 합니다. 10초 길이의 영상에 트랙을 만들고 여기에 그림 콘텐츠를 가득 채우면 이 그림은 10초 동안 보입니다. 그러나 콘텐츠의 길이를 3초로 줄이면 이 그림은 3초만 보이고 사라집니다. 일단은 콘텐츠를 배치하려면 반드시 트랙이 있어야 하며, 트랙에 배치한 콘텐츠의 길이는 시간이라는 속성을 가지고 있다는 것을 명심하세요!

영화 재생과 재생 헤드

툴바에서 [재생] 아이콘을 터치하여 영화를 재생한 후 타임라인을 보면 영화 촬영장에서 사용하는 클래퍼보드(Clapperboard) 모양의 빨간색 아이콘인 재생 헤드(Play Head)가 움직이는 것을 볼 수 있습니다. 현재 스테이지에 표시된 영상이 재생되는 부분을 가리킵니다. 영화를 재생할 때 다음과 같은 특성을 알아 두면 편리합니다.

- 타임라인을 확대한 후에 재생하면 확대된 구간만 재생됩니다.
- 재생되는 도중에 멈추지 않고 타임라인을 확대/축소해서 손쉽게 재생되는 구간을 변경할 수 있습니다.
- 정지 상태에서 재생 헤드를 왼쪽으로 빠르게 드래그해서 놓으면, 전체 타임라인이 표시되면서 영화가 처음부터 재생됩니다.
- 재생 중에 네 손가락으로 터치하면 전체 화면으로 영화를 감상할 수 있습니다. 이 상태에서 한 손가락을 이용해 좌우로 스크롤하면 영화 전체를 빠르게 훑어볼 수 있습니다. 다시 한번 네 손가락으로 터치하면 모든 영역이 표시되는 작업 화면으로 돌아갑니다.
- 재생 헤드의 아이콘을 터치하면 키프레임 메뉴가 나타납니다. 키프레임 메뉴 및 키프레임을 사용하는 방법은 이후 60쪽 실습에서 자세히 확인할 수 있습니다.

TIP 프로크리에이트 드림은 아이패드의 방향에 따라 자동으로 가로 모드와 세로 모드로 변경됩니다. 그리기 및 페인트 기능을 사용할 때는 스테이지가 넓게 보여 세로 모드가 편하고, 타임라인 편집은 가로 모드가 편합니다. 필요에 따라 가로 모드와 세로 모드를 바꾸어 가며 작업해 보세요.

▲ 가로 모드

▲ 세로 모드

LESSON 03 작업 효율이 높아지는 제스처

아이패드에서 손가락을 이용해 다양한 기능을 실행하는 행동을 흔히 제스처라고 합니다. 제스처를 잘 활용하면 취소, 재실행, 확대 등의 기능을 편리하게 실행할 수 있으므로, 작업 효율도 월등하게 높아질 수 있습니다.

작업 취소

두 손가락으로 화면을 터치하면 즉시 이전 작업이 취소됩니다. 두 손가락을 계속 터치하고 있으면 손을 떼기 전까지 계속해서 앞서의 작업이 취소됩니다. 작업 취소 단계는 무한대로 설정이 가능하나, 기본 설정값은 100단계까지입니다. 설정값은 영화 작업 중 영화 이름을 터치한 후 [환경설정] 탭의 [저장된 실행취소 단계] 옵션에서 변경할 수 있습니다.

▶ 작업 취소 제스처

재실행

세 손가락으로 화면을 터치하면 직전에 취소한 작업이 다시 실행됩니다. 세 손가락을 계속 터치하고 있으면 계속해서 재실행됩니다.

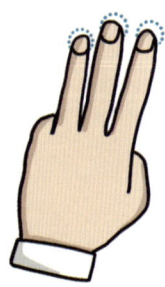

▶ 재실행 제스처

> **TIP** 영화 편집 작업 중 극장으로 빠져나온 다음 다시 작업 화면으로 이동해도 여전히 작업을 취소하거나 재실행할 수 있습니다. 이는 프로크리에이트 드림의 모든 작업 내용이 .drm 파일에 저장되기 때문입니다.

스테이지 확대, 축소, 회전

스테이지 영역에서 두 손가락을 모으면 화면이 축소되고, 벌리면 확대되며, 돌리면 스테이지가 회전합니다. 이는 작업 중에 보이는 모습을 확대/축소/회전하는 것으로, 실제 영화의 내용이 확대되거나 회전되는 것은 아닙니다.

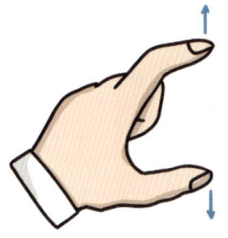

▲ 스테이지 확대, 축소, 회전 제스처

영역 크기 초기화

스테이지 영역이나 타임라인에서 꼬집듯이 두 손가락으로 빠르게 모으면 크기가 초기화됩니다.

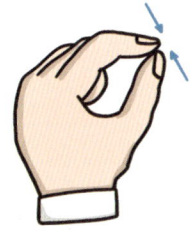

영역 크기 초기화 제스처 ▶

전체 화면으로 영화 감상하기

네 손가락으로 화면을 터치하면 스테이지만 전체 화면으로 나타납니다. 다시 한번 네 손가락으로 터치하면 기본 작업 영역이 표시됩니다. 그러므로 영화를 재생한 후 네 손가락으로 터치하면 전체 화면으로 영화를 감상할 수 있습니다.

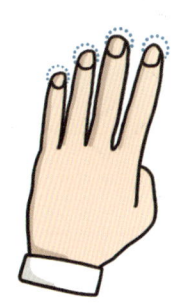

전체 화면 보기 제스처 ▶

타임라인 트랙 및 시간 확대, 축소

애니메이션 작업 중에 프레임별 작업이나 디테일한 키프레임 작업 중에 매우 유용한 제스처입니다. 꼭 한 번 실습해 보고, 어떻게 변하는지 확인해 보는 것이 좋습니다.

우선 타임라인에서 세 손가락으로 올리면 트랙의 크기가 확대되고, 내리면 축소됩니다.

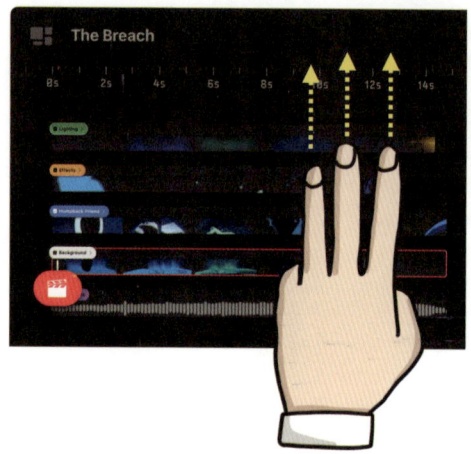
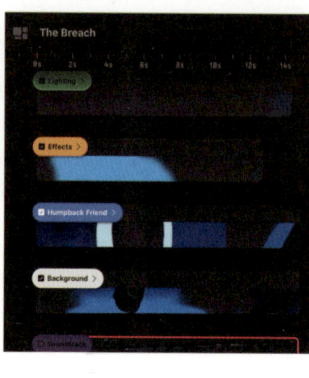

▲ 타임라인 트랙 확대 제스처

계속해서 세 손가락으로 타임라인을 오른쪽으로 밀면 시간 간격이 커지고, 왼쪽으로 밀면 간격이 작아집니다.

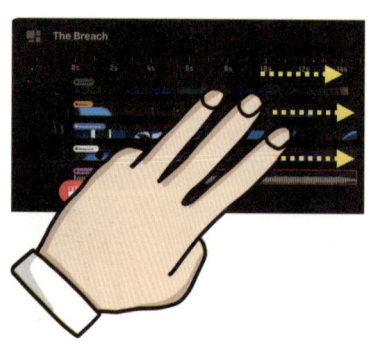

▲ 타임라인 시간 간격 확대 제스처

더블 탭

타임라인을 한 손가락으로 두 번 톡톡(더블 탭) 터치하면 확대됩니다. 계속해서 더블 탭을 할 때마다 확대되며, 최대로 확대되면 프레임 단위로 볼 수 있습니다.

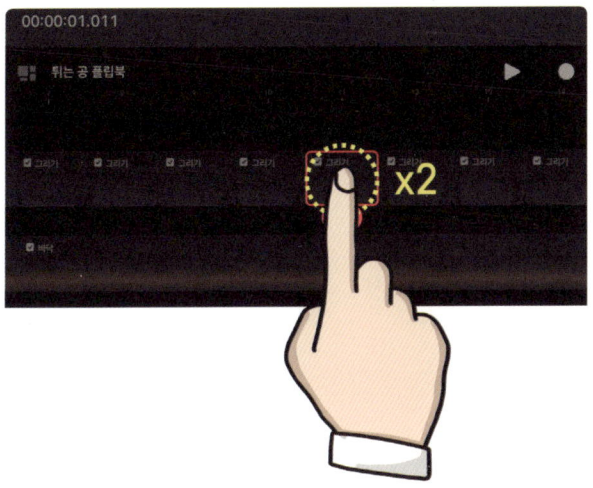

▲ 더블 탭 제스처

지금까지 소개한 제스처는 영화 편집 중에 자주 사용되므로, 능숙하게 사용할 수 있도록 연습하면 편집이 좀 더 쉬워집니다.

3가지 애니메이션 방식

프로크리에이트 드림에서는 플립북, 키프레임, 연출이라는 3가지 방식으로 애니메이션을 제작할 수 있습니다. 각 방식에 대해 간단히 살펴보겠습니다.

TIP 여기서 소개하는 3가지 제작 방식은 개별적으로 사용될 수도 있지만 함께 사용할 때 더욱 강력한 효과를 발휘합니다. 간단하게 기본 개념 정도만 파악한 후 이어지는 실습을 따라 하면서 제대로 익혀 보세요.

프레임별로 작업하는 플립북

플립북(Flip Book)은 책을 튕기듯이 넘겨서 애니메이션을 표현하는 것입니다. 책의 한쪽 귀퉁이에 그림을 그려서 빠르게 넘겨본 적이 있죠? 페이지마다 조금씩 다르게 그리면 착시 현상 때문에 움직이는 것처럼 보입니다. 이 방식은 역사가 매우 오래된 방식으로, 모든 프레임을 하나씩 그려야 하므로 매우 번거롭고 수고스럽습니다. 그럼에도 불구하고 독특한 느낌의 영상을 만들 수 있어 종종 이용합니다.

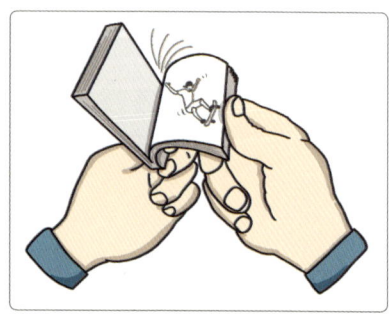

▲ 손으로 넘기는 플립북

▲ 플립북 방식으로 만든 통통 튀는 공

애니메이션 작업의 정석, 키프레임

키프레임(Key Frame)은 특정 위치에서 콘텐츠의 상태(다양한 설정값)를 저장하는 기능입니다. 두 개의 키프레임에 서로 다른 정보(위치, 크기 등)를 지정해 두면, 프로크리에이트 드림에서 두 개의 키프레임 정보를 바탕으로 그 사이의 변화를 자동으로 만들어 내는 방식입니다. 이러한 키프레임을 이용하면 매우 정밀한 애니메이션 제어가 가능합니다.

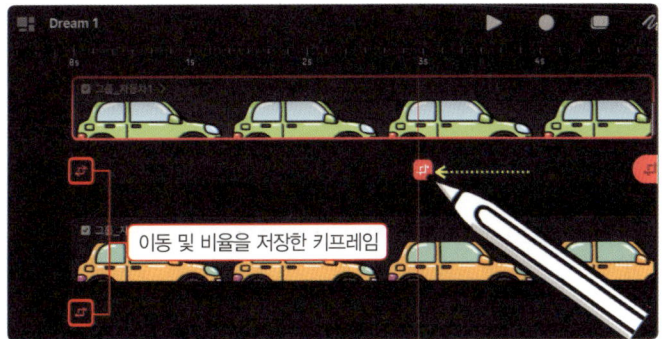

▲ 자동차 움직임을 표현하기 위해 추가한 키프레임

드로잉하면 움직임이 되는 연출

연출(Performing)은 스테이지에서 펜슬을 이용해 드로잉하듯 이동 경로를 그리면 실시간으로 기록되어 그대로 움직임으로 표현되는 방식입니다. 매우 편리하고 혁신적인 방식으로 프로크리에이트 드림의 강력한 장점이며, 부드럽고 자연스러운 움직임을 표현할 수 있습니다.

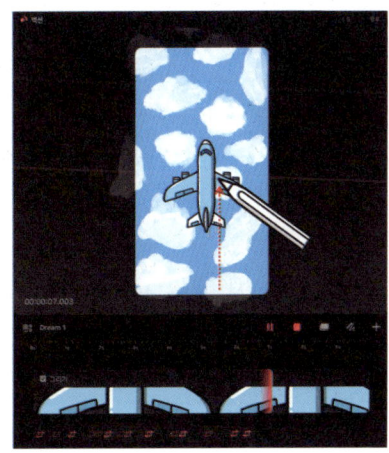

▲ 연출 기능을 이용해 비행기 움직이기

LESSON 05
기본 환경설정 변경하기

환경설정 화면에서는 새로운 영화를 시작할 때 지정한 초당 프레임이나 재생 시간을 변경하거나, 애니메이션 작업 중에 사용하는 각종 기능 등에 대한 기본 설정을 변경할 수 있습니다. 자주 사용하지는 않더라도 알아 놓으면 유용한 옵션들이 많이 있습니다.

환경설정 화면은 영화 편집 중에 타임라인 왼쪽 위에 있는 영화의 이름을 터치하여 이동할 수 있습니다. 환경설정 화면으로 진입하면 왼쪽 위에 현재 편집 중인 영화의 제목과 함께 재생 시간, 해상도, 초당 프레임 수, 제작자 정보가 표시되며, 화면 왼쪽에는 6개의 탭 메뉴가 나열되어 있습니다.

속성 영화를 시작할 때 설정한 초당 프레임 수, 재생 시간, 해상도(너비, 높이)를 변경할 수 있으며, 제작자의 이미지 및 이름을 입력할 수 있습니다.

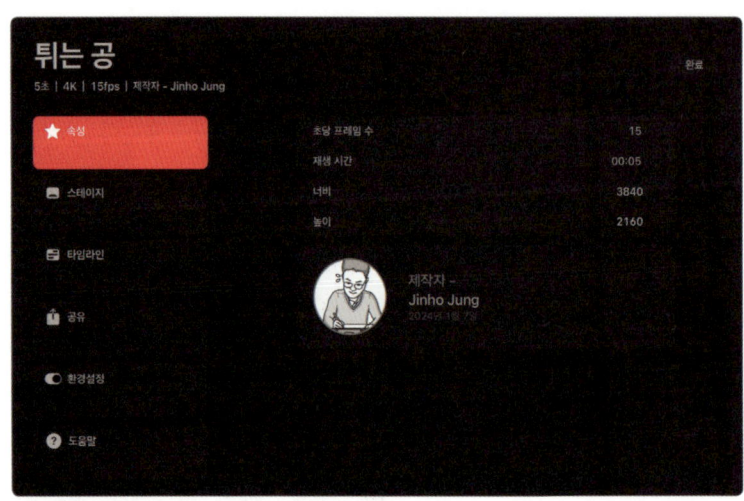

▲ 환경설정-속성 화면

스테이지 플립북 모드에서 어니언 스킨과 메인 프레임을 보여 주는 방식인 [어니언 스킨과 메인 프레임 혼합] 옵션을 활성화할 수 있습니다.

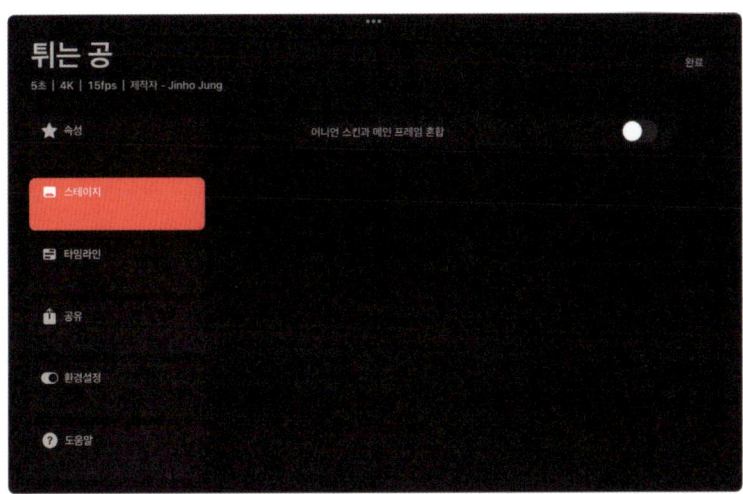

▲ 환경설정-스테이지 화면

[어니언 스킨과 메인 프레임 혼합] 옵션을 활성화하면 프레임에 여러분이 그린 선과 어니언 스킨이 혼합되서 표시됩니다. 아래와 같은 차이가 있으며, 이 기능을 비활성화해야 현재 프레임에서 그린 그림을 파악하기에 더 수월합니다. 어니언 스킨 설정에 대한 설명은 84쪽을 참고하세요.

▲ 어니언 스킨과 메인 프레임 혼합 On(좌), Off(우)

LESSON 05 기본 환경설정 변경하기 37

타임라인 [시작 부분에 키프레임 추가] 옵션이 기본으로 활성화되어 있으며, 영화의 시작 부분이 아닌 위치에서 첫 번째 키프레임을 추가하면 자동으로 시작 부분에도 키프레임이 추가되는 편리한 기능입니다. 또한 '재생 모드' 영역에서는 재생 헤드를 빠르게 왼쪽으로 밀어서 재생했을 때 반복 재생 여부를 결정할 수 있습니다.

- **반복 재생:** 툴바에서 [정지] 아이콘을 터치하기 전까지 계속 재생됩니다.
- **반복 재생(역방향 포함):** 순방향 재생과 역방향 재생을 반복합니다.
- **일회 재생:** 1회 재생 후 정지합니다.

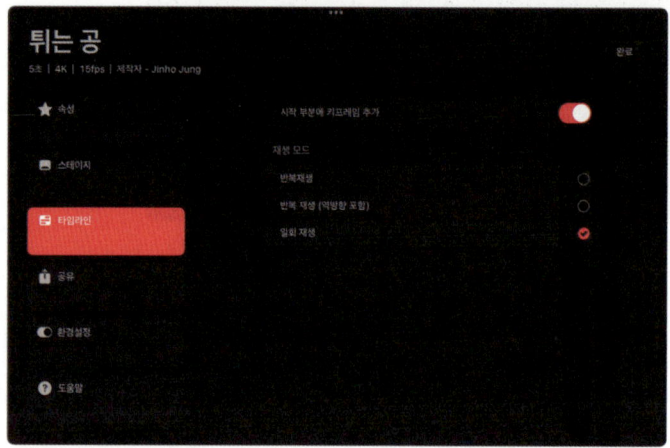

▲ 환경설정–타임라인 화면

공유 동영상을 다양한 형태의 파일로 저장할 수 있습니다. 자세한 설명은 41쪽을 참고하세요.

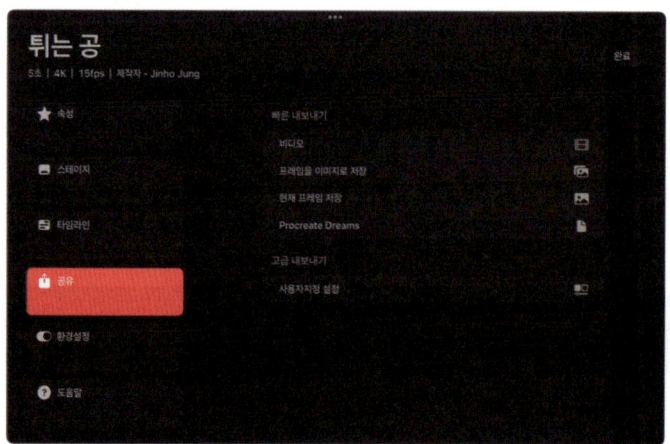

▲ 환경설정–공유 화면

환경설정 그리기 및 페인트 모드 및 제스처 등에 대한 전반적인 사용 환경을 설정할 수 있습니다.

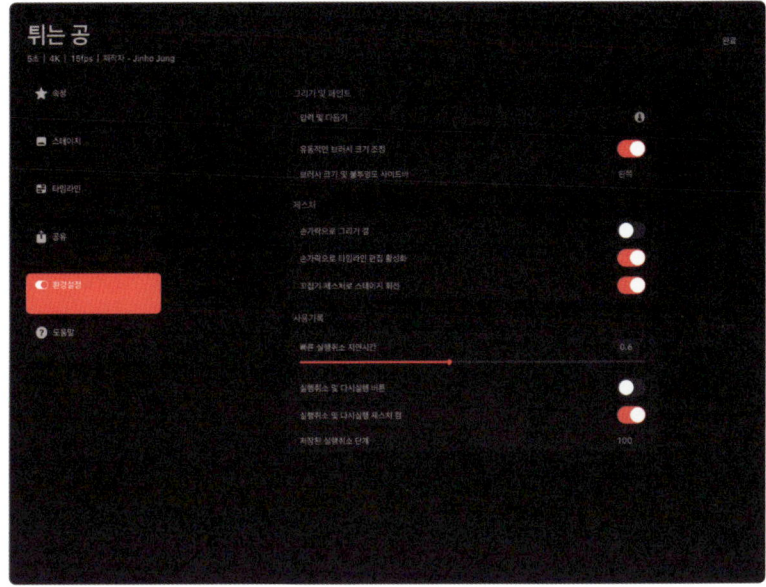

▲ 환경설정-환경설정 화면

- **압력 및 다듬기**: 안정화, 모션 필터링, 움직임 필터링 표현 등의 값을 조정해서 선을 부드럽게 만들 수 있습니다. 압력 감도를 다양하게 변경해서 자신에게 맞는 값을 찾아보세요.

- **유동적인 브러시 크기 조정**: 화면을 크게 확대해서 그리거나, 축소해서 그리거나 항상 일정한 굵기의 선을 그릴 수 있게 합니다. 이 옵션은 가능하면 활성화하고 사용하는 것이 좋습니다.

- **브러시 크기 및 불투명도 사이드바**: 그리기 및 페인트 모드에서 스테이지 왼쪽에 있는 브러시 크기 및 불투명도 조절 바를 오른쪽으로 변경할 수 있습니다.

- **손가락으로 그리기 켬**: 손가락으로 그릴 수 있는 옵션입니다. 가능하면 펜슬 이용을 추천합니다.

- **손가락으로 타임라인 편집 활성화**: 그리기와 달리 타임라인 편집은 손가락을 함께 이용하는 것이 좋습니다.

- **꼬집기 제스처로 스테이지 회전:** 두 개의 손가락을 이용해 스테이지를 회전시킬 수 있습니다.

- **빠른 실행취소 지연시간:** 손가락 두 개를 계속 터치하고 있으면 실행 취소가 연속적으로 실행됩니다. 이 작업이 시작되는 시간을 설정할 수 있습니다.

- **저장된 실행취소 단계:** 실행 취소는 기본값인 100단계 정도만 해도 충분합니다. 최댓값은 무한대입니다.

완성한 영화 공유하기

프로크리에이트 드림으로 한 편의 영화를 완성했다면 실제 동영상 파일로 만들어 어디서나 재생할 수 있도록 공유할 수 있습니다. 멋진 애니메이션을 혼자만 보는 것보다 여러 사람이 함께 보면 더 즐겁겠지요?

극장에서 공유하기

극장 화면에서 영화의 섬네일을 길게 터치하면 팝업 메뉴가 열리고, 여기서 [공유]를 선택하여 비디오나 이미지 등으로 저장할 수 있습니다.

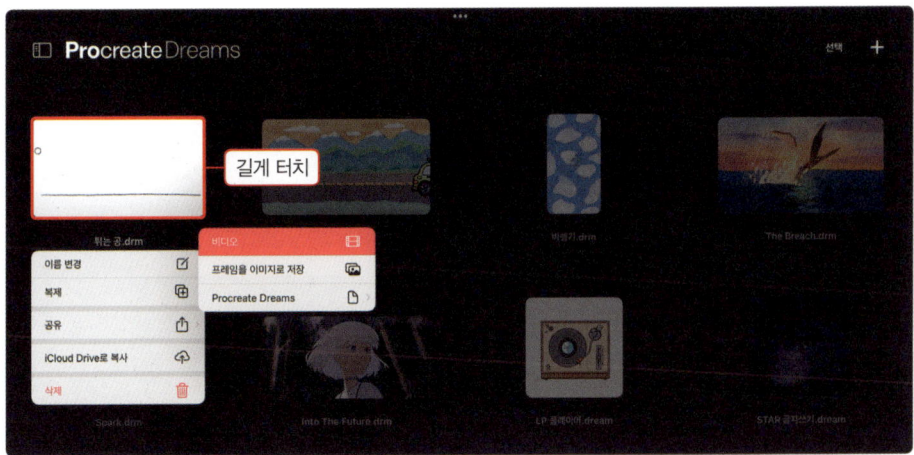

▲ 극장에서 공유하기

- **비디오:** 동영상 파일(MP4)로 저장합니다.
- **프레임을 이미지로 저장:** 영화의 전체 프레임을 낱장의 이미지로 만들어 저장합니다. 영화의 초당 프레임 수나 재생 시간 설정에 따라 매우 많은 이미지가 만들어질 수 있습니다. 예를 들어 초당 24FPS, 재생 시간 10초 영상이라면 무려 240장의 이미지 파일로 저장됩니다.

- **Procreate Dreams:** 영화에 사용된 이미지, 영상, 사운드를 묶어 하나의 파일로 만들어 줍니다. 다른 기기나 사용자가 프로크리에이트 드림에서 편집할 수 있도록 공유하거나, 작업을 백업할 때 유용하며, 확장자는 .drm입니다. 세부 옵션에서는 [**감소된 파일 크기**]를 추천합니다.

> **TIP** .dream 파일의 저장 위치
>
> 프로크리에이트 드림에서 만든 .drm 파일은 [나의 iPad]-[Procreate Dreams]-[Theater] 폴더에 저장되어 있습니다. 그러므로 필요에 따라 이곳에 위치한 파일을 복사하거나 백업하면 됩니다. 참고로 프로크리에이트 드림의 초기에는 파일 확장자 표시가 .dream이었으나 최근 업데이트 이후 .drm으로 변경되었으며, 두 가지 모두 같은 형식입니다.

편집 화면에서 공유하기

극장 화면으로 빠져나오지 않고, 애니메이션 작업 중에 공유할 수도 있습니다. 타임라인 왼쪽 위에 있는 영화 이름을 터치하여 환경설정 화면으로 이동한 후 [**공유**]를 선택하면 빠른 내보내기와 고급 내보내기를 사용할 수 있습니다.

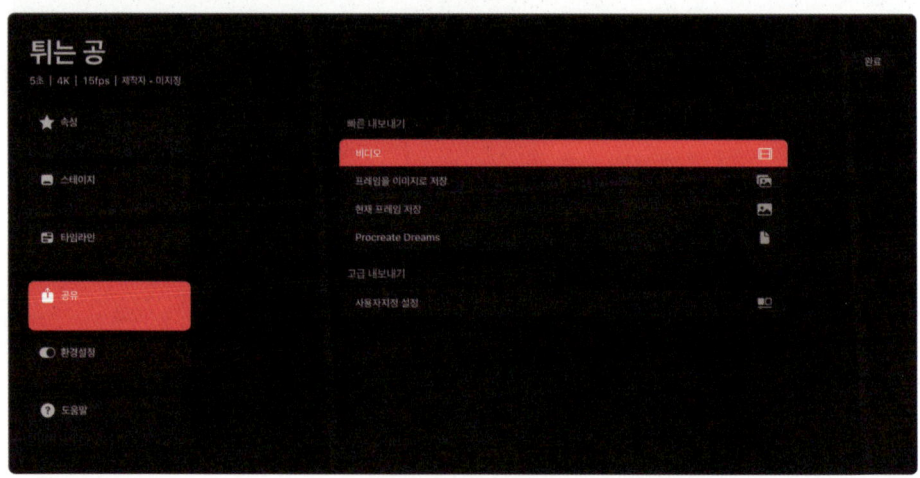

▲ 편집 중에 공유하기

'빠른 내보내기' 영역에 있는 4가지 방식 중 3가지는 극장에서 공유할 때와 동일한 기능이며, [**현재 프레임 저장**]은 환경설정 화면으로 이동하기 전 재생 헤드가 위치한 장면을 이미지로 저장하는 옵션입니다. '고급 내보내기' 영역에서는 [**사용자지정 설정**]을 터치하여 다음과 같은 설정을 변경할 수 있습니다.

- **포맷:** 비디오 파일로 저장하거나 각각의 프레임을 이미지로 저장할 수 있습니다.
- **비디오 코덱:** H.264는 호환성이 좋고, HEVC는 압축 효율이 높습니다. ProRes는 전문적인 동영상 편집 프로그램을 위해 제공됩니다.
- **크기 재조정:** 동영상의 크기를 변경해서 저장할 수 있습니다.
- **파일 컨테이너:** 파일 형식을 .mov 또는 .mp4 중에 선택할 수 있습니다.
- **오디오:** 리니어 PCM과 AAC 중에서 선택할 수 있습니다.

> **TIP** 리니어 PCM(Pulse Code Modulation)은 무손실의 고품질을 제공하지만 파일 크기가 매우 커집니다. 반면, AAC(Advanced Audio Coding)은 손실 압축을 통해 더 작은 파일 크기를 제공하지만, 원본과 차이를 느낄 수 없을 만큼 충분히 고품질입니다. AAC는 아이폰의 기본 오디오 포맷으로 사용되고 있습니다.

LESSON 07
연출 모드로 애니메이션 만들기 간단 실습

연출 모드는 다양한 움직임과 효과를 간단하게 실시간으로 기록할 수 있는 대표적인 장점입니다. 이 기능을 활용하면 풍선, 비행기, 나뭇잎 등의 자연스러운 움직임을 쉽고 빠르게 만들 수 있습니다. 연출 모드에서 간단한 비행기의 움직임을 완성해 보겠습니다.

▲ 영화 미리 보기

새로운 영화 만들기

비행기가 위쪽으로 날아가는 것을 표현하기 위해 세로 영상이 좋겠습니다. 극장 화면에서 오른쪽 위에 있는 [+]를 터치한 후 새로운 영화 만들기 화면이 열리면 세로 화면인 [소셜 미디어]를 선택하고 다음과 같이 세부 옵션을 설정합니다.

① **해상도:** 2K 1440×2560
② **초당 프레임 수:** 24FPS, **재생 시간:** 10초

위와 같이 설정했다면 **[공백]**을 터치하고, 다음과 같이 타임라인이 비어 있는 작업 영역을 확인합니다. 세로 영상이니 효율적인 작업을 위해 아이패드를 세워서 작업하면 편리합니다.

LESSON 07 연출 모드로 애니메이션 만들기

배경 색상 변경하기

영화의 기본 배경색은 흰색입니다. 하늘을 나는 비행기에 맞게 배경을 하늘색으로 변경하면 좋겠네요. ❶ 스테이지 왼쪽 아래에 있는 타임 코드를 터치하여 스테이지 옵션이 나타나면 ❷ [배경 색상]을 선택합니다. 이어서 배경 색상 창이 열리면 ❸ 하늘색 부분을 터치하여 변경합니다.

그리기 및 페인트 모드에서 구름 그리기

하늘에 구름을 그리겠습니다. 먼저 애니메이션이 만들어지는 가장 기본 단위인 트랙을 추가해야 합니다. ❶ 툴바 오른쪽 끝에 있는 [+] 아이콘을 터치한 후 ❷ [트랙]을 선택하여 트랙을 추가합니다. 이어서 그리기 및 페인트 모드를 실행하기 위해 ❸ 툴바에서 자유 드로잉 모양의 [그리기 및 페인트] 아이콘을 터치합니다.

스테이지 왼쪽 위에 '그리기 및 페인트'라는 문구가 나타나고, 오른쪽 위에는 브러시 종류나 색상 등을 선택할 수 있는 툴바가 표시됩니다. 브러시를 변경하기 위해 ❹ 붓 모양의 [브러시] 아이콘을 터치한 후 ❺ 구름 표현에 적합한 [그리기]-[이글호크]를 선택합니다. 각자 원하는 스타일을 선택해도 좋습니다.

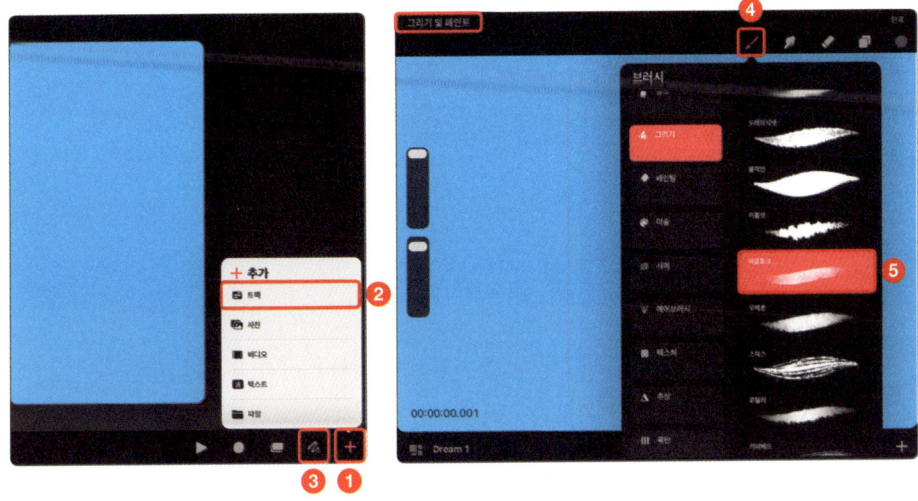

스테이지 영역 왼쪽에 ❶ [브러시 크기]와 [브러시 불투명도] 옵션 바가 표시되면 위아래로 스크롤해서 변경하면서 ❷ 자유롭게 구름을 표현해 보세요. 이때 스테이지 경계와 백스테이지에도 구름을 표현하면 좀 더 자연스러운 애니메이션을 완성할 수 있습니다. ❸ 오른쪽 위의 [완료]를 터치하여 그리기 및 페인트 모드를 마칩니다.

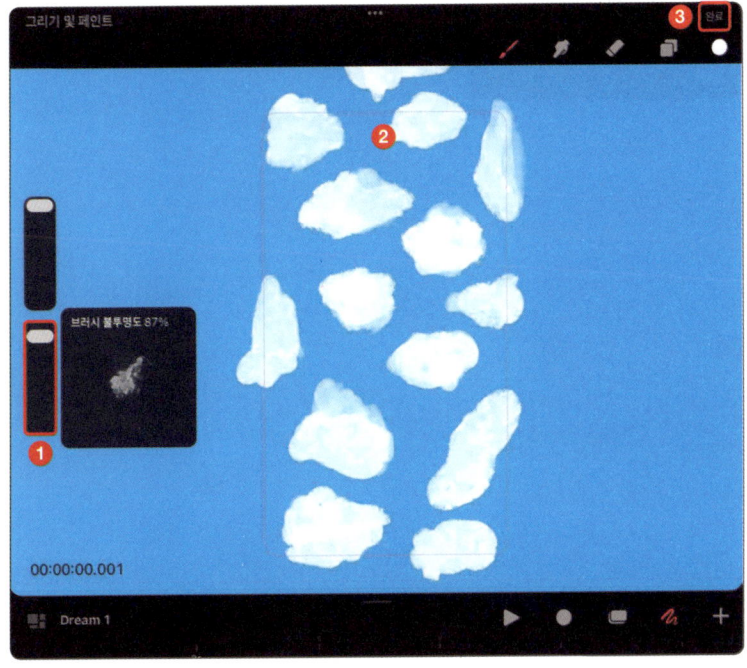

LESSON 07 연출 모드로 애니메이션 만들기 47

콘텐츠 이름 변경 및 타임라인 채우기

그리기 및 페인트 모드에서 구름을 그렸더니 트랙에 1프레임 길이의 그리기 콘텐츠가 배치되었습니다. 지금은 트랙과 콘텐츠가 각각 1개씩이지만, 추후 복잡한 작업에서는 수십 개의 트랙과 수십 개의 콘텐츠가 만들어질 수 있으며, 어느 트랙에 어떤 콘텐츠가 담겨 있는지 파악하기 어렵습니다. 그러므로 콘텐츠를 추가한 후에는 의미 있는 이름으로 변경하는 것이 유지 및 관리에 좋습니다.

콘텐츠의 이름을 변경하려면 트랙이 아닌 ❶ 콘텐츠를 길게 터치한 후 ❷ 팝업 메뉴에서 [이름 변경]을 선택하면 됩니다. 여기서는 '구름'으로 변경했습니다.

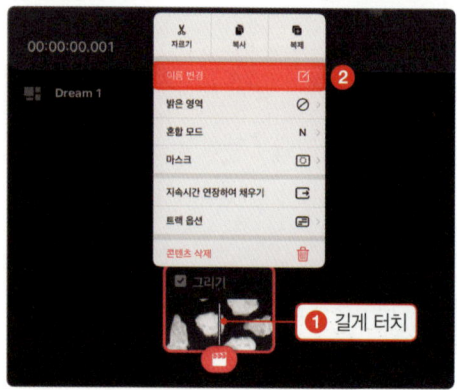

▲ 콘텐츠 이름 변경하기

> **TIP** 위와 달리 그리기 콘텐츠가 너무 작아서 터치하기 어렵다면 타임라인에 세 손가락을 올린 후 오른쪽으로 밀어서 시간 간격을 프레임 단위로 확대하면 됩니다.

이번 실습에서 만든 영화는 10초짜리지만, 앞서 그린 구름은 1프레임만 유지되는 콘텐츠입니다. 즉, 영화를 재생하면 순식간에 나타났다 사라집니다. 새로 추가한 구름이 영화 재생 시간 내내 표시되도록 콘텐츠의 길이를 타임라인 끝까지 채우겠습니다. ❶ '구름' 콘텐츠를 길게 터치한 후 ❷ 팝업 메뉴가 열리면 [**지속시간 연장하여 채우기**]를 선택합니다.

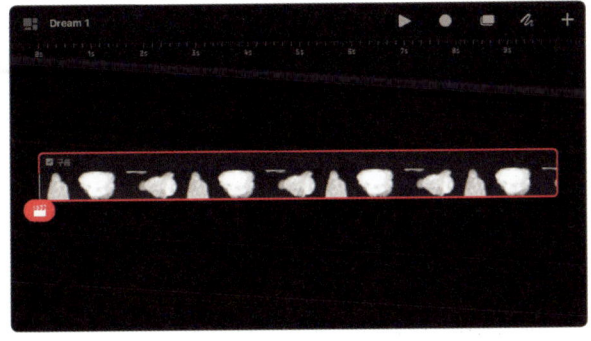

▲ 트랙 가득 채워진 콘텐츠

> **TIP** 콘텐츠 위치를 옮기거나 길이 조정하기
>
> 콘텐츠 위치를 변경할 때는 콘텐츠의 중앙 부분을 길게 터치한 후 좌우로 드래그하여 배치되는 위치를 변경할 수 있습니다.
>
> 콘텐츠가 표시되는 길이는 위와 같이 트랙 가득 채우거나, 콘텐츠의 왼쪽 혹은 오른쪽 경계를 길게 터치한 후 경계 부분이 빨간색으로 표시되면 좌우로 드래그하여 조절할 수 있습니다.
>
>
>
> ▲ 콘텐츠 경계에서 길이 조정하기

저장된 이미지 가져오기

이제 비행기 콘텐츠를 배치해 보겠습니다. 프로크리에이트 드림에서 직접 그릴 수도 있지만, 여기서는 실습용으로 제공한 비행기 이미지를 가져와서 사용하는 방법으로 진행합니다. 먼저 비행기 콘텐츠가 배치될 트랙을 추가합니다. ❶ [+] 아이콘을 터치한 후 ❷ [트랙]을 선택하면 ❸ 현재 트랙 위로 새로운 트랙이 추가되고, ❹ 재생 헤드도 새로운 트랙으로 옮겨진 것을 확인할 수 있습니다.

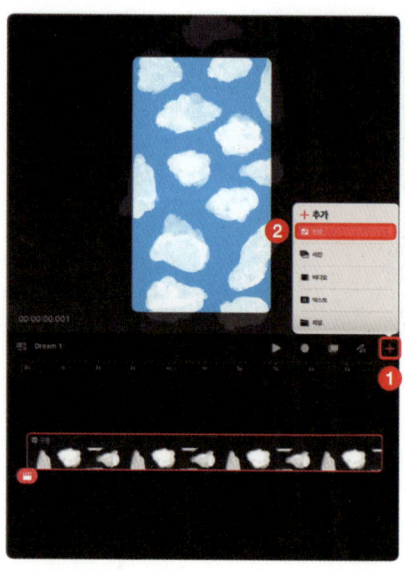
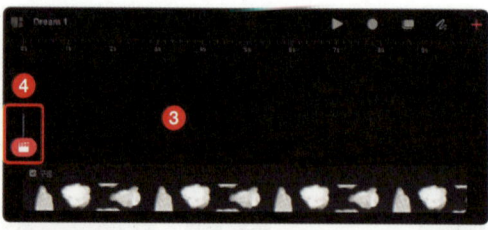

▲ 새로운 트랙을 만들면 위쪽에 배치됩니다.

재생 헤드를 콘텐츠가 배치될 트랙에서 원하는 시작 위치로 옮긴 후 ❶ 툴바의 [+]를 터치하고 ❷ [파일]을 선택합니다.

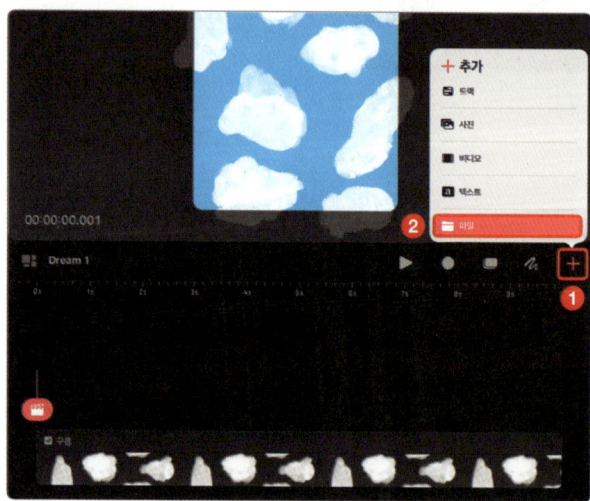

TIP [사진] 메뉴는 촬영한 사진 또는 AirDrop 등의 기능으로 아이패드에 저장한 이미지를 가져올 때 선택하고, 다운로드 방법으로 저장한 실습 파일은 [파일] 메뉴를 선택해서 찾을 수 있습니다. 제공하는 실습 파일 다운로드 방법은 10쪽을 참고합니다.

열기 창이 열리면 다운로드한 실습 파일의 위치에서 ❶ [실습1] 폴더의 [비행기] 이미지 파일을 찾아 선택하고 ❷ 오른쪽 위의 [열기]를 터치합니다.

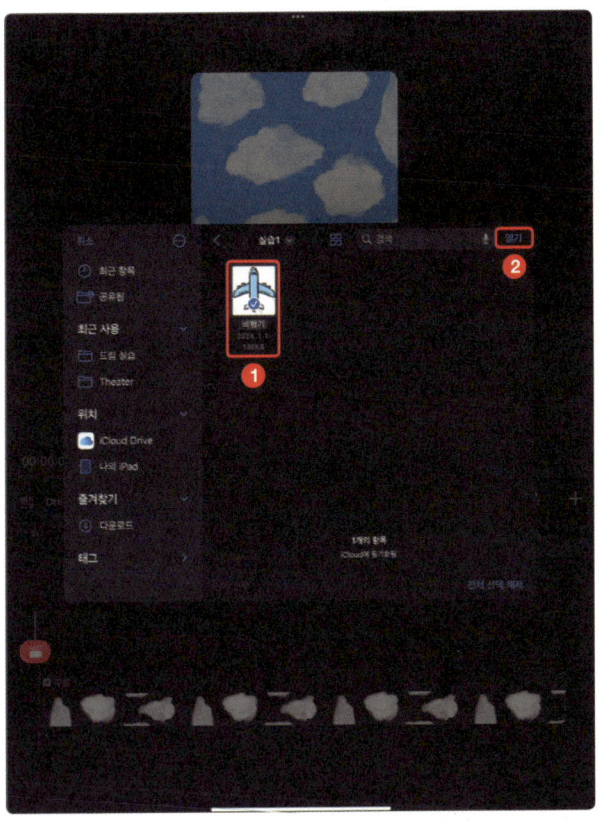

▲ 파일 열기 창

선택한 비행기 이미지가 ❶ 재생 헤드 위치부터 시작하여 다임라인 끝까지 채워집니다. 또한, ❷ 스테이지에 표시된 비행기 이미지에는 빨간색 점선 테두리와 조절점이 나타납니다. 테두리를 터치한 채 드래그하면 가로 또는 세로 크기를 변경할 수 있고, 조절점을 터치한 채 드래그하면 현재 비율을 유지한 채 크기를 변경할 수 있습니다. 배치한 위치를 변경하고 싶을 때는 이미지가 선택된 상태에서 테두리 안쪽이나 바깥쪽을 터치한 채 드래그하면 됩니다.

▲ 트랙과 스테이지에 추가된 비행기 이미지

TIP 스테이지 영역에서 크기가 작은 콘텐츠의 위치를 변경할 때 테두리 안쪽을 터치하다 보면 자칫 테두리가 선택되어 불편할 수 있습니다. 이럴 때는 테두리 바깥쪽 임의의 위치를 터치한 채 드래그해서 위치를 변경하면 편리합니다.

연출 모드로 움직임 표현하기

연출 모드를 시작하기 전에 먼저 다음과 같이 변경합니다.

❶ 재생 헤드를 비행기 트랙의 시작 부분으로 옮깁니다.

❷ 스테이지에서 비행기의 위치를 그림과 같이 아래쪽 경계선에 걸치게 옮깁니다.

❸ 스테이지 영역에서 백스테이지까지 넓게 보이도록 스테이지를 축소합니다.

◀ 비행기의 시작 위치

위의 세 가지 준비를 마쳤다면 연출 모드를 시작하면 됩니다. 툴바에서 원형 모양의 [연출] 아이콘을 터치합니다. 연출 모드가 시작되면 스테이지 왼쪽 위에 빨간색 점이 깜빡이고 '준비 완료'라는 문구가 표시됩니다.

◀ 연출 모드

LESSON 07 연출 모드로 애니메이션 만들기

이제 ❶ 스테이지에서 비행기를 선택한 후 자유롭게 옮겨 보세요. 여기서는 아래에서 위로 비행기가 날아가는 것처럼 단순하게 이동시켰습니다. 비행기의 위치를 옮기는 동안 왼쪽 위를 보면 '준비 완료' 문구가 '액션'으로 바뀌고, 왼쪽 아래를 보면 타임 코드의 시간이 흐르는 것을 확인할 수 있습니다. 즉, 비행기의 움직임이 자동으로 기록되고 있음을 의미합니다. 영화의 길이가 10초이니 천천히 움직여도 좋습니다. 중간에 비행기의 움직임을 멈추면 기록이 중단되고, 다시 움직이면 이어서 기록이 시작됩니다.

움직임 기록이 끝났다면 스테이지 오른쪽 위의 ❷ [수정]을 터치한 후 ❸ [모션 필터링] 옵션 값을 조정합니다. 값이 클수록 움직임이 부드럽게 조정됩니다.

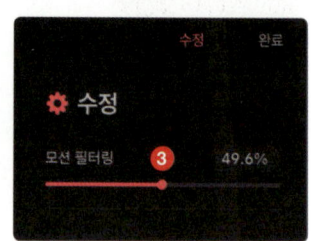
▲ 모션 필터링 조정하기

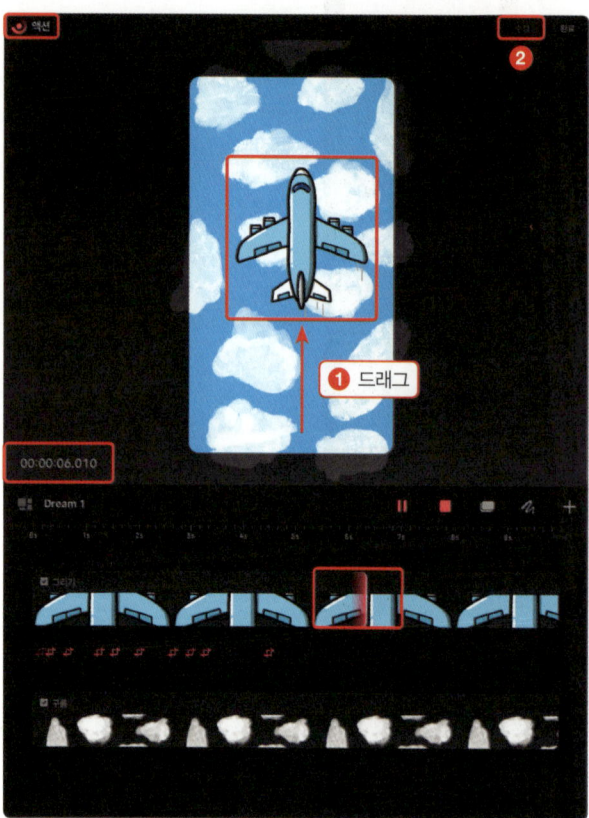
▲ 연출 모드에서 비행기 움직이기

마지막으로 툴바에서 [재생] 아이콘을 터치하여 움직임을 확인해 보고, 마음에 들면 오른쪽 위의 [완료]를 터치하거나 툴바에서 빨간 사각형 모양으로 바뀐 [연출] 아이콘을 터치하여 연출 모드를 종료합니다.

연출 모드를 종료하면 비행기 콘텐츠 트랙의 아래쪽에는 [이동 및 비율] 아이콘, 즉 키프레임이 여러 개 배치된 키프레임 트랙이 추가됩니다. 키프레임은 타임라인에서 시간에 따른 콘텐츠의 위치와 크기 정보 등을 저장하고 있습니다.

▲ 비행기의 움직임이 저장된 키프레임과 키프레임 트랙

즉, 연출 모드를 실행한 후 스테이지에서 콘텐츠의 위치나 크기 등을 변경하면 해당 정보가 자동으로 키프레임에 기록됩니다. 이러한 키프레임은 하나씩 수동으로 지정할 수도 있으나 그만큼 힘든 작업이므로, 이 모든 과정을 자동으로 지정해 주는 연출 모드가 얼마나 편리한 기능인지 알 수 있을 것입니다.

> **TIP** 키프레임 트랙은 반드시 콘텐츠 트랙과 함께 존재합니다. 따라서 콘텐츠 트랙을 삭제하면 그에 따른 키프레임 트랙도 함께 삭제됩니다.

> **TIP 영화 반복 재생하기**
>
> 트랙에 있는 재생 헤드를 좌우로 움직이면 해당 위치의 영상을 확인할 수 있고, 왼쪽으로 빠르게 밀면 영화의 처음부터 끝까지 1회 재생된 후 정지합니다.
>
>
>
> ◀ 영화 재생하기
>
> 만약, 재생 헤드를 이용한 재생 방법을 1회가 아닌 반복 등으로 변경하고 싶다면 타임라인 왼쪽 위에 있는 영화 이름을 터치한 후 [타임라인]-[재생모드] 옵션에서 [반복 재생 | 반복 재생(역방향 포함) | 일회 재생] 중 원하는 옵션값을 선택합니다.
>
> 또한, 툴바에 있는 [재생] 아이콘을 터치하면 위 옵션에 상관없이 [일시 정지] 아이콘을 누를 때까지 반복해서 재생되며, 재생 중에 두 손가락으로 타임라인을 확대하면 확대된 구간만 반복 재생됩니다.

크기 변경 추가 및 키프레임 상세 보기

이동을 하면서 동시에 비행기의 크기까지 바뀌도록 키프레임을 수정해 보겠습니다. 참고로 이미지를 감싸고 있는 모서리의 빨간색 조절점을 이용하면 비율을 유지한 채 크기를 바꿀 수 있고, 점선 부분을 드래그하면 현재 비율을 무시한 채 해당 방향으로 크기를 변형할 수 있습니다.

크기를 변경하기 위해 우선 재생 헤드를 맨 앞으로 옮긴 후 툴바에서 **[연출]** 아이콘을 터치하여 연출 모드를 시작합니다. 이어서 비행기의 빨간색 조절점을 터치한 채 드래그하여 크기를 변경하면 앞서 기록된 키프레임에 따라 비행기가 움직이면서 크기도 변경됩니다. 여기서는 비행기가 위쪽으로 이동하면서 동시에 크기가 작아지도록 조절점을 점점 안쪽으로 드래그하여 크기를 줄였습니다.

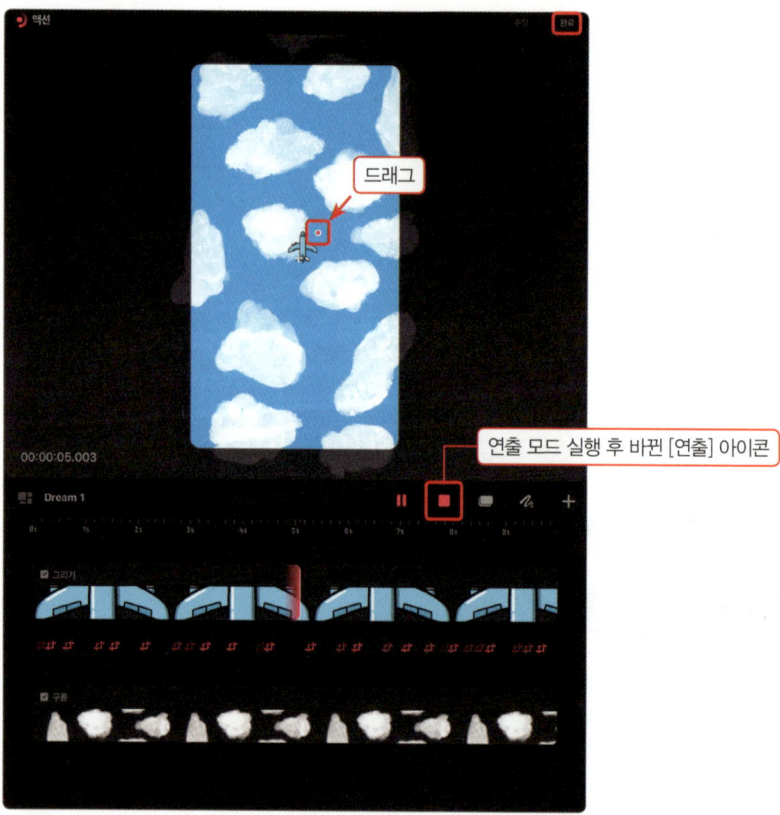

▲ 연출 모드에서 크기 변경 추가하기

크기 변경까지 끝났다면 다시 오른쪽 위의 [완료]를 터치하거나 [연출] 아이콘을 터치하여 연출 모드를 종료합니다. 이제 키프레임에는 비행기의 위치 변경 정보와 함께 크기 변경 정보까지 저장되었습니다. 하지만 육안으로는 구분할 수 없겠죠?

각 키프레임의 상세 정보를 확인하기 위해 ❶ 키프레임 트랙에서 임의의 위치를 길게 터치한 후 ❷ [이동 및 비율 펼치기]를 선택합니다.

다음과 같이 키프레임 트랙이 4개로 펼쳐집니다. 위에서부터 비행기의 X, Y 이동 좌표와 가로, 세로 크기 정보를 담고 있습니다. 이동 정보에 더해 앞서 추가한 크기 변경 정보까지 제대로 기록한 것이죠. 이러한 키프레임의 값들을 하나씩 직접 입력한다고 생각해 보세요. 상상만으로도 힘들겠죠?

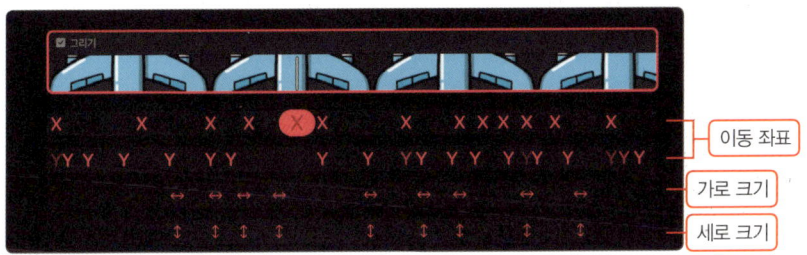

▲ 키프레임의 상세 정보

펼쳐진 키프레임 트랙을 다시 접을 때는 펼칠 때와 같은 방법으로 임의의 키프레임 트랙을 길게 터치한 후 [이동 및 비율 접기]를 선택합니다.

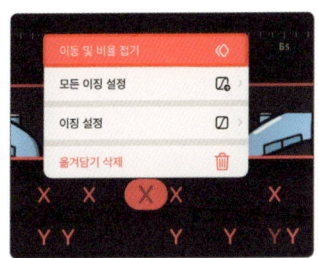

영화 이름 변경 및 동영상 파일로 저장하기

간단한 실습이었지만, 완성한 첫 번째 영화를 다른 사용자도 쉽게 볼 수 있도록 동영상 파일로 저장해 보겠습니다. 그 전에 먼저 'Dream 1'로 명명된 영화 이름부터 변경하는 것이 좋겠군요.

타임라인의 왼쪽 위에 있는 여러 개의 사각형 모양으로 된 [극장] 아이콘을 터치하여 극장 화면으로 빠져나옵니다. 비행기 애니메이션으로 ❶ 완성한 영화의 섬네일이 표시되면 길게 터치한 후 팝업 메뉴에서 ❷ [이름 변경]을 선택하고 적당한 이름을 입력합니다. 여기서는 '비행기'로 변경했습니다.

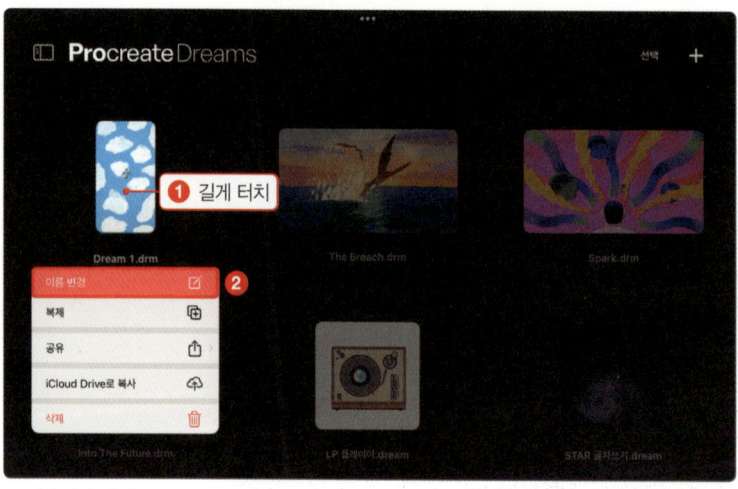

▲ 영화 이름 변경

계속해서 극장 화면에서 ① '비행기' 영화 섬네일을 길게 터치한 후 ② 팝업 메뉴에서 [공유]-[비디오]를 선택합니다.

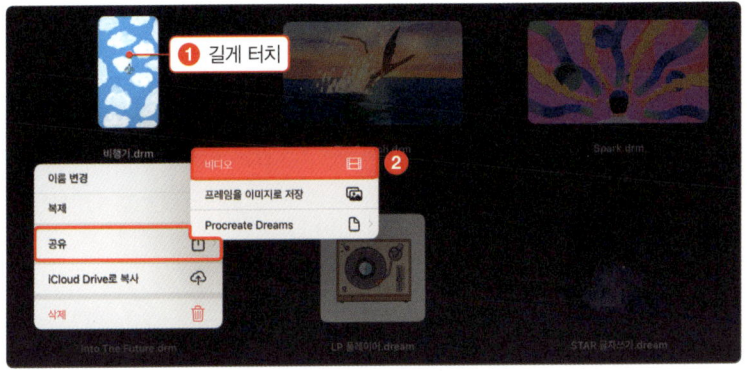

다음과 같이 '내보내는 중' 메시지가 표시되며 동영상이 만들어집니다. 이때 영화의 길이가 길수록 만드는 시간이 길어집니다. 동영상이 완성되면 저장 위치를 선택할 수 있습니다.

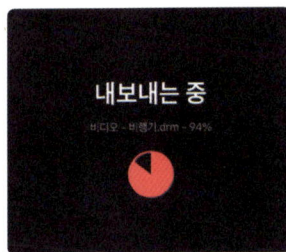

▲ 내보내는 중

◀ 동영상 저장 위치 선택

축하합니다. 여러분의 첫 영화가 동영상 파일로 저장되었습니다. 저장 위치에서 파일을 찾아 재생해 보세요. 영상 품질이 꽤 만족스러울 것입니다.

> **TIP** 비디오 저장 이외에 다양한 공유 방식은 41쪽에서 자세히 설명합니다.

LESSON 08
키프레임 추가하여 애니메이션 만들기 간단 실습

연출 모드를 이용한 애니메이션 제작은 초보자도 쉽게 자연스러운 움직임을 만들 수 있다는 장점이 있습니다. 그러나 정확한 움직임을 표현하고 싶다면 다소 번거롭지만 키프레임 방식이 유리합니다. 이번 실습에서는 키프레임을 추가하여 자동차 바퀴가 정확하게 360도 회전하는 애니메이션을 완성해 보겠습니다.

▲ 영화 미리 보기

키프레임에는 타임라인의 특정 시점에서 콘텐츠의 상태가 저장됩니다. 위치, 크기, 회전, 불투명도 등 다양한 정보를 담고 있지요. 그러므로 키프레임 애니메이션은 서로 다른 시점에서 키프레임을 추가하고 콘텐츠의 상태를 서로 다르게 지정하는 방식입니다. 이렇게 함으로써 서로 다른 상태가 지정된 시점 사이에 자동으로 변화가 발생합니다.

새로운 영화 만들기

극장 화면에서 오른쪽 위에 있는 [+]를 터치하여 새로운 영화 만들기를 시작합니다. 이번에는 자동차가 좌우로 달리는 모습을 표현할 것이므로 [와이드 스크린]을 선택하고, 다음과 같이 세부 옵션을 설정합니다. 설정을 마쳤다면 [공백]을 터치하여 시작합니다.

① **해상도:** 4K 3840×2160
② **초당 프레임 수:** 24FPS, 재생 시간: 5초

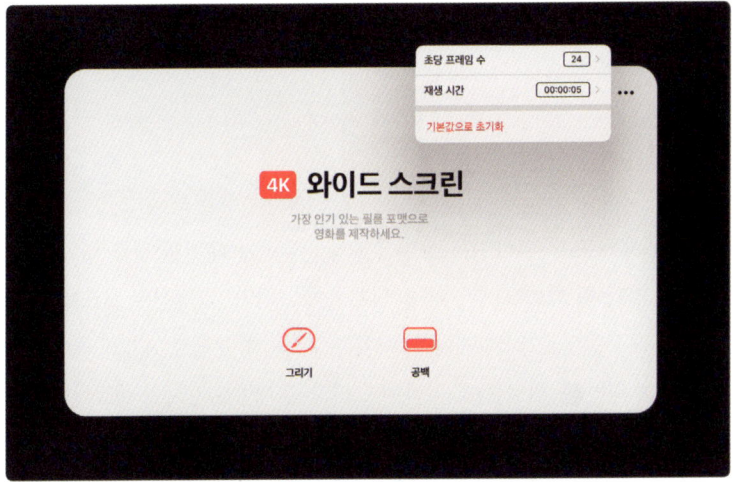

▲ 자동차 영화를 위한 설정

프로크리에이트 파일 가져오기

프로크리에이트 드림에서는 프로크리에이트에서 작업한 파일(.procreate)을 가져와서 각 레이어를 트랙으로 만들어 편집할 수 있습니다. 프로크리에이트 드림에서 직접 그림을 그릴 수도 있으나, 그리기 기능은 프로크리에이트가 좀 더 편리하므로, 프로크리에이트에서 그린 후 프로크리에이트 드림으로 가져와 작업하는 것이 효과적입니다.

프로크리에이트에서 작업한 실습 파일을 가져오기 위해 ❶ 툴바에서 [+] 아이콘을 터치한 후 ❷ [파일]을 선택합니다. ❸ 파일 선택 창이 열리면 제공한 실습 파일 중 [실습2] 폴더에 있는 [자동차.procreate]를 선택하고 ❹ [열기]를 터치합니다.

▲ 프로크리에이트 작업 파일 가져오기

> **TIP** [자동차.procreate] 파일의 화면 크기는 3840x2160이며, 레이어 4개로 구성되어 있습니다.

프로크리에이트 파일을 가져온 후 타임라인을 보면 1개의 콘텐츠가 배치된 것을 확인할 수 있습니다. ① 툴바에서 [그리기 및 페인트] 아이콘을 터치하여 그리기 및 페인트 모드를 실행한 후 ② 스테이지 오른쪽 위에 있는 [그리기 레이어] 아이콘을 터치해 보세요. 4개의 레이어로 구성된 것을 확인할 수 있습니다. ③ [완료]를 터치하여 그리기 및 페인트 모드를 종료합니다.

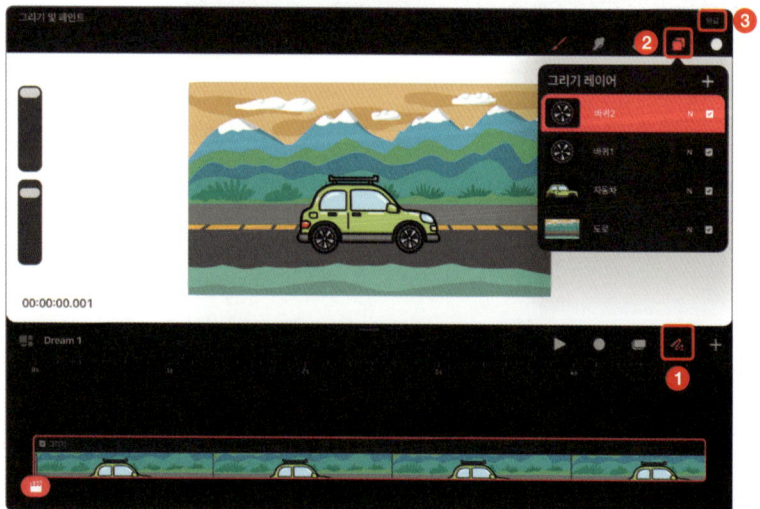

▲ 그리기 및 페인트 모드에서 레이어를 확인할 수 있습니다.

TIP 프로크리에이트 드림에서 프로크리에이트 파일을 가져오면 배경색은 빠지고 레이어만 가져와집니다. 프로크리에이트 드림에서 배경색 지정은 타임 코드를 터치한 후 스테이지 옵션에서 변경할 수 있습니다.

스테이지 영역을 보면 영화의 크기(3840×2160)와 프로크리에이트의 작업물의 크기가 정확하게 일치합니다. 원활한 애니메이션 작업을 위해 이미지를 선택한 후 빨간색 조절점을 바깥쪽으로 드래그하여 다음과 같이 스테이지보다 살짝 크게 조정합니다.

레이어를 트랙으로 만들기

막 가져온 프로크리에이트 작업물은 하나의 콘텐츠로 표시됩니다. 이번 실습에서 사용한 프로크리에이트 파일은 실제로 여러 개의 레이어로 구성되어 있으므로, 레이어별로 트랙을 분할해 보겠습니다. 프로크리에이트 드림에서 모든 애니메이션은 트랙을 기본 단위로 작업합니다. 따라서 레이어별 트랙으로 분리해야 레이어에 담긴 요소별로 애니메이션을 지정할 수 있습니다.

앞서 자동차 그림이 4개의 레이어로 구성된 것을 확인했으니, 레이어별로 분리해 보겠습니다. ❶ 타임라인에서 콘텐츠를 길게 터치한 후 ❷ 팝업 메뉴가 열리면 [레이어를 트랙으로 변환]을 선택합니다.

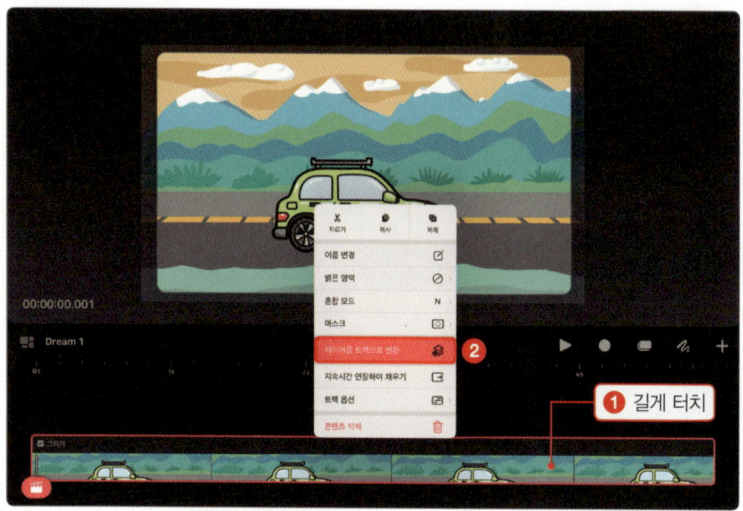

▲ 레이어를 트랙으로 변환

분명 메뉴를 선택했음에도 트랙이나 콘텐츠의 개수가 변화지 않죠? 타임라인에서 콘텐츠의 왼쪽 위를 보면 [그리기]가 [그룹 >]으로 바뀐 것을 확인할 수 있습니다. [>]를 눌러 그룹을 펼쳐 보세요. 4개의 트랙과 콘텐츠가 펼쳐집니다.

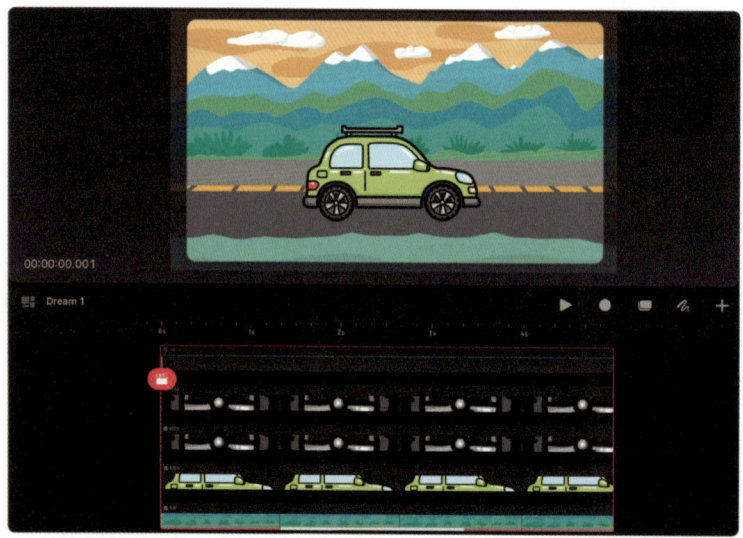

▲ 그룹으로 묶여 있는 4개의 트랙

그룹에서 분리하기

그룹으로 묶인 콘텐츠들을 보면 도로도 포함되어 있습니다. 자동차가 움직이는 애니메이션이므로 도로는 고정되어 있는 것이 맞겠죠? 그러므로 도로 콘텐츠는 기존 그룹 밖으로 꺼내야 합니다.

펼쳐진 그룹에서 [도로] 콘텐츠를 길게 터치한 후 그룹 아래쪽 밖으로 드래그해 주세요. 그룹의 경계가 흰색 점선으로 표시되면 점선 아래쪽으로 옮기면 됩니다.

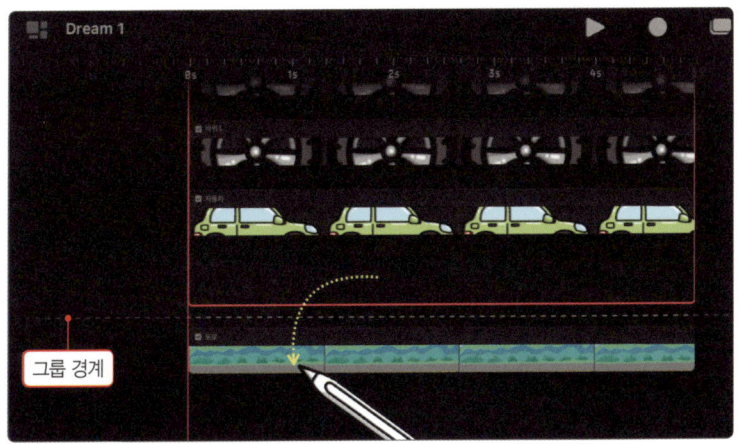

▲ 그룹 경계선 밖으로 옮기기

[도로] 콘텐츠를 그룹 밖으로 옮겼더니 그룹 내에서 [도로] 콘텐츠가 있던 트랙이 빈 트랙으로 남게 됩니다. ❶ 빈 트랙을 길게 터치한 후 ❷ [트랙 삭제]를 선택해서 제거합니다.

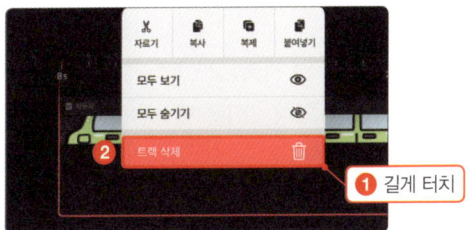

▲ 빈 트랙 삭제하기

끝으로 그룹 콘텐츠에서 [V] 아이콘을 터치하여 그룹을 접습니다. ❶ 이어서 그룹 이름을 길게 터치한 후 ❷ [이름 변경]을 선택하여 '그룹_자동차'로 변경합니다.

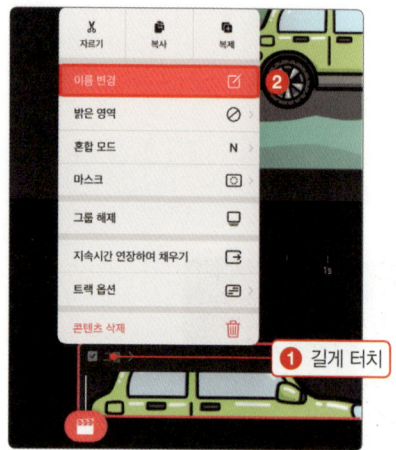

▲ 그룹 이름 바꾸기

키프레임으로 자동차 움직이기

이제 키프레임을 이용해 자동차를 왼쪽 끝에서 오른쪽 끝으로 움직여 보겠습니다. 움직임이 시작될 부분에 첫 번째 키프레임을 추가하고, 움직임이 끝나는 부분에 두 번째 키프레임을 추가하면 됩니다.

❶ 재생 헤드를 [그룹_자동차] 그룹의 맨 앞으로 옮깁니다.

❷ 스테이지에서 자동차를 왼쪽 경계선에 걸치도록 옮깁니다.

❸ 재생 헤드를 터치한 후 액션 창이 열리면 [이동]-[이동 및 비율]을 선택합니다. [그룹_자동차] 그룹 콘텐츠 아래쪽으로 키프레임 트랙이 추가되며, [이동 및 비율] 아이콘(키프레임)이 추가됩니다.

▲ 키프레임 추가하기

> **TIP** 일반 콘텐츠 트랙에서 위치를 표시하는 재생 헤드가 키프레임 트랙으로 가면 [이동 및 비율] 아이콘과 같은 모양의 키프레임 헤드로 표시됩니다. 이때 키프레임 헤드의 아이콘 모양이 흰색일 때와 어두운색일 때의 차이는 현재 위치에 키프레임이 추가되어 있을 때(흰색)와 없을 때(어두운색)의 차이입니다.

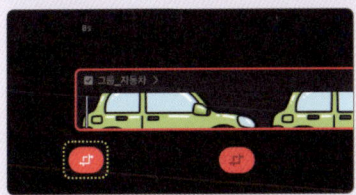

▲ 키프레임 유무에 따른 키프레임 헤드의 차이

계속해서 움직임이 끝나는 위치에도 키프레임을 추가해 보겠습니다.

❶ 키프레임 트랙의 오른쪽 끝을 터치하거나 헤드를 직접 드래그하여 키프레임 트랙의 오른쪽 끝으로 옮깁니다.

❷ 스테이지에서 자동차를 오른쪽 경계선에 걸치게 옮깁니다.

❸ 키프레임 트랙을 보면 키프레임 헤드가 흰색으로 활성화되어 새로운 키프레임이 추가된 것을 확인할 수 있습니다.

LESSON 08 키프레임 추가하여 애니메이션 만들기

이처럼 키프레임 트랙에서 헤드의 위치를 옮긴 후 스테이지에서 설정을 변경하면 자동으로 키프레임이 추가됩니다. 만약 설정을 변경하지 않은 채 키프레임을 추가하고 싶다면 그대로 키프레임 헤드를 한 번 더 터치하면 됩니다.

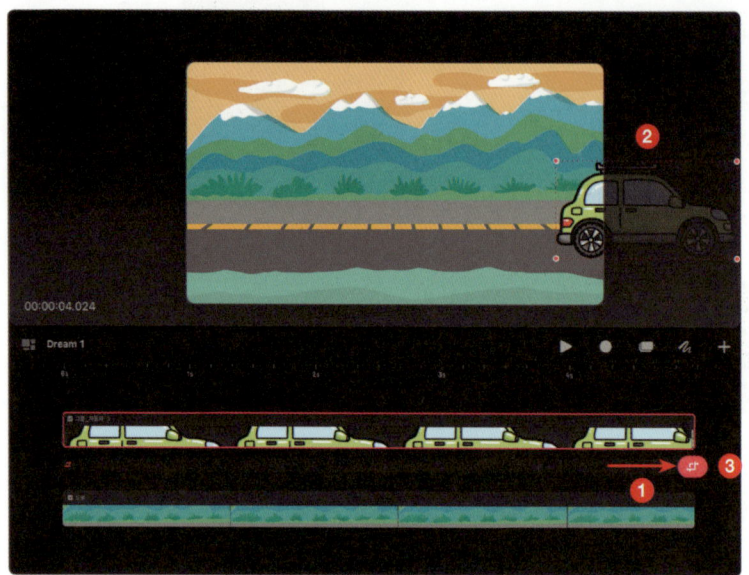

▲ 자동으로 추가된 [이동 및 비율] 아이콘

키프레임 설정이 끝났습니다. 이제 툴바에서 [재생] 아이콘을 터치해 보세요. 5초 동안 자동차가 왼쪽 끝에서 오른쪽 끝으로 이동하는 것을 확인할 수 있습니다.

▲ 서로 다른 위치의 키프레임 설정에 따라 중간 부분은 자동으로 애니메이션이 적용됩니다.

자연스러운 움직임을 위한 이징 설정

자동차 애니메이션을 재생해 보면서 자동차의 이동 속도가 동일하지 않다는 것을 느꼈을 겁니다. 마치 실제 자동차처럼 천천히 움직이기 시작해서 속도가 빨라지고, 멈출 때는 다시 천천히 속도가 줄어듭니다. 이렇게 실제의 움직임과 비슷하게 가속도를 설정해 주는 것을 이징(Easing)이라고 합니다.

이징 설정을 변경하기 위해 ❶ 키프레임 트랙에서 빈 곳을 길게 터치한 후 ❷ [**모든 이징 설정**]을 선택하면 다음과 같이 4가지 모드가 나타납니다. 자동차가 일정한 속도로 움직이도록 ❸ [**선형**]을 선택한 후 영화를 재생해 보세요.

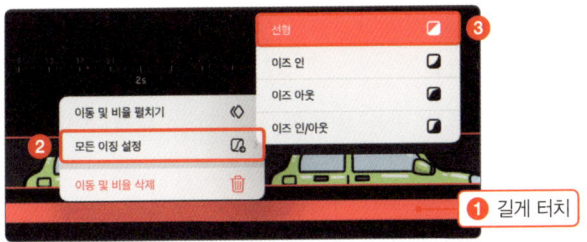

▲ 키프레임 트랙의 빈 곳을 길게 터치한 후 [모든 이징 설정] 선택

참고로 프로크리에이트 드림에서 이징 설정의 기본값은 [**이즈 인/아웃**]이며, 각 설정은 다음과 같은 움직임을 보입니다.

- **선형:** 처음부터 끝까지 같은 속도로 움직입니다.
- **이즈 인:** 느리게 시작해 속도가 점점 빨라집니다.
- **이즈 아웃:** 정상 속도로 시작해 속도가 점점 줄어듭니다.
- **이즈 인/아웃:** 느리게 시작해 속도가 점점 빨라지다 다시 속도가 줄어듭니다.

360도 회전하는 타이어 움직임 표현하기

지금까지 자동차 애니메이션을 재생하면서 어색한 점을 찾아보세요. 바로 타이어의 움직임입니다. 자동차는 계속해서 움직이는데, 타이어는 움직임이 없으니 마치 억지로 끌려가는 느낌이네요. 다행히도 타이어 이미지가 별도의 레이어로 구성되어 있으므로, [타이어] 콘텐츠에서 키프레임을 추가하여 회전시켜 보겠습니다. 우선 다음과 같은 순서로 첫 번째 키프레임을 추가해 보세요.

❶ [그룹_자동차] 그룹 콘텐츠를 펼친 후 재생 헤드를 [바퀴1] 콘텐츠의 맨 앞으로 옮깁니다.
❷ 재생 헤드를 터치한 후 액션 창에서 [이동]-[이동 및 비율]을 선택합니다.
❸ [바퀴1] 콘텐츠의 키프레임 트랙에 첫 번째 [이동 및 비율] 아이콘(키프레임)이 추가됩니다.
❹ [이동 및 비율] 아이콘을 터치해 보면 이동 및 비율 창이 열리고 [회전] 설정값이 [0]인 것을 확인할 수 있습니다.

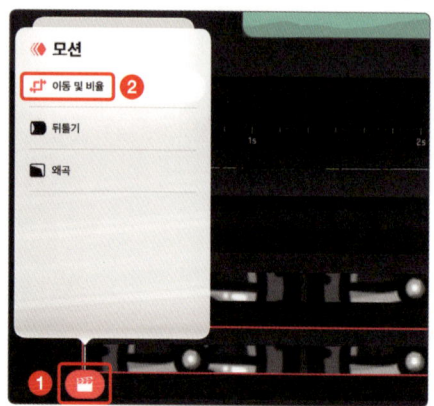
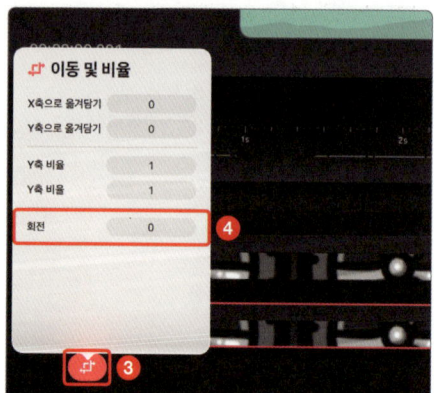

▲ [바퀴1] 콘텐츠의 첫 번째 키프레임 추가 후 설정값 확인

계속해서 두 번째 키프레임을 추가합니다.

① [바퀴1] 키프레임 트랙의 맨 뒤(10초)를 디치하여 키프레임 헤드를 옮긴 후 키프레임 헤드를 터치해 설정값 변경 없이 새로운 키프레임을 추가합니다.

② 추가한 키프레임을 다시 한번 터치하여 이동 및 비율 창을 엽니다.

③ [회전] 옵션을 눌러 [-1800](360×5)으로 변경합니다. 즉, 자동차가 이동하는 10초 동안 바퀴가 반시계 방향으로 5바퀴 회전된다는 의미입니다. 음수를 입력할 때는 값을 먼저 입력한 후 [-]를 터치하면 됩니다.

▲ [바퀴1] 트랙의 끝부분 키프레임 설정 및 회전값

> **TIP** 앞서의 실습 과정 중 새로운 위치로 키프레임 헤드를 옮기고 자동차의 위치(설정값)를 변경했더니 자동으로 키프레임이 추가되었습니다. 만약 위와 같이 위치 등의 설정값을 변경하지 않고 키프레임을 추가하고 싶다면 그대로 키프레임 헤드를 터치하면 됩니다.

이제 영화를 재생해 보세요. 앞바퀴(바퀴1)가 꽤 근사하게 회전하죠? 지금까지의 과정을 참고하여 [바퀴2] 콘텐츠에는 직접 키프레임을 추가해서 움직임을 표현해 보세요.

콘텐츠 복제하여 배치하기

완성한 [그룹_자동차] 콘텐츠를 복제하여 중앙선 반대편 차선에도 자동차를 배치해 보겠습니다. ❶ [그룹_자동차] 그룹을 길게 터치한 후 [트랙 옵션]-[복제]를 선택합니다.

같은 이름의 [그룹_자동차] 그룹 콘텐츠가 배치된 트랙이 위쪽에 추가됩니다. 혼동되지 않게 그룹을 길게 터치한 후 [이름 변경]을 선택하여 복제된 그룹은 [그룹_자동차2]로, 원본은 [그룹_자동차1]로 변경하세요.

그룹을 복제하고, 이름도 바꿨으나 스테이지를 보면 자동차가 한 대만 보입니다. 키프레임 트랙도 함께 복제되어 저장된 위치 등의 설정이 완전히 같으므로 정확하게 한 대처럼 보이는 것입니다. 복제한 자동차의 크기와 움직임을 설정하기 전에 콘텐츠와 함께 복제된 키프레임 트랙을 삭제해야 합니다.

❶ [그룹_자동차2] 그룹의 키프레임 트랙을 길게 터치한 후 ❷ [이동 및 비율 삭제]를 선택합니다. 그런 다음 재생 헤드를 좌우로 움직여 보면 원본 자동차(그룹_자동차1)만 움직이는 것을 확인할 수 있습니다.

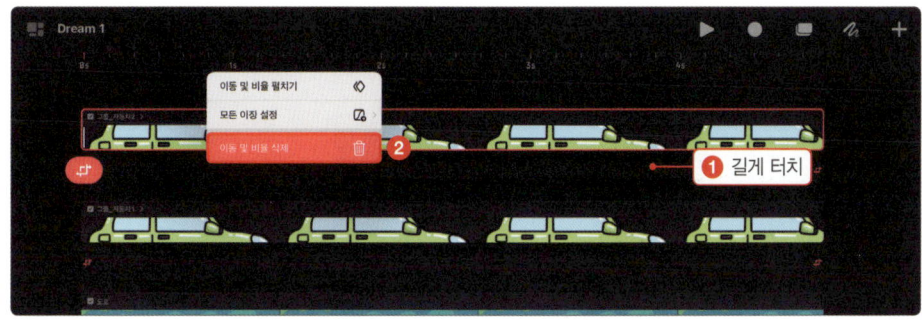

콘텐츠 크기 변경 및 방향 전환

❶ 타임라인에서 [그룹_자동차2] 그룹을 선택하고 ❷ 스테이지에서 반대 차선으로 옮긴 후 ❸ 크기를 작게 줄입니다. ❹ 이어서 오른쪽 위의 […]을 터치한 후 ❺ [수평 뒤집기]를 선택하면 자동차의 방향이 반전됩니다.

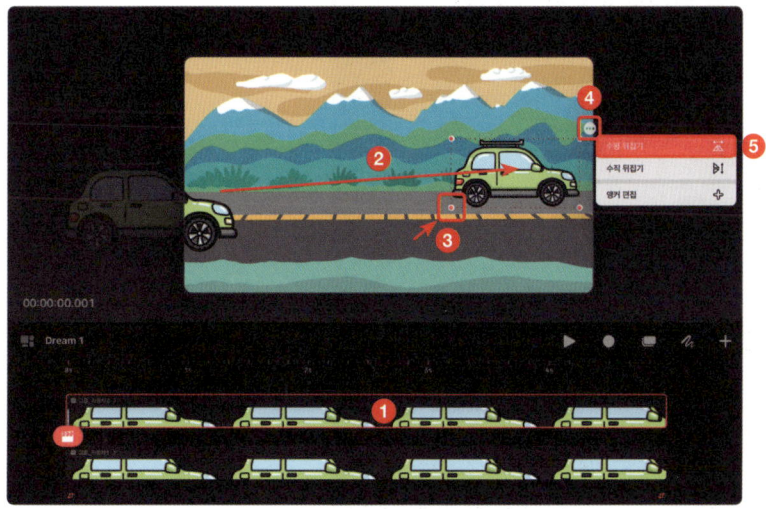

LESSON 08 키프레임 추가하여 애니메이션 만들기

이제 앞서 실습한 66쪽의 [키프레임으로 자동차 움직이기]를 응용하여 [그룹_자동차2] 콘텐츠가 오른쪽 끝에서 왼쪽 끝으로 이동하는 애니메이션을 완성해 보세요. 그런 다음 영화를 재생해 보세요. 아래와 같이 2대의 자동차가 겹치는 어색한 상황이 연출되는 것을 확인할 수 있습니다.

타임라인에서 트랙의 위치에 따라 스테이지에서 콘텐츠 순서도 결정됩니다. 자연스러운 표현을 위해 타임라인에서 [그룹_자동차2] 그룹을 길게 터치한 후 [그룹_자동차1] 그룹 아래로 옮깁니다. 다음과 같이 [그룹_자동차1], [그룹_자동차2], [도로] 콘텐츠 순서로 배치하면 자연스럽게 표현됩니다.

▲ 트랙 순서에 따른 차이

> TIP 그룹을 옮긴 후 남는 빈 트랙은 길게 터치한 후 [트랙 삭제]를 선택해서 지우면 됩니다.

라이브 필터로 이미지 색상 변경하기

이제 거의 다 왔습니다. 두 대의 자동차가 자연스럽게 이동하는 것까지 완성했다면 자동차2의 색상을 변경해서 구분해 보겠습니다. 프로크리에이트 드림의 필터 기능을 이용하면 콘텐츠의 색상을 손쉽게 변경할 수 있습니다.

❶ [그룹_자동차2] 그룹을 펼친 후 자동차 본체에 해당하는 [자동차] 콘텐츠에서 재생 헤드를 맨 앞(0초)으로 옮깁니다.

❷ 재생 헤드를 터치한 후 [필터]-[HSB]를 선택하면 [색조], [채도], [명도] 옵션을 이용하여 원하는 색상으로 변경할 수 있습니다.

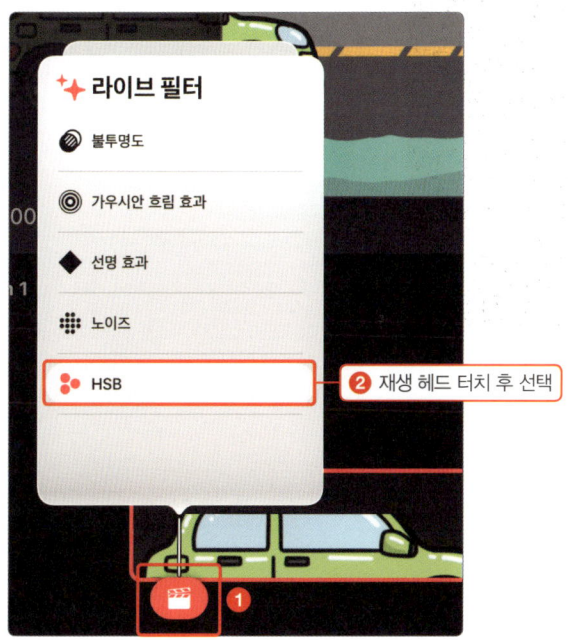

> TIP HSB는 Hue(색조), Saturation(채도), Brightness(명도)의 약자입니다.

HSB를 이용한 색상 변경 역시 키프레임 설정 중 하나입니다. 그러므로 라이브 필터 기능을 이용하여 색상을 변경하면 [자동차] 콘텐츠 아래에 키프레임 트랙이 추가되고, [HSB] 아이콘(키프레임)이 추가된 것을 확인할 수 있습니다. 만약, 재생 헤드가 맨 앞에 있지 않았다면 2개의 [HSB] 아이콘이 생성되어 자동차의 색상이 점점 변경하는 애니메이션이 됩니다. 이럴 때는 앞쪽의 키프레임을 길게 터치한 후 [키프레임 삭제]를 선택하여 삭제하면 한 가지 색상만 유지됩니다.

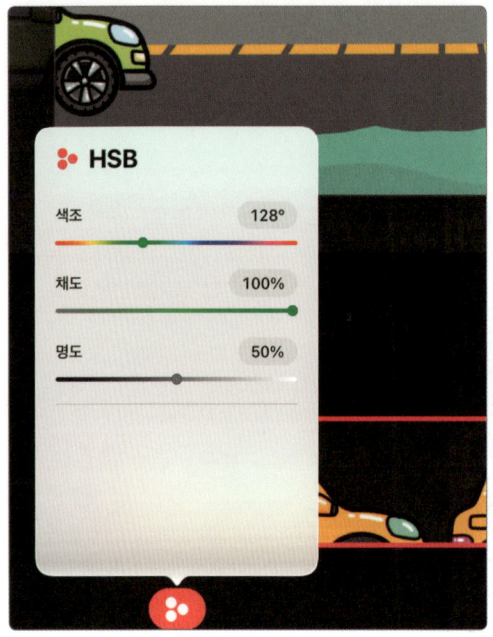

▲ [HSB] 아이콘이 한 개만 있어야 지속해서 같은 색상이 유지됩니다.

키프레임 간격 조정으로 속도 변경하기

색상까지 변경했으니 이제 두 자동차의 속도도 서로 다르게 변경해 보겠습니다. 속도는 거리를 시간으로 나눈 값입니다. 같은 거리를 이동하는 시간이 절반으로 줄면 속도는 2배가 빨라지겠죠? 이 속도는 [이동 및 비율] 아이콘(키프레임) 사이의 간격으로 조정할 수 있습니다.

자동차1의 속도를 더 빠르게 변경하기 위해 [그룹_자동차1] 그룹의 키프레임 트랙에서 오른쪽 끝에 있는 [이동 및 비율] 아이콘을 길게 터치한 채 중간 지점인 2.5초 부근으로 옮깁니다.

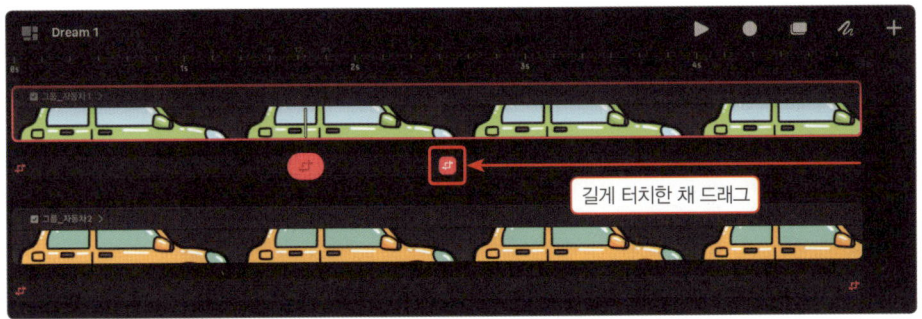

▲ 자동차1의 키프레임 사이 간격 좁히기

영화를 재생해 보면 자동차1의 움직임이 2배나 빨라진 것을 알 수 있습니다. 이처럼 키프레임의 위치를 변경해서 속도를 조절하는 방식은 자주 사용하는 유용한 기능입니다. 기억하세요. 키프레임 사이의 거리가 짧을수록 움직임이 빠르게 진행된다는 사실!

스테이지 등장 시간 바꾸기

이번 실습의 마지막 과정으로 2대의 자동차가 시간 차이를 두고 화면(스테이지)에 등장하도록 변경해 보겠습니다. 이 작업은 트랙에서 콘텐츠의 시작 위치를 변경하는 것으로 간단하게 해결할 수 있습니다.

자동차1이 좀 더 늦게 등장하도록 변경하기 위해 타임라인에서 [그룹_자동차1] 그룹을 길게 터치한 채 오른쪽으로 옮겨 보세요. 오른쪽으로 많이 옮길수록 스테이지에 늦게 등장합니다.

▲ 타임라인에서 콘텐츠를 오른쪽에 배치할수록 등장 시간이 늦춰집니다.

드디어 두 번째 영화 제작이 끝났습니다. 지난 첫 번째 실습에서 배운 동영상 파일 저장 방법을 참고하여 비디오로 저장하고, 재생해 보세요. 멋진 자동차 애니메이션을 감상할 수 있습니다.

LESSON 09 플립북 방식으로 애니메이션 만들기 [간단 실습]

플립북은 모든 장면을 프레임 단위로 그려서 재생하는 방식입니다. 프레임 바이 프레임(Frame by Frame) 모드라고 부르기도 합니다. 꽤 번거롭고 숙련이 필요하지만, 프로크리에이트 드림에서는 좀 더 쉽게 플립북 스타일의 애니메이션을 만들 수 있습니다.

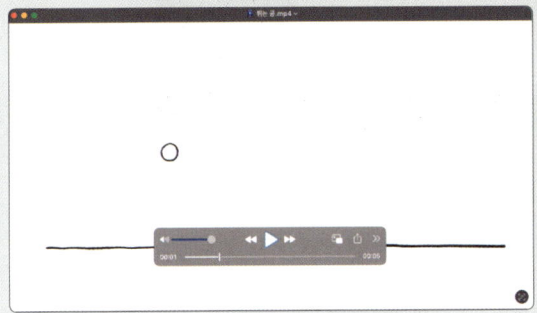

▲ 영화 미리 보기

새로운 영화 만들기

번거롭긴 하지만 굉장히 독특한 스타일의 애니메이션을 제작할 수 있는 플립북 방식으로 세 번째 영화를 제작해 보겠습니다. 다음과 같이 설정한 후 [공백]을 터치하여 새로운 영화를 시작해 봅시다.

① **해상도:** 4K 3840×2160
② **초당 프레임 수:** 사용자 지정 10FPS, **재생 시간:** 5초

참고로 플립북 애니메이션은 긴 영상을 만들기 위해 굉장히 많은 시간과 정성이 필요합니다. 이번 실습은 플립북 애니메이션의 제작 방법을 이해하는 단계이므로 5초 길이의 매우 짧은 영화를 만듭니다.

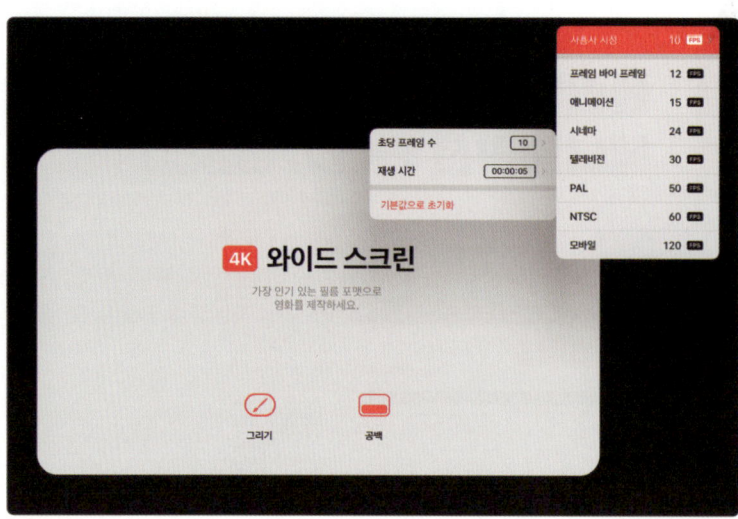

참고 이미지 불러오기

통통 튀는 공 애니메이션을 직접 그려서 제작해 보겠습니다. 마음대로 자유롭게 그릴 수도 있지만, 더욱 사실적인 공의 움직임을 표현하기 위해 미리 준비한 참고 이미지를 활용해 보겠습니다. ❶ 툴바에서 [+] 아이콘을 터치한 후 ❷ [파일]을 선택합니다. ❸ [실습3] 폴더의 [튀는 공 참고.png] 이미지를 선택한 후 ❹ [열기]를 터치합니다.

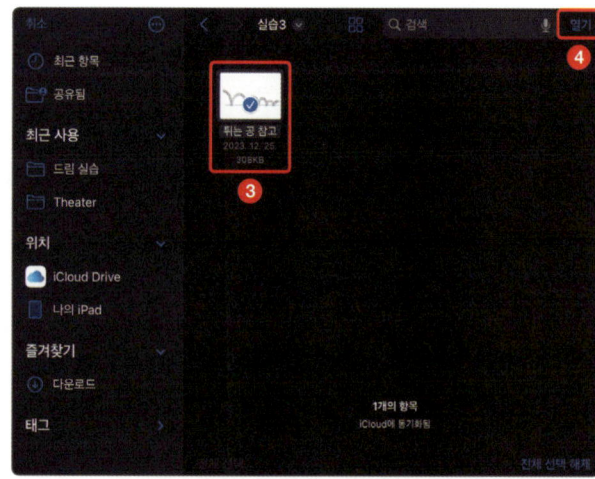

이미지를 가져온 후 ① 스테이지에서 이미지의 크기를 적절하게 조정합니다. 그런 다음 드로잉 작업에 방해가 되지 않도록 ② 툴바에서 [그리기 및 페인트] 아이콘을 터치하여 실행하고, ③ 그리기 및 페인트 모드의 툴바에서 [그리기 레이어] 아이콘을 터치합니다. ④ 레이어 목록이 열리면 [N]을 터치하여 혼합 모드 목록을 펼치고 ⑤ [불투명도] 옵션을 [30%] 정도로 변경한 후 ⑥ [완료]를 눌러 빠져나옵니다. 혼합 모드는 이후 198쪽에서 자세히 설명합니다.

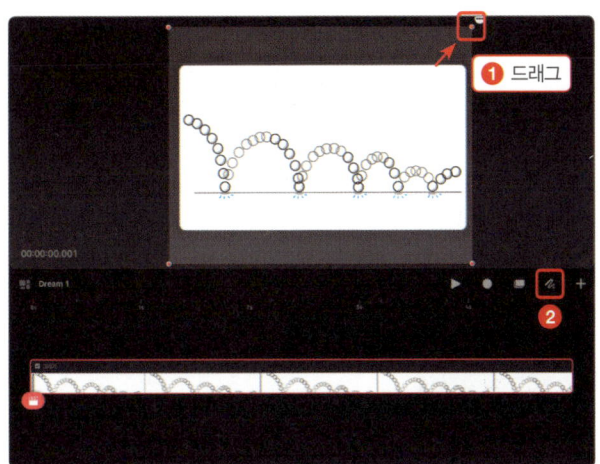 

▲ 밑그림으로 활용하기 좋게 크기와 불투명도를 적당하게 조정합니다.

플립북 모드 시작하기

플립북 모드를 시작하기에 앞서 프레임 단위로 그린 그림이 배치될 트랙을 추가하겠습니다. ① 툴바의 [+] 아이콘을 터치한 후 ② [트랙]을 선택합니다. 참고 이미지 콘텐츠 위쪽으로 새로운 빈 트랙이 추가됩니다.

▲ 새로운 트랙을 추가하면 기존 트랙의 위쪽으로 배치됩니다.

플립북 모드는 그리기 및 페인트 모드에서만 실행할 수 있습니다. 새로 추가한 트랙의 맨 앞으로 재생 헤드를 옮긴 후 ❶ 툴바에서 [그리기 및 페인트] 아이콘을 터치합니다. ❷ 그리기 및 페인트 모드가 시작되면 타임라인과 스테이지 영역 사이에 회색 바가 표시됩니다. 회색 바를 터치한 채 아래쪽으로 내리면 스테이지 영역이 전체 화면으로 바뀌면서 플립북 모드가 시작됩니다. 스테이지 영역에 플립북 팝업 창이 표시되면 정상적으로 실행된 것입니다.

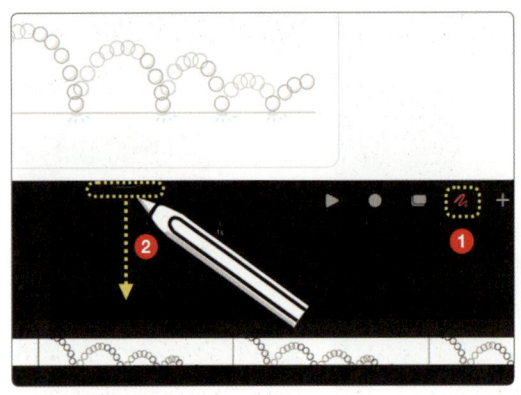

▲ 플립북 모드 시작하기

▲ 플립북 창

첫 프레임부터 시작하기

첫 프레임에 그림을 그리기 위해 그리기 및 페인트 ❶ 툴바에서 [브러시] 아이콘을 터치한 후 ❷ [스케치]-[6B 연필]을 선택합니다. 여러분이 좋아하는 다른 브러시를 선택해도 좋습니다. ❸ [색상]은 [검정]을 선택합니다.

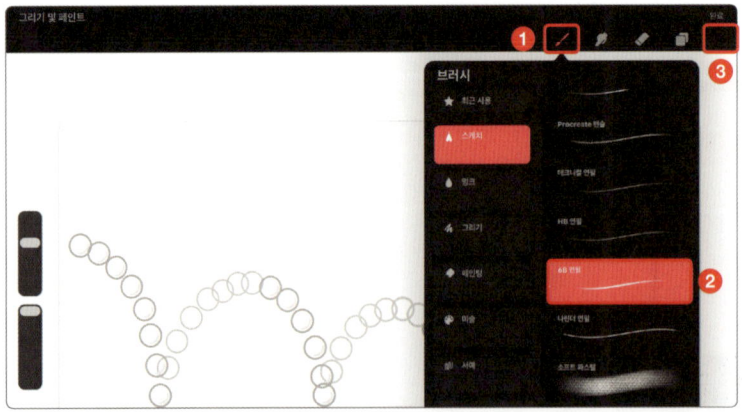

플립북 창에 있는 사각형 하나하나가 프레임입니다. 재생 헤드를 맨 앞으로 옮긴 후 플립북 모드를 실행했다면 다음과 같이 첫 번째 프레임(사각형)이 선택 중이며, 왼쪽 아래에 있는 타임 코드에는 00:00:00.001(1프레임)이 표시됩니다. 만약, 중간 프레임이 선택 중이라면 좌우로 움직여서 첫 번째 프레임으로 이동하세요.

이제 ❶ 첫 번째 프레임이 선택된 것을 확인하고 ❷ 스테이지를 적당한 크기로 확대한 다음 참고 이미지를 따라 첫 번째 공을 그립니다. ❸ 계속해서 플립북 창에 있는 두 번째 프레임을 선택한 후 ❹ 두 번째 공을 그립니다.

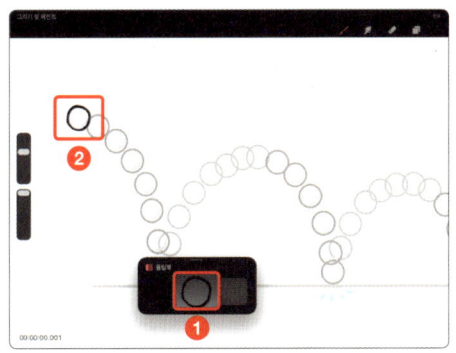 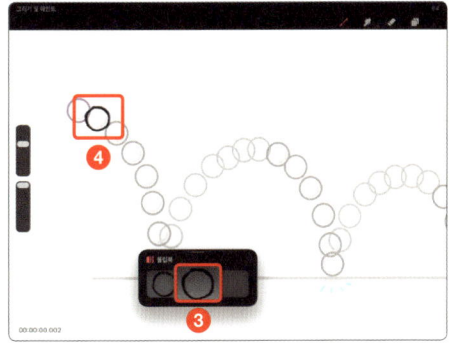

▲ 첫 번째와 두 번째 프레임에 그려진 공

TIP 그림을 그리는 중에 원하는 모양대로 잘 그려지지 않았다면 두 손가락으로 터치하여 실행을 취소한 후 다시 그리면 편리합니다.

전체 프레임 완성하기

앞의 과정을 참고하여 이제 나머지 프레임을 전부 그리세요. 대략 50컷 정도가 됩니다. 하나의 프레임에는 한 개의 공만 그리세요. 중간에 플립북 창에서 좌우로 이동하면서 다른 프레임을 확인하면서 작업할 수 있습니다. 이때, 어니언 스킨을 활용하면 더욱 편리합니다.

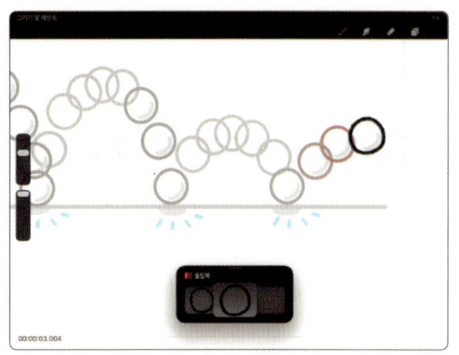 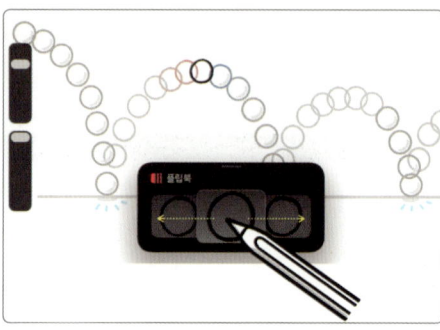

▲ 전체 프레임 완성

모든 프레임에 공을 하나씩 그렸으면 화면 오른쪽 위의 [완료]를 터치하여 플립북 모드와 그리기 및 페인트 모드를 종료합니다.

> **TIP** 플립북 창에 있는 [X]를 터치하면 플립북 모드만 종료되며, 그리기 및 페인트 모드는 유지됩니다.

> **TIP** 어니언 스킨 설정
>
> 어니언 스킨은 현재 선택 중인 프레임에 그린 그림과 현재 프레임을 기준으로 앞 또는 뒤 프레임에 그린 그림을 쉽게 찾을 수 있도록 도와주는 기능입니다. 한 프레임씩 그림을 그리는 플립북 모드에서 무척 유용한 기능이지요.
>
> 스테이지 왼쪽 아래에 있는 타임 코드를 터치한 후 스테이지 옵션 창이 열리면 [어니언 스킨 가리기/보기]를 선택하여 어니언 스킨 기능을 키거나 끌 수 있으며, [어니언 스킨 편집]을 선택하여 색상 및 앞뒤 기준으로 표시될 프레임 수 등을 설정할 수 있습니다.

▲ 스테이지 옵션에서 어니언 스킨 설정하기

현재까지 완성한 플립북 애니메이션을 확인하기 위해 툴바에서 [재생] 아이콘을 터치하거나 타임라인에서 재생 헤드를 왼쪽으로 빠르게 밀어서 재생해 보세요. 공이 통통 튀어 오르는 애니메이션이 만들어졌습니다.

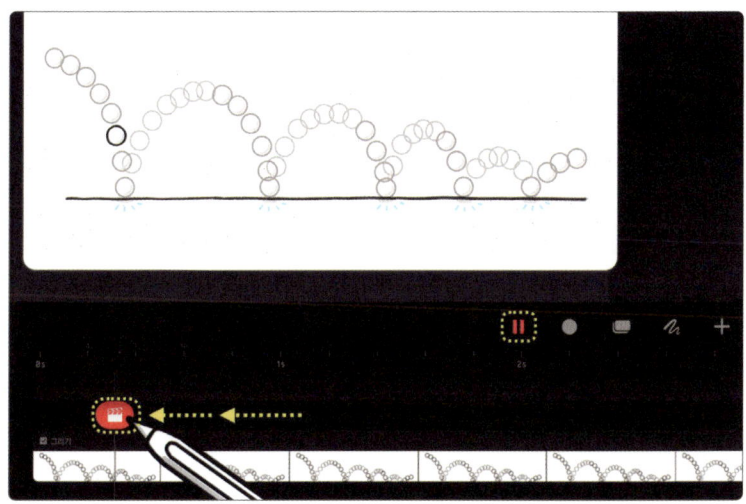

▲ 영화 재생하기

LESSON 09 플립북 방식으로 애니메이션 만들기 85

바닥 추가하기

통통 튀는 공을 표현했으니 마지막으로 바닥을 표현해 보겠습니다. 바닥은 움직임이 없이 그대로 유지되어야 하므로 새로운 트랙부터 추가합니다.

❶ 툴바에서 [+] 아이콘을 터치한 후 ❷ [트랙]을 선택하여 새로운 트랙을 추가합니다. ❸ [그리기 및 페인트 모드] 아이콘을 터치하여 그리기 및 페인트 모드를 실행합니다. ❹ 재생 헤드를 새로운 트랙의 맨 앞으로 옮긴 후 ❺ 스테이지에서 참고 이미지를 따라서 바닥을 표현할 긴 직선을 그립니다. ❻ 선을 그렸다면 오른쪽 위의 [완료]를 터치하여 그리기 및 페인트 모드를 빠져나옵니다.

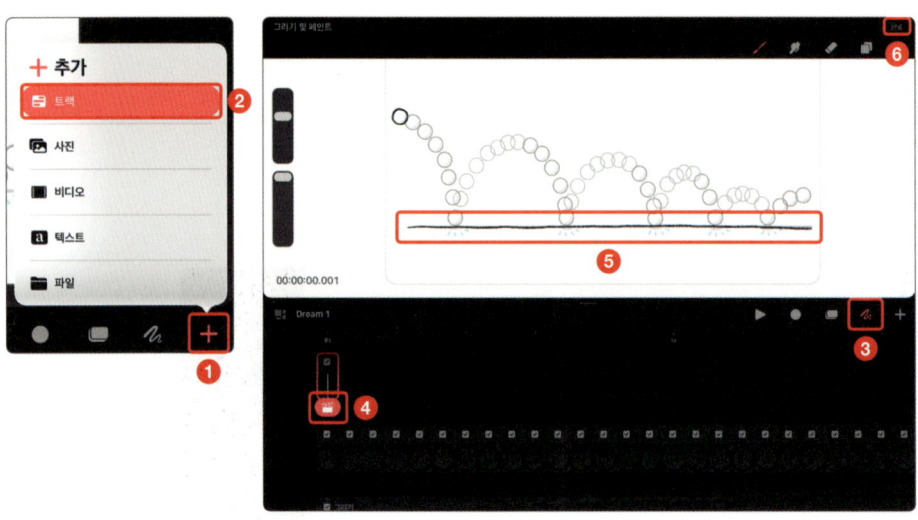

▲ 새로운 트랙 추가 후 바닥 선 그리기

타임라인에서 새로운 트랙을 보면 바닥 선이 1프레임 길이로 배치되어 있습니다. 바닥은 애니메이션이 재생되는 내내 표시되어야 합니다. 그러므로 ❶ 선이 그려진 콘텐츠를 길게 터치한 후 ❷ [지속시간 연장하여 채우기]를 선택하여 처음부터 타임라인의 끝까지 채웁니다.

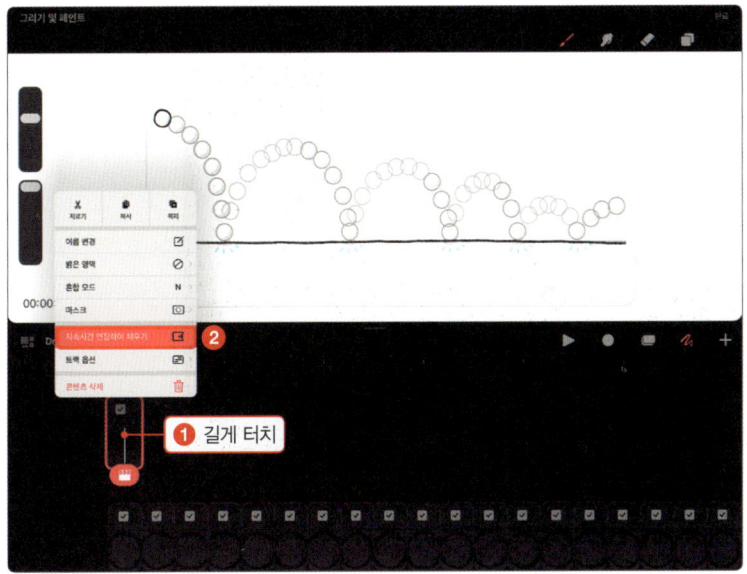

TIP 1프레임으로 된 콘텐츠가 너무 작아서 터치하기 어렵다면 타임라인에 세 손가락을 올린 후 오른쪽으로 밀어서 시간 간격을 프레임 단위로 확대하면 됩니다.

필요 없는 콘텐츠 정리하기

이제 완성입니다. 참고 이미지가 더이상 필요하지 않으므로, 타임라인에서 가장 아래쪽에 있는 참고 이미지 콘텐츠를 길게 터치한 후 [**콘텐츠 삭제**]를 선택하고, 해당 트랙을 길게 터치한 후 [**트랙 삭제**]를 선택하여 정리합니다.

만약 제거하지 않고, 스테이지와 공유할 동영상에 포함되지만 않도록 관리하고 싶다면 해당 콘텐츠 이름에 있는 체크를 해제하여 숨길 수도 있습니다.

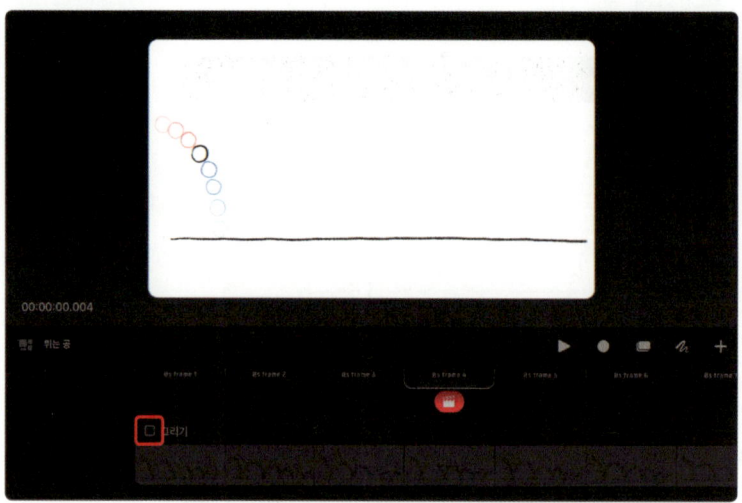

▲ 체크를 해제하면 콘텐츠가 어둡게 처리되며, 화면에서 사라집니다.

플립북 모드에서 실습이 끝났습니다. 플립북 방식은 다른 방식에 비해 더 많은 시간과 노력이 필요합니다. [실습3] 폴더에 있는 [걷기 참고.jpg] 이미지 파일을 참고하여 사람이 걷는 플립북 영화 만들기에도 도전해 보세요.

- **해상도:** 4K 3840×2160
- **초당 프레임 수:** 15
- **재생 시간:** 5초

▲ 걷기 참고 이미지

▲ 결과 미리 보기

TIP 어떤 방식으로 영화를 만들어야 할까?

지금까지 3가지 애니메이션 제작 방식을 간단하게 살펴보았습니다. 본격적인 작업에 앞서 '나는 어떤 방식으로 작업하면 좋을까?'라는 고민이 생길 수도 있습니다. 필자가 생각하기에 각 방식은 다음 상황에 적합합니다.

- **연출 방식:** 형태가 크게 변하지 않고 자유로운 움직임이 필요할 때
- **키프레임 방식:** 형태가 크게 변하지 않고 정확하게 위치와 각도가 변할 때
- **플립북 방식:** 등장하는 이미지의 변화 형태가 클 때

키프레임은 이미지의 위치, 크기, 비율, 회전 각도 등의 정보를 가지고 있지만 이미지 자체를 자유롭게 변형시키는 것이 어렵습니다. 여러분이 '훌륭한 드로잉 실력 + 창의력 + 인내심'을 가지고 있다면 플립북 애니메이션 방식은 굉장히 자유롭고 즐거운 작업이 될 수 있습니다.

그러니 이러한 특징들을 잘 고려하여 어떤 방식에서 작업할지 고민해 보세요. 각 애니메이션 제작 방식의 특징과 장단점을 잘 이해하고 충분히 연습하면 아이디어가 점점 많아질 것입니다. 실제 작업에서는 이 세 가지 방식을 적절하게 섞어서 사용합니다.

MEMO

PART 02

프로젝트로 배우는
프로크리에이트 드림

[PART 01]에서 프로크리에이트 드림의 기본 사용 방법부터
연출 모드, 키프레임 모드, 플리북 모드의 차이와 사용 방법을 이해했다면
이제 자유롭게 아이디어를 구현하면 됩니다.
여러분의 아이디어를 구현할 수 있도록 10가지 프로젝트를 준비했습니다.
다양한 영화를 제작하면서 프로크리에이트 드림을
자유롭게 사용할 수 있도록 연습해 보세요.

밤하늘의 반딧불이

그리기 및 페인트 모드를 이용하여 어두운 밤하늘에서 반짝이는 반딧불이를 표현해 보겠습니다. 정밀하게 반딧불이를 그려도 좋지만 여기서는 네온사인 느낌으로 밝게 빛나는 형체를 그려서 반딧불이처럼 표현해 봅니다.

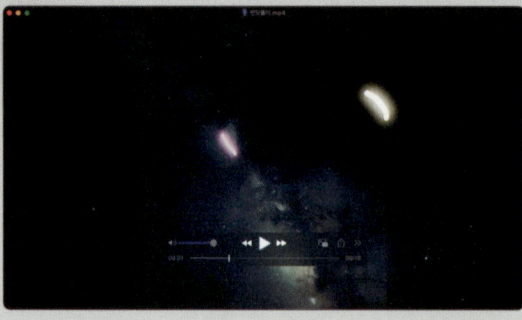

▲ 영화 미리 보기

영화 설정
- **크기**: 4K 와이드 스크린
- **초당 프레임 수**: 15FPS
- **재생 시간**: 5초

[그리기]로 시작한 후 배경색 채우기

PART 01의 간단 실습에서는 모두 [공백]으로 영화를 시작했습니다. 여기서는 처음으로 [그리기]로 새로운 영화를 시작해 보면서 어떤 차이가 있는지 확인해 보세요.

01 [4K 와이드 스크린, 초당 프레임 15FPS, 5초]로 설정한 후 [그리기]를 터치하여 새로운 영화를 시작하면 다음과 같이 곧바로 그리기 및 페인트 모드가 실행되며, 타임라인의 콘텐츠는 플립북 모드처럼 편집할 수 있도록 1프레임 단위로 표시됩니다.

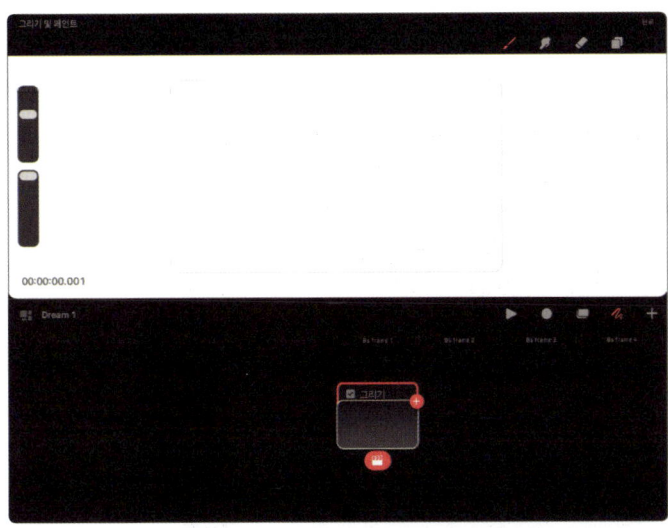

> **TIP** 타임라인에 '0s frame 1'과 같이 초와 프레임이 함께 표시되면 타임라인이 최대로 확대된 상태입니다. 타임라인을 손가락으로 빠르게 두 번 터치하면 타임라인이 확대되며, 계속 확대하다 보면 위와 같이 최대로 확대됩니다.

02 먼저 어두운 밤하늘을 표현하기 위해 스테이지를 어두운색으로 채우겠습니다. ❶ 타임 코드를 터치한 후 ❷ [배경 색상]을 선택하여 배경 색상 창이 열리면 어두운 밤하늘처럼 보이는 색을 선택합니다.

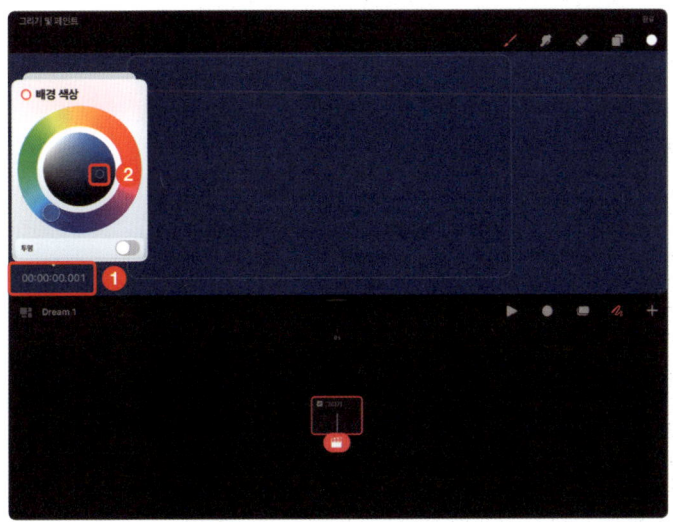

LESSON 01 밤하늘의 반딧불이

03 이제 반딧불이를 표현할 브러시를 고르기 위해 ❶ 그리기 및 페인트 모드의 툴바에서 [브러시] 아이콘을 터치한 후 ❷ [빛]-[라이트 펜]을 선택합니다.

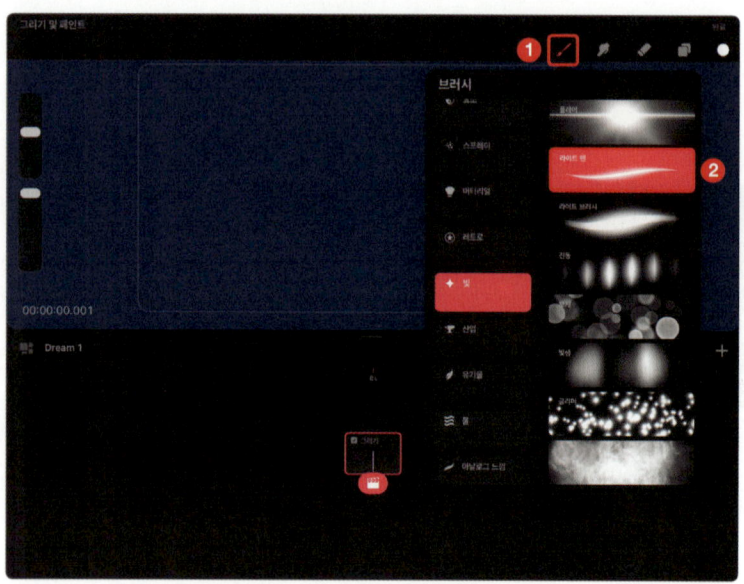

04 계속해서 브러시 색상을 고르기 위해 ❶ 그리기 및 페인트 툴바에서 [색상] 아이콘을 터치한 후 ❷ 원하는 색상을 선택합니다. 여기서는 파란색 계열을 선택했습니다.

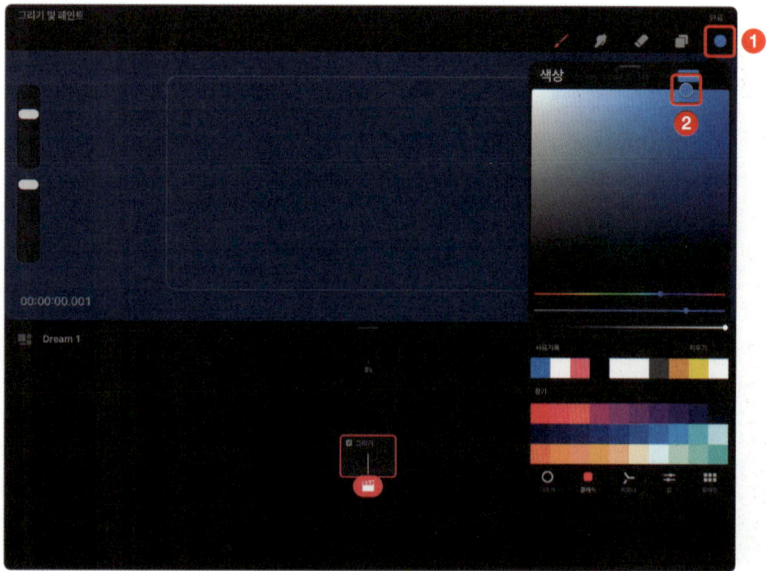

TIP 색상 창 아래쪽에 있는 [디스크], [클래식], [하모니] 등을 선택하여 색상 선택 방식을 변경할 수 있습니다. 앞쪽의 화면은 [클래식] 방식의 색상 선택 창입니다.

프레임 단위로 그리기

기본 준비는 이제 끝났습니다. 지금부터 브러시를 이용하여 1프레임씩 반딧불이를 표현하면 됩니다.

01 반딧불이를 표현하기 위해 스테이지 왼쪽에서 위에 있는 슬라이드를 이용해 ❶ 브러시 크기를 [25%] 정도로 설정하고, ❷ 스테이지에 짧은 선을 하나 그립니다. ❸ 첫 번째 프레임에도 짧은 선을 표시됩니다. ❹ 다음 프레임을 추가하기 위해 첫 번째 프레임의 오른쪽 위의 [+]를 터치합니다.

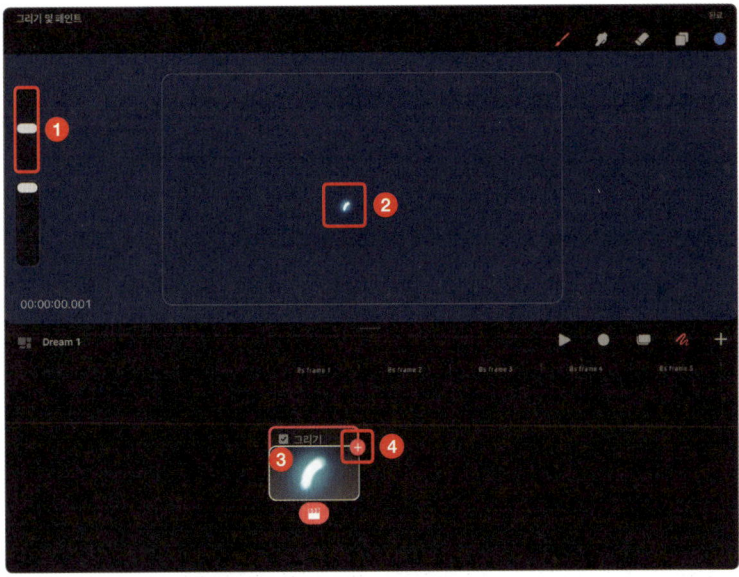

LESSON 01 밤하늘의 반딧불이

02 두 번째 프레임이 추가되면 선의 형태와 길이에 조금씩 변화를 주면서 계속해서 세 번째 프레임을 추가하여 선을 그립니다. 이 작업을 반복하여 45프레임(3초)까지 반딧불이 움직이는 느낌으로 그려 보세요.

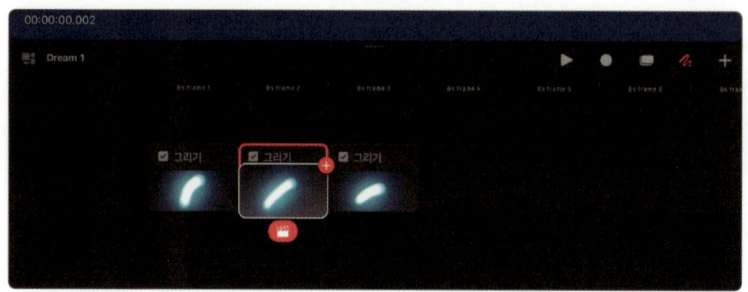

03 전체 프레임을 완성했다면 ❶ 툴바에서 [그리기 및 페인트] 아이콘을 터치하여 그리기 및 페인트 모드를 종료합니다. ❷ 다음과 같이 각 프레임에 그린 콘텐츠를 일괄 확인하기 위해 타임라인에 세 손가락을 올린 후 왼쪽으로 밀어서 축소합니다.

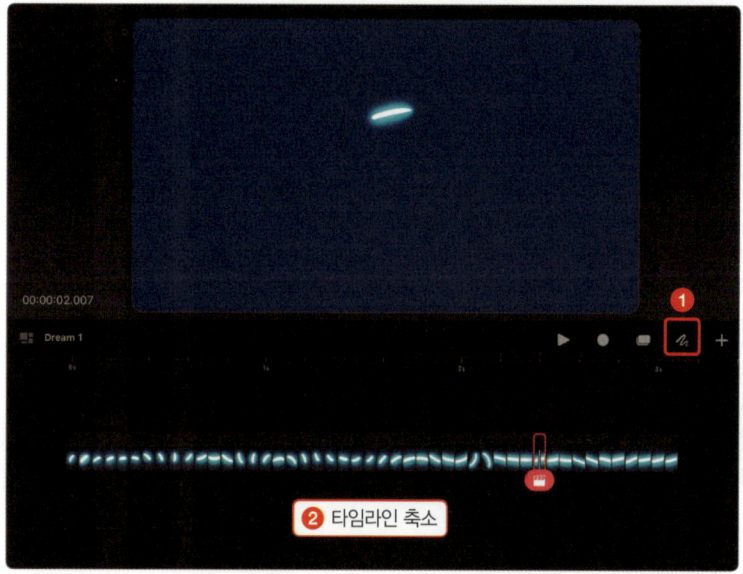

> **TIP** 그리기 및 페인트 모드에서 어니언 스킨을 설정하면 현재 프레임의 앞쪽과 뒤쪽 프레임을 구분할 수 있습니다. 어니언 스킨은 영화를 재생할 때는 보이지 않고, 재생을 멈춘 후 프레임을 선택했을 때만 보입니다. 자세한 설명은 84쪽을 참고하세요.

타임라인 편집 모드 및 그룹

프레임별로 작업한 콘텐츠라면 이후 관리가 어려울 수 있습니다. 이럴 때 그룹으로 묶어서 관리하면 편리합니다.

01 ❶ 툴바에서 [**타임라인 편집**] 아이콘을 터치하여 타임라인 편집 모드를 실행한 후 ❷ 펜슬을 이용해 타임라인에서 일괄 선택할 콘텐츠가 포함하거나 콘텐츠를 지나도록 드래그하여 다음과 같이 모두 선택합니다.

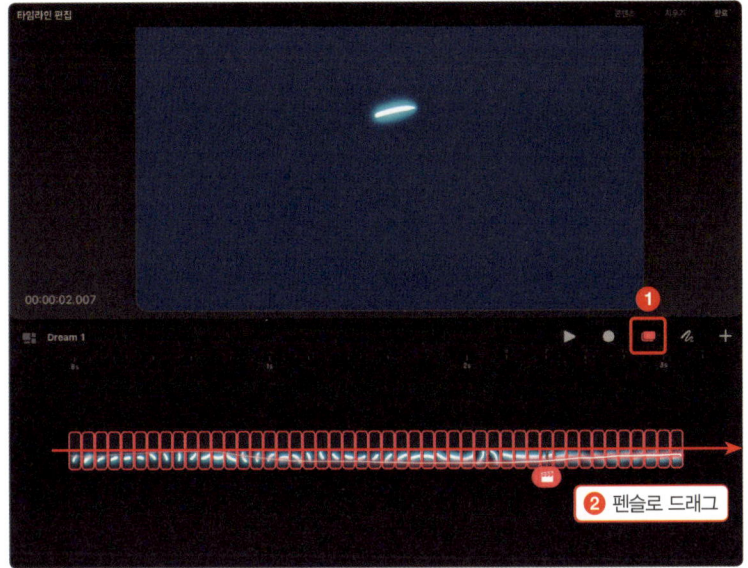

TIP 타임라인 편집 모드는 여러 개의 콘텐츠를 그룹으로 묶거나 일괄 삭제하기 위해 다중 선택할 수 있는 기능입니다.

02 선택된 프레임에서 ❶ 임의의 프레임을 길게 터치하면 메뉴가 나타납니다. ❷ **[그룹]**
을 선택하여 선택한 프레임을 하나의 그룹으로 묶고, ❸ **[완료]** 또는 **[타임라인 편집]** 아이콘
을 터치하여 타임라인 편집 모드를 마칩니다.

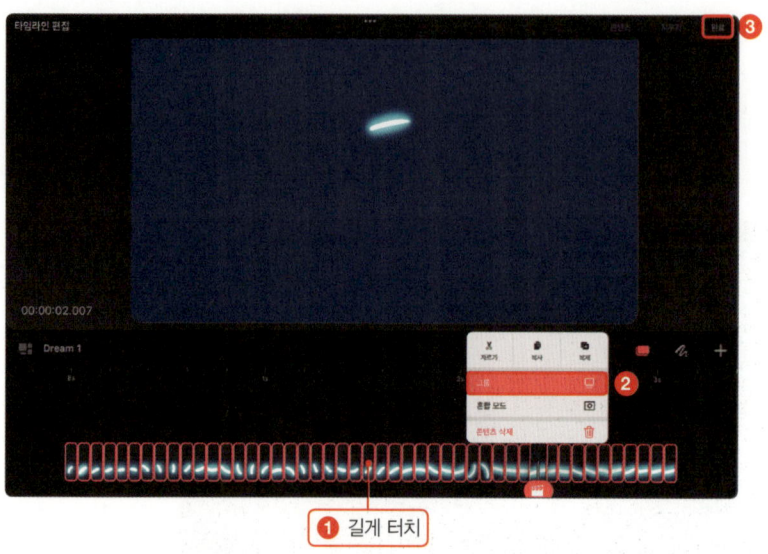

❶ 길게 터치

트랙 복제 및 변형

완성한 첫 번째 트랙의 콘텐츠를 복제해서 여러 마리의 반딧불이를 표현해 보겠습니다.

01 ❶ 그룹을 길게 터치한 후 ❷ **[트랙 옵션]**-**[복제]**를 선택합니다. 원본 그룹 위로 복제
된 그룹 콘텐츠가 추가됩니다.

❶ 길게 터치

02 2개의 반딧불이가 크기나 모양이 같으면 구분이 되지 않겠죠? ❶ 복제된 그룹을 선택한 후 ❷ 스테이지에서 빨간색 조절점을 안쪽으로 옮겨서 크기를 줄입니다. ❸ 이어서 빨간색 조절점 중 하나를 터치한 후 빈달 모양의 회전 핸들이 나오면 핸들을 터치한 채 움직여서 그림을 회전시킵니다.

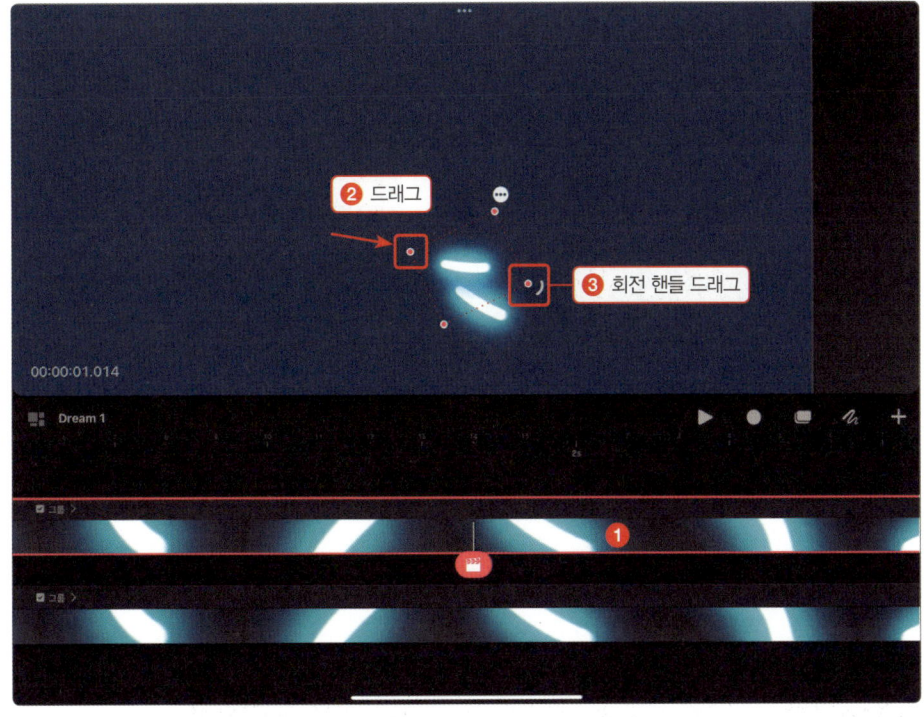

TIP 이미지의 오른쪽 위에 있는 […]를 터치한 후 [앵커 편집]을 선택하면 회전의 중심점을 변경할 수 있습니다.

03 이번에는 라이브 필터 기능을 이용하여 색상을 변경해 보겠습니다. ❶ 재생 헤드를 변경할 그룹의 맨 앞으로 옮긴 후 재생 헤드를 터치합니다. ❷ [필터]-[HSB]를 선택한 후 ❸ 원하는 색이 되도록 [색조], [채도], [명도]를 조정합니다.

 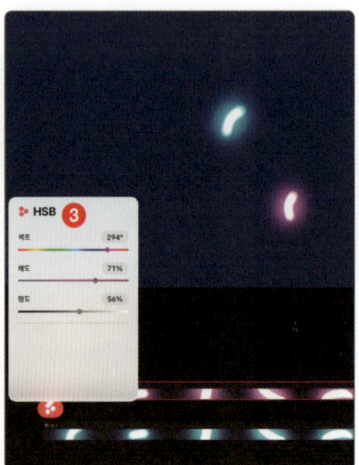

04 좀 더 역동적이고 자연스러운 애니메이션이 되도록 두 개의 반딧불이(그룹 콘텐츠)의 등장 시간을 조정하면 좋습니다. 첫 번째 그룹을 길게 터치한 채 오른쪽으로 드래그해서 옮깁니다.

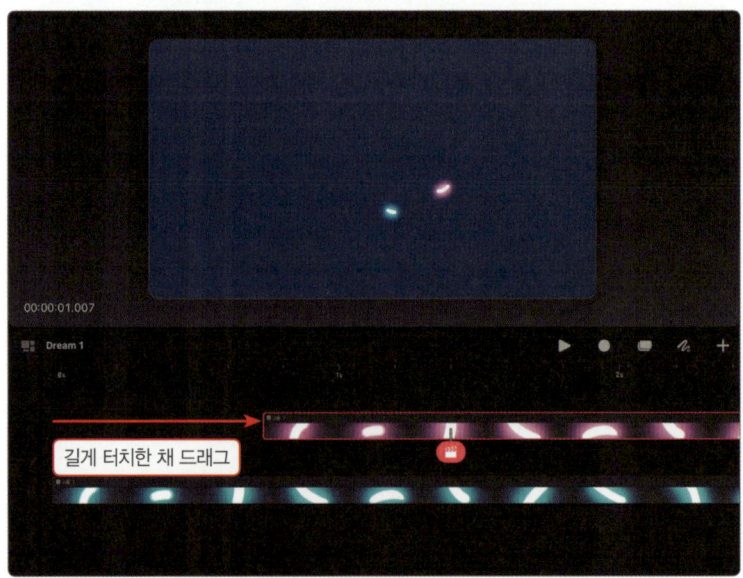

배경 꾸미기

단색의 배경이 다소 심심해 보입니다. 좀 더 아름다운 밤하늘을 표현하기 위해 이미지를 추가로 배치해 보겠습니다.

01 ❶ 툴바에서 [+]를 터치한 후 [**트랙**] 선택하여 빈 트랙을 추가하고, ❷ 맨 위에 추가된 빈 트랙을 길게 터치한 후 맨 아래로 옮깁니다.

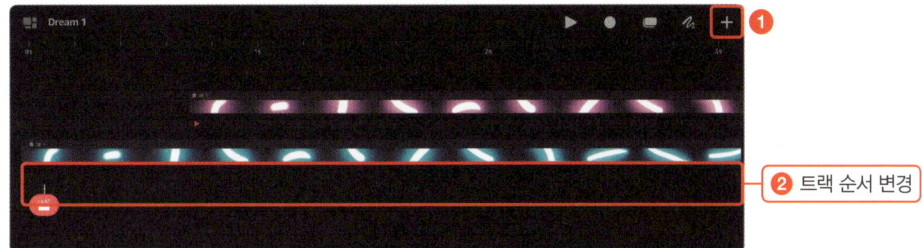

02 ❶ 재생 헤드를 맨 아래에 있는 트랙의 맨 앞으로 옮기고, ❷ 툴바에서 [+]를 터치한 후 ❸ [**파일**]을 선택합니다.

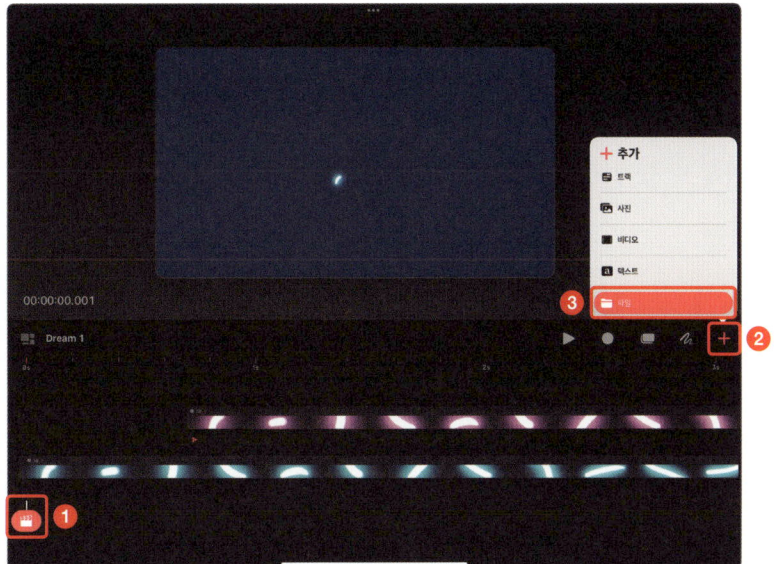

03 [실습 4] 폴더의 [밤하늘.jpg] 이미지 파일을 선택해서 가져오면 재생 헤드가 있던 위치를 기준으로 빈 트랙에 밤하늘 이미지 콘텐츠가 가득 채워집니다. [재생] 아이콘을 터치하여 결과를 확인해 보세요.

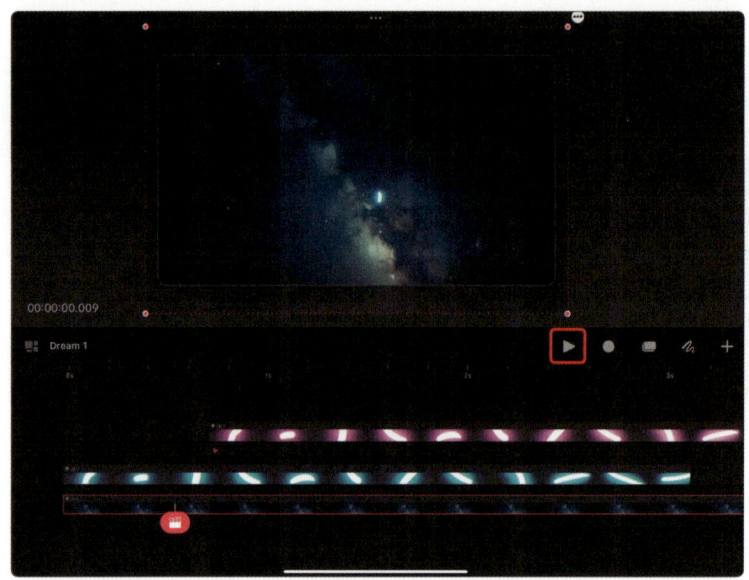

푸른 하늘에 글자 그리기

수채화 느낌의 푸른 하늘에 글자를 그리고, 산뜻한 느낌의 배경 음악을 넣어 보겠습니다.

영화 설정
- **크기**: 4K 와이드 스크린
- **초당 프레임 수**: 15FPS
- **재생 시간**: 5초

▲ 영화 미리 보기

배경 및 가이드 이미지 가져오기

'푸른하늘' 글자를 그릴 배경 이미지를 가져오고, 이어서 좀 더 쉽게 글자를 그릴 수 있도록 가이드 이미지를 가져오겠습니다.

01 [4K 와이드 스크린, 초당 프레임 15FPS, 5초]로 설정한 후 [공백]을 터치하여 새로운 영화를 시작합니다. 배경 이미지부터 배치하기 위해 ❶ 툴바에서 [+] 아이콘을 터치한 후 ❷ [파일]을 선택합니다.

02 [실습5] 폴더의 [수채화 하늘 배경] 이미지를 선택해서 가져오면 다음과 같이 새로운 트랙이 자동으로 생성되면서, '수채화 하늘 배경' 이미지가 그리기 콘텐츠로 배치됩니다.

03 계속해서 글꼴로 제작한 가이드용 이미지를 가져오기 위해 ❶ 툴바에서 [+] 아이콘을 터치한 후 ❷ [트랙]을 선택하여 새로운 트랙을 추가합니다.

04 기존 트랙 위로 새로운 트랙으로 추가되면 ❶ 재생 헤드를 새로운 트랙의 맨 앞으로 옮기고 ❷ 툴바에서 [+] 아이콘을 터치한 후 ❸ [파일]을 선택합니다.

05 [실습5] 폴더의 [푸른하늘_MBC_1961] 이미지를 선택해서 가져오면 ❶ 새로운 트랙에 콘텐츠로 배치됩니다. ❷ 스테이지에서 '푸른하늘' 글자 이미지를 적당한 크기로 조절합니다.

> **TIP** 01~05 실습 과정에서 알 수 있듯이 트랙이 하나도 없을 때 콘텐츠를 가져오면 새로운 트랙이 자동으로 추가됩니다. 만약, 기존 콘텐츠가 배치되어 있는 상태에서 새로운 트랙을 추가하지 않고 또 다른 콘텐츠를 가져오면 하나의 트랙에 서로 다른 콘텐츠가 나란히 배치됩니다.

06 가이드 이미지는 불투명도를 낮추는 것이 좋습니다. 툴바에서 [그리기 및 페인트] 아이콘을 터치하여 그리기 및 페인트 모드를 실행한 후 ❶ [그리기 레이어] 아이콘을 터치합니다. ❷ 팝업 창이 열리면 [N]을 터치한 후 ❸ [불투명도]를 [30%]로 조정합니다.

플립북 모드에서 글자 그리기

이제 가이드 이미지를 따라서 글자가 그려지는 듯한 느낌으로 애니메이션을 만들어 보겠습니다. 1프레임 단위로 그림이 그려지도록 플립북 모드를 이용해 보겠습니다.

01 새로운 콘텐츠를 배치하기 위해 우선 ❶ 툴바에서 [+] 아이콘을 터치한 후 ❷ [트랙]을 선택하여 트랙을 추가합니다.

02 그리기 및 페인트 모드 상태에서 스테이지와 타임라인 경계에 표시된 회색 바를 아래쪽으로 내려 다음과 같은 플립북 모드를 시작합니다. 아직 그리기 및 페인트 모드가 아니라면, 먼저 그리기 및 페인트 모드부터 실행해야 합니다.

03 ❶ [브러시] 아이콘을 터치한 후 ❷ [스케치] - [나린더 연필]을 선택하고, ❸ [색상] 아이콘을 터치하여 ❹ 짙은 파랑을 선택합니다. 물론 여러분 마음에 드는 브러시와 색상을 사용해도 좋습니다.

LESSON 02 푸른 하늘에 글자 그리기 107

04 글자가 꼬물꼬물 만들어지는 모습을 표현하기 위해 첫 번째 프레임에서 다음과 같이 '푸'의 일부를 그립니다. 스테이지에서 두 손가락을 벌려서 확대한 후 작업하면 편리합니다.

05 ❶ 플립북 창에서 첫 번째 프레임을 길게 터치한 후 ❷ [복제]를 선택합니다. 첫 번째 프레임에 그린 그림이 두 번째 프레임에 복제됩니다. ❸ 그림이 복제된 두 번째 프레임을 선택한 후 ❹ 추가로 '푸'의 일부를 좀 더 그립니다.

 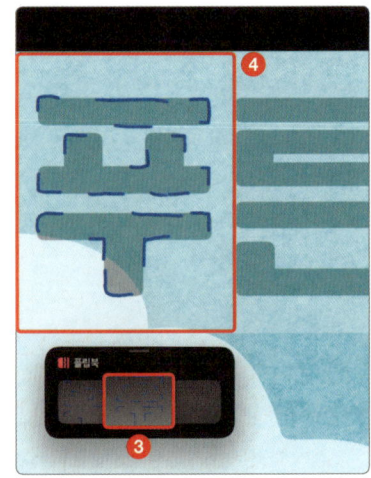

06 ❶ 여러 프레임에 나눠서 하나의 글자가 완성되도록 그리면서 '푸른하늘'을 완성합니다. 각 글자가 천천히 완성되도록 한 글자당 10개 프레임(총 40프레임)으로 완성하는 것을 추천합니다. 모든 글자를 완성한 후에는 ❷ 오른쪽 위에 있는 [완료]를 터치합니다.

타임라인 영역 정리하기

필요 없는 콘텐츠는 체크를 해제하여 화면에서 숨길 수도 있습니다. 하지만 타임라인은 가능하면 깔끔하게 관리하는 것이 좋으므로 더 이상 사용하지 않는 콘텐츠나 트랙이 있다면 삭제하는 것이 좋습니다.

01 ❶ 극장 화면으로 빠져나가서 ❷ 영화의 제목을 '푸른하늘 글자쓰기'로 변경합니다. ❸ 가이드 이미지도 더는 필요 없으므로, '푸른하늘' 그리기 콘텐츠를 길게 터치한 후 ❹ [트랙 옵션]-[트랙 삭제]를 선택합니다. 트랙과 함께 배치된 콘텐츠도 삭제됩니다.

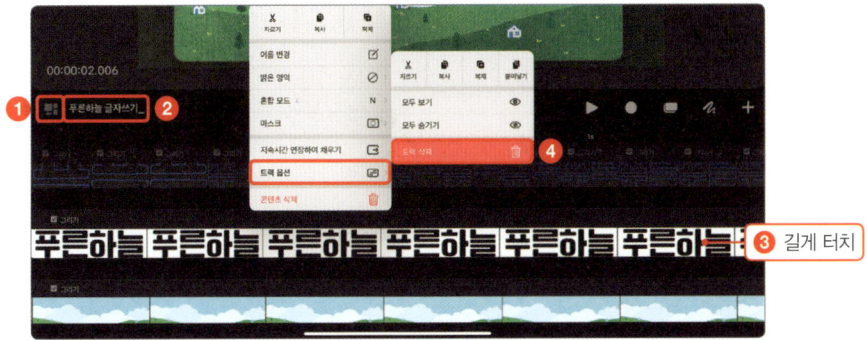

02 플립북 모드에서 그린 글자가 계속 보이도록 콘텐츠의 길이를 조정하겠습니다. ❶ 완성된 글자가 있는 마지막 프레임 콘텐츠를 길게 터치한 후 ❷ [복제]를 선택합니다. ❸ 이번에는 복제된 프레임 콘텐츠를 길게 터치한 후 ❹ [지속시간 연장하여 채우기]를 선택하여 타임라인 끝까지 채웁니다.

03 ❶ 툴바에서 [타임라인 편집] 아이콘을 터치하여 타임라인 편집 모드를 실행한 후 ❷ '푸른하늘' 드로잉 콘텐츠가 모두 포함되도록 펜슬로 드로잉하여 선택합니다. ❸ 선택된 프레임 중 하나를 길게 터치한 후 ❹ [그룹]을 선택하여 그룹으로 묶습니다.

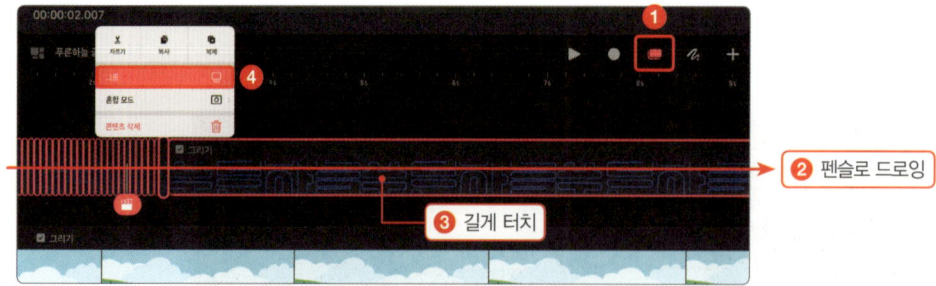

04 ❶ 오른쪽 위의 [완료]를 터치하거나 [타임라인 편집] 아이콘을 터치하여 타임라인 편집 모드를 마치고, ❷ 그룹으로 묶은 콘텐츠를 길게 터치하여 [이름 변경]을 선택한 후 이름을 [그룹_푸른하늘]로 변경합니다.

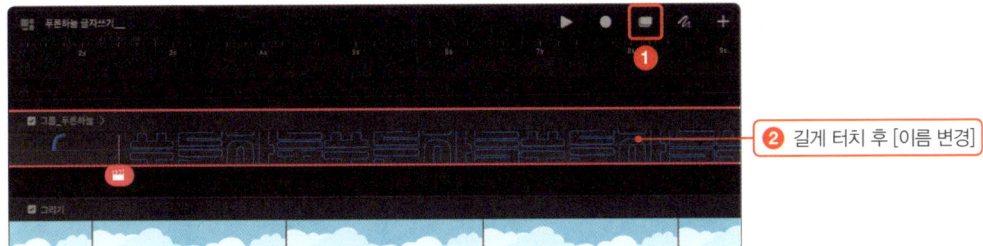

❷ 길게 터치 후 [이름 변경]

구름을 그린 후 복제하여 배치하기

계속해서 글자 주변에 구름을 추가로 그린 후 복제하여 여러 개의 구름을 표현해 보겠습니다.

01 ❶ 툴바의 [+] 아이콘을 터치한 후 [트랙]을 선택하여 맨 위에 새로운 트랙을 추가하고, ❷ 글자보다 조금 늦게 구름이 그려지도록 재생 헤드를 10프레임 위치로 옮깁니다. ❸ [그리기 및 페인트] 아이콘을 터치한 후 ❹ 회색 바를 아래로 내려 플립북 모드를 시작합니다.

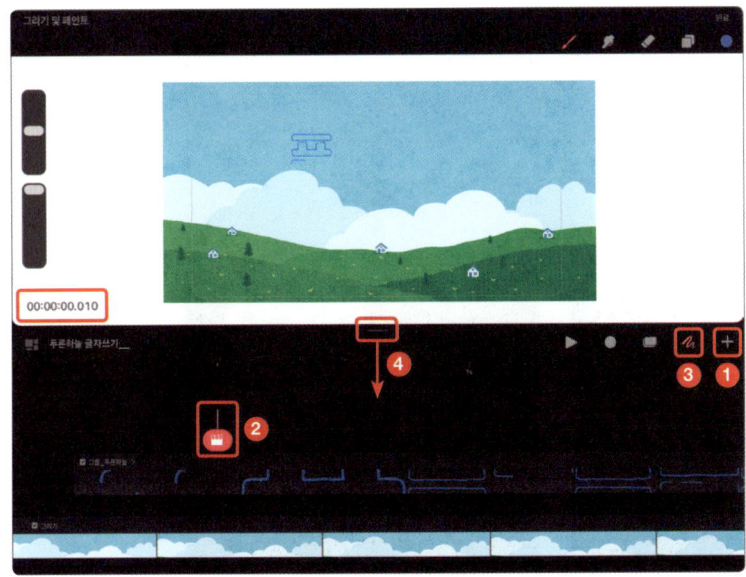

02 플립북 모드가 실행되면 앞서와 같은 방법으로 여러 프레임에 걸쳐 하나의 구름이 완성되도록 그립니다. 여기서는 ❶ 글자의 오른쪽 아래에서 10~15프레임 구간에 걸쳐 구름이 완성되도록 그렸습니다. ❷ [완료]를 터치하여 구름 그리기를 마칩니다.

03 플립북 모드를 빠져나왔으면, 앞서 그린 구름 그림이 끝까지 지속되도록 채워 줍니다. ❶ 우선 구름의 마지막 프레임 콘텐츠를 길게 터치한 후 ❷ [복제]를 선택하고, ❸ 복제된 프레임을 길게 터치한 후 ❹ [지속시간 연장하여 채우기]를 선택하면 됩니다.

04 ❶ 툴바에서 [**타임라인 편집**] 아이콘을 터치한 후 ❷ 펜슬로 구름 프레임 콘텐츠가 모두 포함되도록 드로잉하여 선택합니다.

05 ❶ 선택한 프레임 중 하나를 길게 터치한 후 ❷ [**그룹**]을 선택하여 그룹으로 묶고, ❸ 툴바에서 [**타임라인 편집**] 아이콘을 터치하여 편집 모드를 마칩니다.

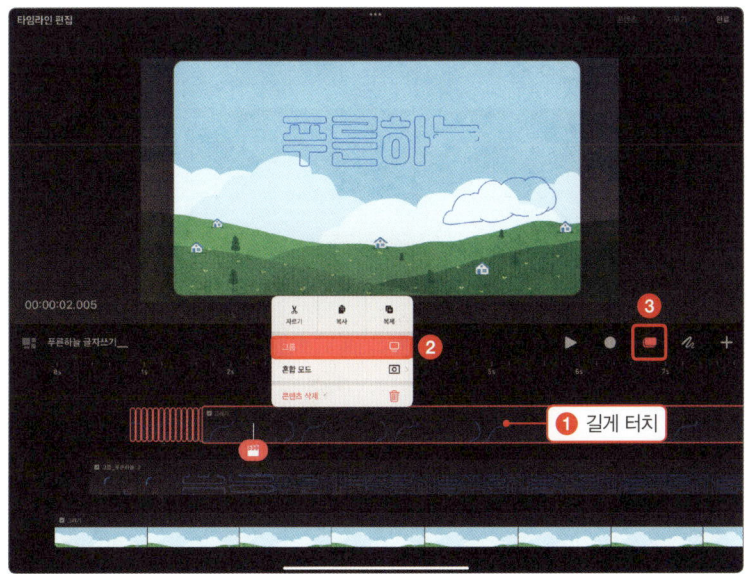

06 ❶ 그룹으로 묶은 구름 콘텐츠를 길게 터치한 후 ❷ [이름 변경]을 선택하여 [그룹_구름1]로 바꿉니다. ❸ 이어서 다시 [그룹_구름1] 그룹을 길게 터치한 후 ❹ [트랙 옵션]-[복제]를 선택해서 트랙과 콘텐츠를 함께 복제합니다.

07 ❶ 복제된 그룹 콘텐츠의 이름을 [그룹_구름2]로 변경하고, ❷ 다시 한번 [그룹_구름2] 콘텐츠를 트랙과 함께 복제하여 [그룹_구름3] 콘텐츠를 만듭니다. 이로써 글자와 함께 3개의 구름이 준비되었습니다.

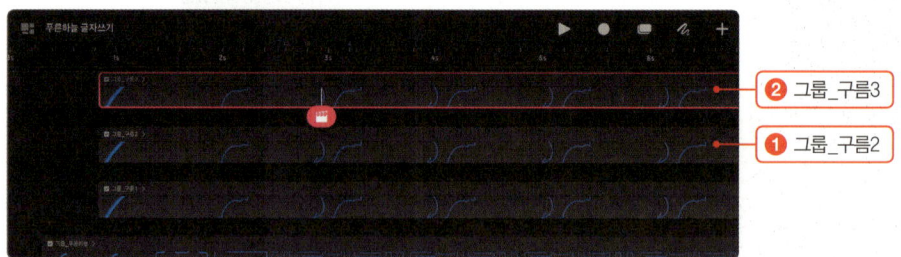

08 3개의 구름이 같은 위치에 있으므로 마치 하나처럼 보입니다. ❶ 타임라인에서 [그룹_구름2] 그룹을 선택한 후 ❷ 스테이지에서 왼쪽으로 옮깁니다.

09 왼쪽으로 옮긴 구름에서 오른쪽 위에 있는 ❶ […]을 터치한 후 ❷ [수평 뒤집기]를 선택하여 좌우로 반전시킵니다.

10 이번에는 ① 타임라인에서 [그룹_구름3] 그룹을 선택한 후 ② 스테이지에서 글자의 위쪽으로 옮기고, 조절점을 안쪽으로 드래그해서 크기를 적당하게 줄입니다. 3개의 구름이 모두 적당한 위치에 배치되었습니다.

구름 이동 애니메이션 추가하기

푸른하늘 글자와 3개의 구름이 순차적으로 나타나도록 위치를 변경한 후 키프레임을 추가하여 움직임을 표현해 보겠습니다.

01 ① 타임라인에서 [그룹_구름2] 그룹을 길게 터치한 채 오른쪽으로 드래그하여 2초 직전에 표시되도록 옮기고, ② [그룹_구름3] 그룹을 길게 터치한 채 오른쪽으로 드래그하여 3초 직전에 나타나도록 옮깁니다.

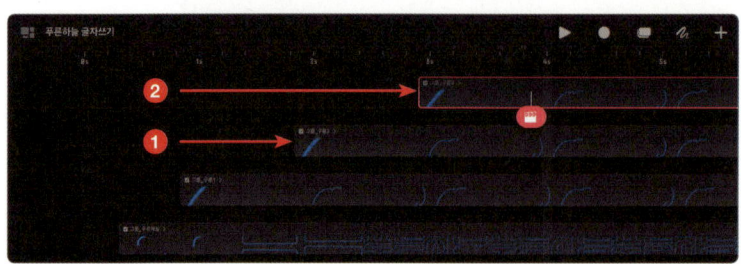

02 키프레임을 추가하기 위해 ❶ 재생 헤드를 [그룹_구름1] 콘텐츠의 3초(00:00:03.001)로 옮긴 후 재생 헤드를 터치하고 ❷ [이동]-[이동 및 비율]을 선택합니다. 콘텐츠의 맨 앞과 재생 헤드 위치에 [이동 및 비율] 아이콘(키프레임)이 추가됩니다.

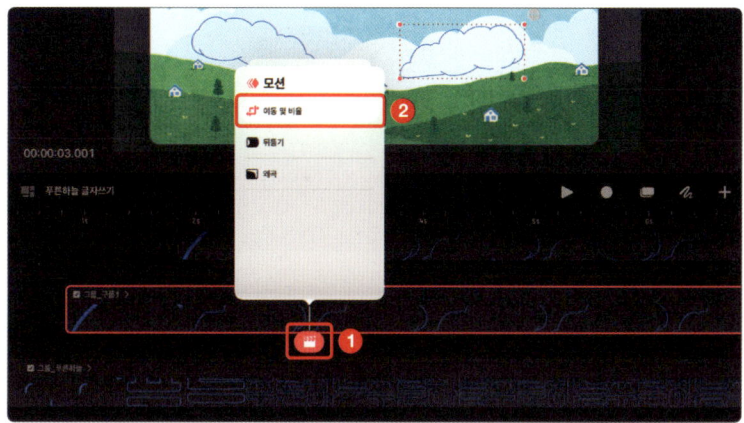

TIP 맨 앞과 재생 헤드 위치에 추가된 두 개의 키프레임은 같은 정보가 저장되어 있습니다. 따라서 처음 3초 동안은 정지된 상태가 됩니다. 키프레임에 대한 이해가 좀 더 필요하다면 60쪽을 복습해 보세요.

03 ❶ 키프레임 헤드를 7초(00:00:07.001)로 옮긴 후 ❷ 스테이지에서 오른쪽 아래에 있던 구름을 스테이지 밖으로 옮깁니다. 설정값이 변경되므로 자동으로 키프레임이 추가됩니다. 이제 첫 번째 구름은 3초 위치부터 7초까지 4초 동안 점점 화면 오른쪽으로 이동합니다.

04 앞의 과정을 참고하여 ❶ [그룹_구름2]는 4초와 ❷ 8초, ❸ [그룹_구름3]은 5초와 ❹ 9초 위치에 각각 키프레임을 추가합니다. [그룹_구름2]는 왼쪽, [그룹_구름3]은 오른쪽 바깥으로 이동하는 애니메이션이 완성됩니다.

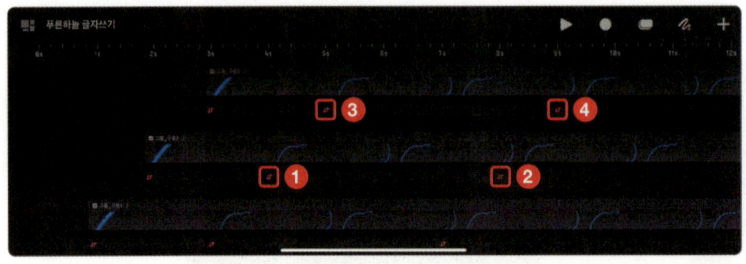

글자에 애니메이션 추가하기

구름들이 이동하는 동안 '푸른하늘' 글자도 왼쪽 위로 이동시켜 보겠습니다.

01 ❶ 재생 헤드를 [그룹_푸른하늘] 그룹의 5초 부근으로 옮긴 후 재생 헤드를 터치하여 ❷ [이동]-[이동 및 비율]을 선택합니다. 맨 앞과 재생 헤드가 있는 5초 부근에 키프레임이 추가됩니다.

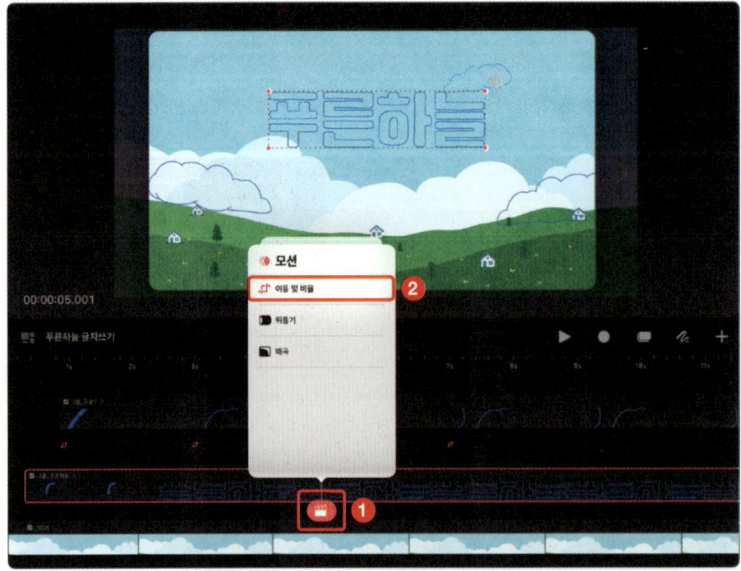

02 ❶ [그룹_푸른하늘] 콘텐츠의 키프레임 트랙에서 10초 위치로 키프레임 헤드를 옮긴 후 ❷ 스테이지에서 '푸른하늘' 글자를 왼쪽 위로 옮깁니다. 설정값이 바뀌므로 키프레임이 자동으로 추가되고, 5초에서 10초 구간에서 글자는 왼쪽 위로 이동합니다.

회전하는 태양 만들기

'푸른하늘' 글자에 겹쳐지는 느낌으로 햇살을 표현하고, 햇살이 회전하는 애니메이션을 표현해 보겠습니다.

01 ❶ 툴바에서 [+] 아이콘을 터치한 후 ❷ [트랙]을 선택하여 새로운 트랙을 추가합니다.

02 새로우 트랙의 11초 위치(00:00:11.001)로 재생 헤드를 옮긴 후 그리기 및 페인트 모드를 실행하고, 회색 바를 내려서 플립북 모드를 시작합니다. 플립북 모드에서 다음과 같이 한 프레임에 태양의 시작 부분을 그립니다.

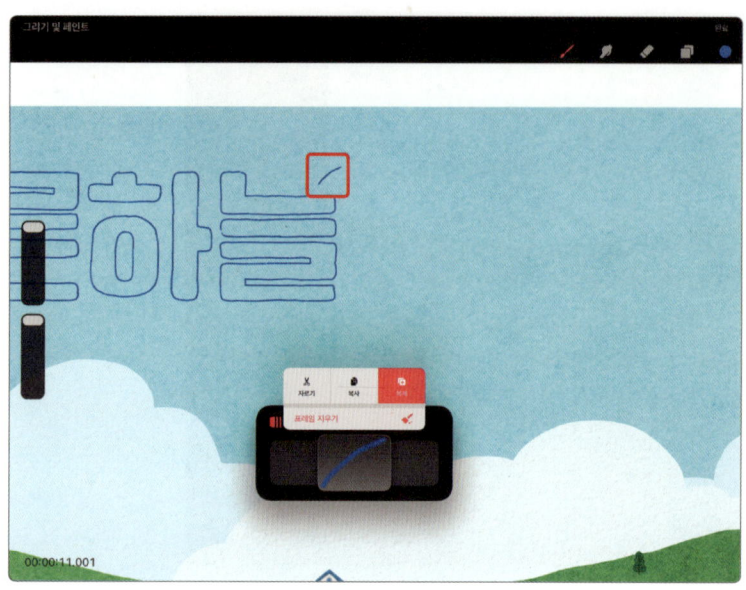

03 '푸른하늘'을 그릴 때와 같은 방법으로 프레임을 복제하면서 총 10~14개 정도의 프레임으로 태양의 원 모양과 햇살까지 완성합니다.

04 완성된 태양이 있는 마지막 프레임을 복제한 후 툴바에서 [지우개]를 터치하여 선택하고, 스테이지에서 햇살의 사선들을 지웁니다. 다시 [브러시]를 터치한 후 시계 방향으로 조금 이동한 위치에 사선들을 그립니다. 이 과정을 3번 더 반복하여 총 4프레임 동안 시계 방향으로 햇살이 회전하는 모습을 표현한 후 [완료]를 터치하여 그리기 및 페인트 모드를 마칩니다.

TIP 어니언 스킨 설정으로 직전 프레임에서 사선의 위치(여기서는 빨간색)가 표시되므로 시계 방향으로 이동한 사선을 그리기 편리합니다. 어니언 스킨은 84쪽에서 자세히 설명합니다.

05 ❶ [타임라인 편집] 아이콘을 터치한 후 ❷ 펜슬로 선을 그리듯 햇살의 회전을 표현한 4개의 프레임을 선택합니다. ❸ 선택 중인 프레임 중 하나를 길게 터치한 후 ❹ [그룹]을 선택하여 그룹으로 묶습니다.

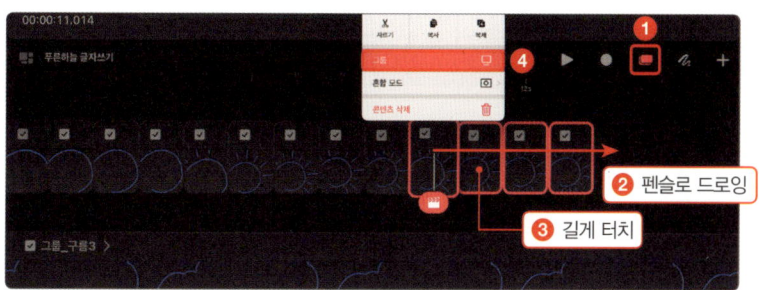

LESSON 02 푸른 하늘에 글자 그리기

06 ❶ [타임라인 편집] 아이콘을 터치하여 편집 모드를 마칩니다. ❷ 그룹으로 묶인 프레임 콘텐츠를 길게 터치한 후 ❸ [복제]를 선택합니다.

07 복제 과정을 반복하여 타임라인의 15초까지 햇살이 회전하는 콘텐츠로 채웁니다. 여기까지 작업을 진행했다면 이제 재생해서 결과를 확인해 보세요. 물론 작업 중간마다 재생해 보는 것도 좋습니다.

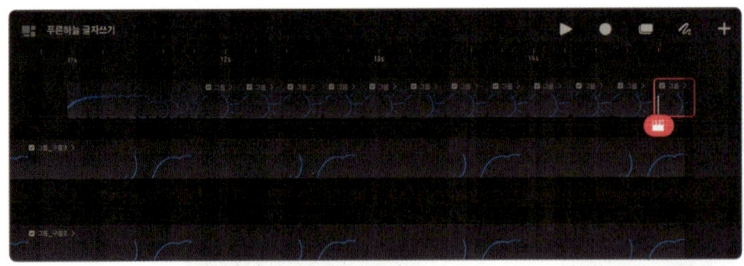

파일 앱에서 직접 배경 음악 추가하기

산뜻한 느낌의 배경 음악을 추가하여 영화의 완성도를 높여 보셨습니다.

01 아이패드 화면의 가장 아래쪽에서 살짝 위로 쓸어 올리면 앱 목록(Dock)이 표시됩니다. [**파일**] 앱 아이콘을 길게 터치한 후 화면 오른쪽으로 옮기면 [**프로크리에이트 드림**]과 [**파일**] 앱이 2분할됩니다.

LESSON 02 푸른 하늘에 글자 그리기

02 ❶ [파일] 앱에서 [실습5] 폴더를 찾아 [BGM 배달의민족-충전할 땐 클래식을.MP3] 파일을 길게 터치한 채 타임라인의 제일 아래쪽으로 옮기면 자동으로 트랙이 추가되고, 오디오 콘텐츠가 배치됩니다. ❷ 화면 중간에 있는 회색 바를 오른쪽으로 밀어서 [프로크리에이트 드림]만 전체화면으로 표시합니다.

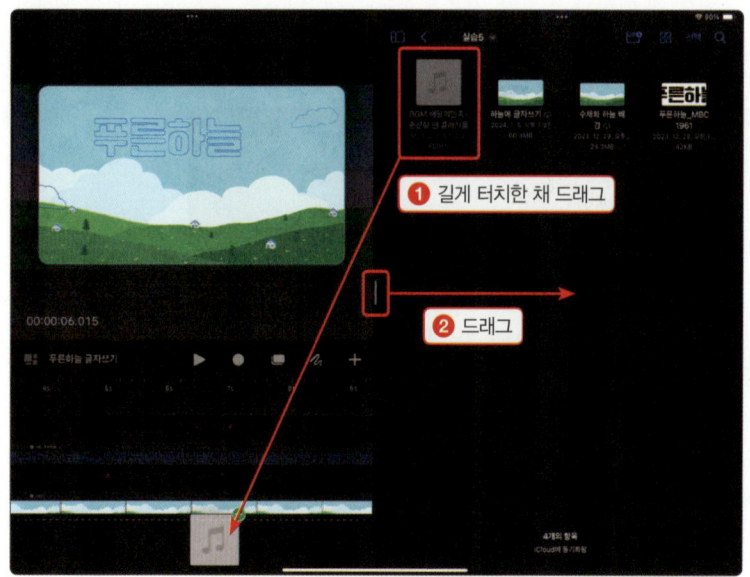

03 오디오 콘텐츠를 영화 길이로 자르기 위해 ❶ 재생 헤드를 오디오 콘텐츠의 14초 15프레임(00:00:14,015) 위치로 옮긴 후 터치합니다. ❷ 액션 창이 열리면 [**편집**]을 선택합니다.

04 ❶ 편집 창이 열리면 [**분할**]을 터치하여 재생 헤드를 기준으로 오디오 콘텐츠를 분할합니다. ❷ 분할된 오른쪽 오디오 콘텐츠를 길게 터치한 후 ❸ [**콘텐츠 삭제**]를 선택합니다.

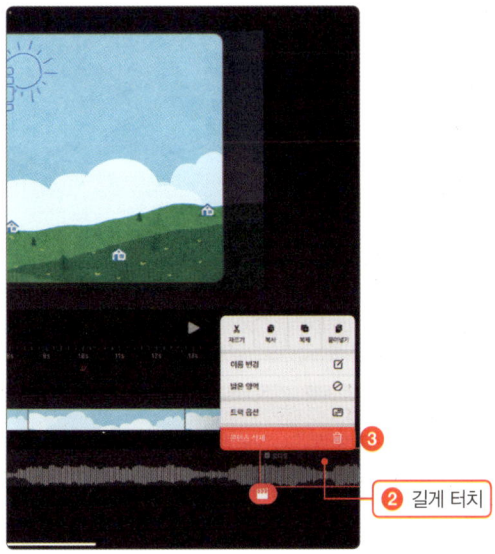

05 분할된 오디오 콘텐츠의 뒤쪽(오른쪽)이 삭제되어 영화 길이에 맞는 배경 음악이 완성되었습니다.

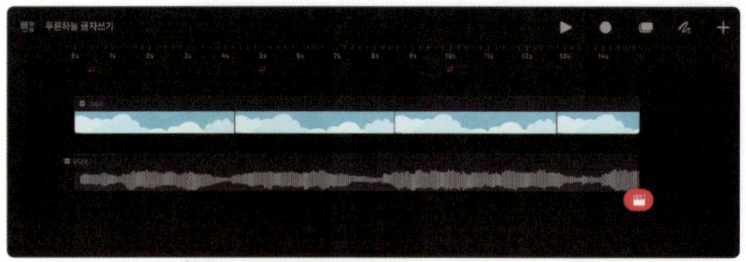

오디오 페이드 인, 페이드 아웃

배경 음악을 사용할 때는 일정한 볼륨이 유지되는 것보다 점점 커지다가 마지막에는 점점 작아지면서 종료되는 것이 좋습니다. 이런 효과를 페이드 인, 페이드 아웃이라고 합니다.

01 ❶ 재생 헤드를 오디오 콘텐츠 트랙의 맨 앞으로 옮긴 후 터치합니다. ❷ 액션 창이 열리면 [레벨]을 선택합니다. 레벨 역시 키프레임 설정에 해당하므로, 키프레임 트랙이 추가되고 [레벨] 아이콘(키프레임)이 추가됩니다.

02

❶ 레벨 창에서 [음량]을 [0%]로 변경합니다. ❷ 키프레임 헤드를 1초 위치로 옮긴 후 터치하여 키프레임을 추가하고, ❸ [음량]을 [100%]로 변경합니다.

TIP 레벨은 우리가 흔히 사용하는 볼륨(음량)과 같은 의미입니다.

03 ❶ 시작할 때 소리가 점점 커지는 페이드 인이 완성되었습니다. ❷ 계속해서 키프레임 헤드를 14초 위치로 옮긴 후 터치하여 같은 설정(레벨 100%)으로 키프레임을 추가하고, ❸ 14초 15프레임으로 옮긴 후 레벨을 0%로 변경하여 키프레임을 추가하면 ❹ 페이드 아웃도 완성됩니다.

TIP 오디오 콘텐츠의 키프레임 트랙에서 [레벨] 아이콘(키프레임)을 길게 터치한 후 좌우로 위치를 옮길 수 있습니다. 이 방법으로 첫 번째와 두 번째 키프레임의 사이를 넓히면 음량이 더욱 서서히 커집니다.

LESSON 03 가을 공원의 떨어지는 낙엽

프로크리에이트에서 그린 그림을 가져온 후 연출 방식으로 가을 공원에 낙엽이 떨어지는 모습을 표현해 보겠습니다.

영화 설정
- 크기: 2K 정사각형
- 초당 프레임 수: 15FPS
- 재생 시간: 10초

▲ 영화 미리 보기

프로크리에이트 파일 불러오기

프로크리에이트 드림에서는 프로크리에이트에서 저장한 .procreate 파일을 열 수 있습니다.

01 [2K 정사각형, 초당 프레임 15FPS, 10초]로 설정한 후 [공백]을 터치하여 새로운 영화를 시작합니다. ❶ 툴바에서 [+] 아이콘을 터치한 후 ❷ [파일]을 선택합니다.

02 ❶ [실습6] 폴더에서 [가을낙엽.procreate] 파일을 선택한 후 ❷ [열기]를 터치하여 프로크리에이트에서 작업한 파일을 가져옵니다.

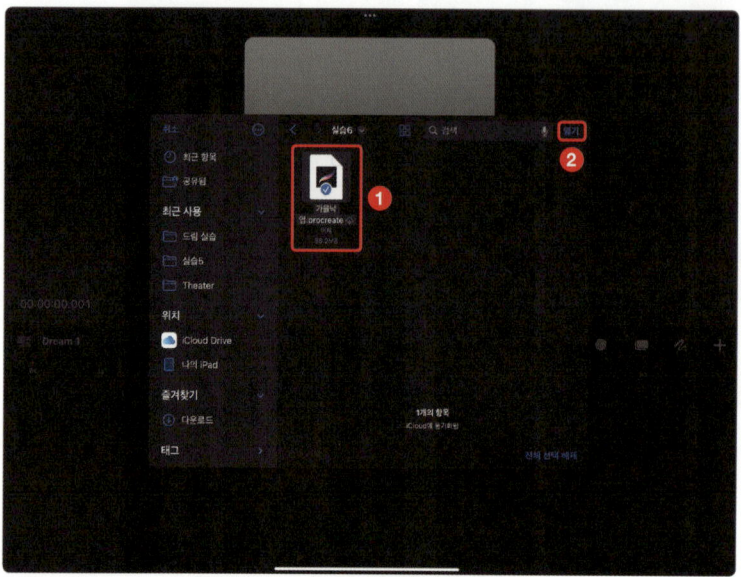

03 새로운 트랙이 추가되고, [가을낙엽.procreate] 파일의 그리기 콘텐츠가 배치됩니다. 스테이지에서 조절점을 이용해 크기를 적당하게 조정합니다.

레이어 확인 및 트랙으로 전환하기

레이어별로 애니메이션 작업을 위해 우선 레이어로 구분되어 있는지 확인한 후 레이어를 트랙으로 전환합니다.

01 ❶ 툴바에서 [그리기 및 페인트] 아이콘을 터치한 후 ❷ 그리기 및 페인트 모드에서 [그리기 레이어] 아이콘을 터치하여 [낙엽1]~[낙엽4], [가을 풍경] 레이어로 구성된 것을 확인합니다. ❸ [완료]를 터치하여 그리기 및 페인트 모드를 마칩니다.

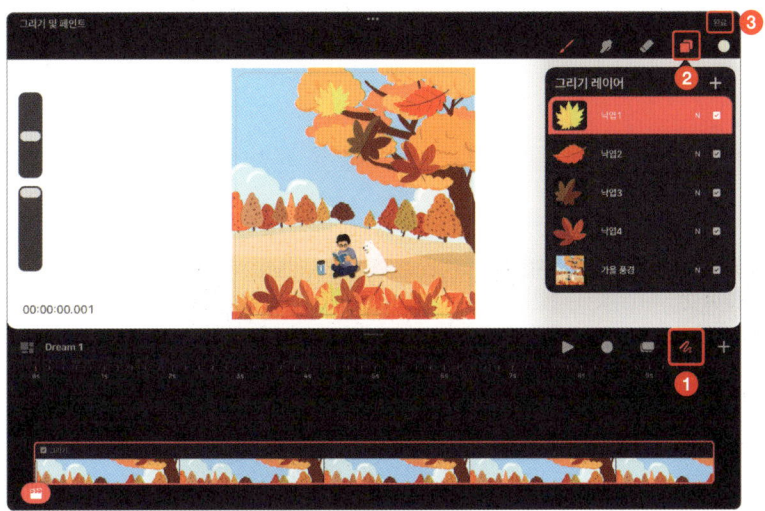

02 낙엽 종류별로 애니메이션을 만들기 위해 레이어를 트랙으로 변경해야 합니다. ❶ 타임라인에서 그리기 콘텐츠를 길게 터치한 후 ❷ [레이어를 트랙으로 변환]을 선택합니다.

LESSON 03 가을 공원의 떨어지는 낙엽

03 그리기 콘텐츠가 그룹 콘텐츠로 바뀌면 '그룹' 오른쪽에 표시되는 [>] 아이콘을 터치하여 그룹을 펼칩니다. 다음과 같이 5개의 콘텐츠 트랙이 펼쳐집니다.

04 콘텐츠가 그룹으로 묶여 있으면 편할 때도 있지만, 콘텐츠별 서로 다른 애니메이션을 적용할 때는 불편할 수 있습니다. 그룹을 해제하기 위해 ❶ 맨 위에 있는 그룹을 길게 터치한 후 ❷ [그룹 해제]를 선택합니다.

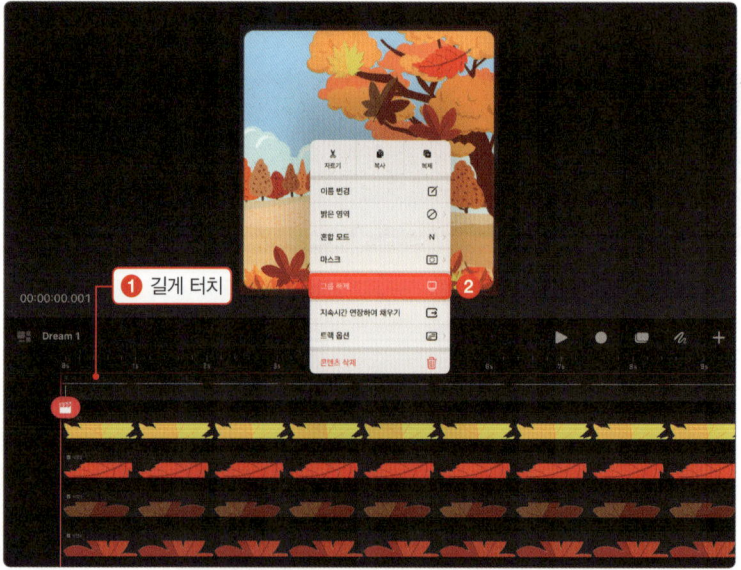

연출 모드로 낙엽 떨어뜨리기

그룹이 해제되면 그룹 상태에서 크기를 변경했던 콘텐츠가 처음의 크기로 되돌아갈 수 있습니다. 그러므로 각 콘텐츠를 선택한 후 스테이지에서 적절한 크기로 변경한 후 다음 과정을 진행하세요.

01 연출 모드를 이용하여 하나의 낙엽이 아래로 떨어지는 애니메이션을 완성해 보겠습니다. 우선 재생 헤드를 [낙엽1] 콘텐츠의 맨 앞으로 옮깁니다.

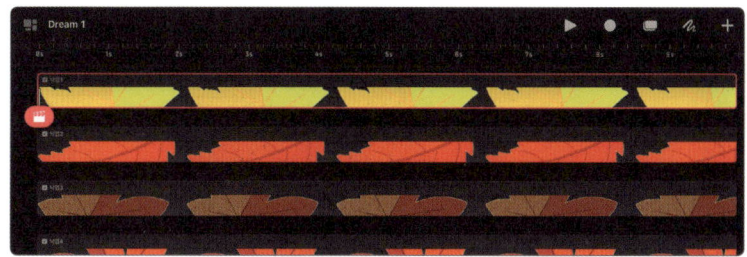

02 ❶ 툴바에서 [연출 모드] 아이콘을 터치하여 실행한 후 ❷ 스테이지에서 낙엽1 이미지를 아래쪽으로 옮깁니다. 이때 소요 시간은 6~7초 정도가 적당합니다. 자연스러운 움직임이 되도록 수직 낙하가 아니라 이리저리 휘날리며 떨어지도록 옮기면 좋습니다.

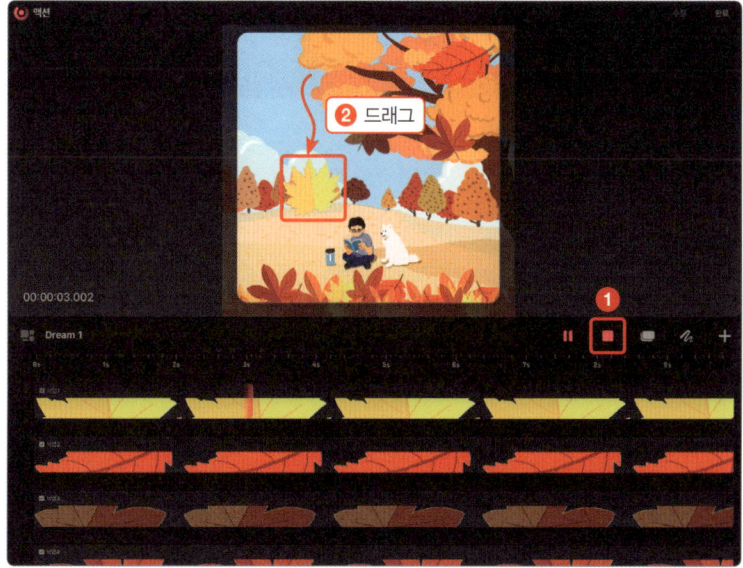

> **TIP** 스테이지에서 낙엽1 이미지의 점선 테두리나 조절점을 터치한 채 이동하면 크기가 조정됩니다. 그러므로 크기가 조정되지 않도록 주의가 필요합니다. 이럴 때는 점선 테두리에서 멀리 떨어진 바깥쪽을 터치한 채 드래그해서 옮기면 편리합니다.

03 ❶ 연출 모드에서 낙엽의 위치를 변경했더니 자동으로 키프레임이 추가되었습니다. ❷ 오른쪽 위의 [수정]을 터치한 후 ❸ [모션 필터링] 옵션을 [20%] 정도로 변경하여 키프레임의 위치와 개수를 조정합니다. ❹ [완료]를 터치하여 연출 모드를 마칩니다.

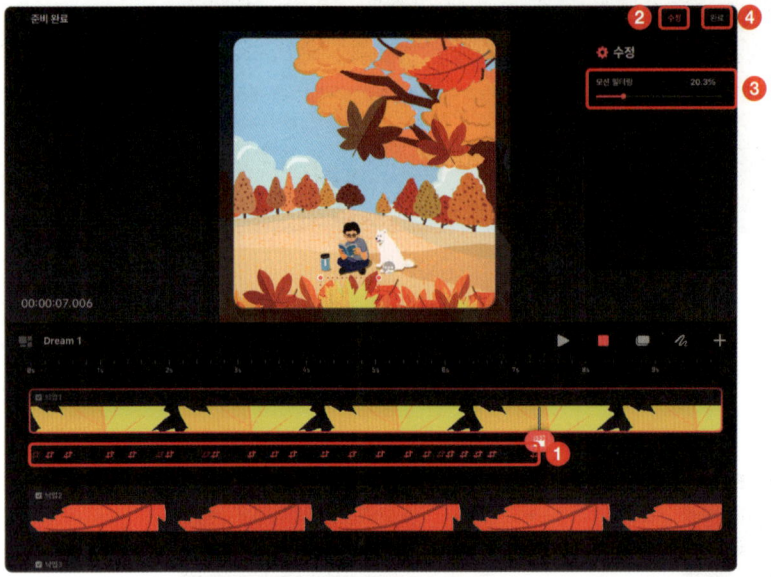

> **TIP** [모션 필터링] 옵션값이 클수록 키프레임의 개수가 적어지며, 움직임도 부드러워집니다.

낙엽 회전하며 떨어뜨리기

지금까지의 결과를 재생해 보면 낙엽1이 밋밋하게 떨어집니다. 낙엽이 회전하면서 떨어진다면 좀 더 자연스럽겠죠?

01 ① 재생 헤드를 [낙엽1] 콘텐츠의 맨 앞으로 옮깁니다. ② 스테이지에서 낙엽1에 있는 [⋯]을 터치한 후 ③ [앵커 편집]을 선택합니다.

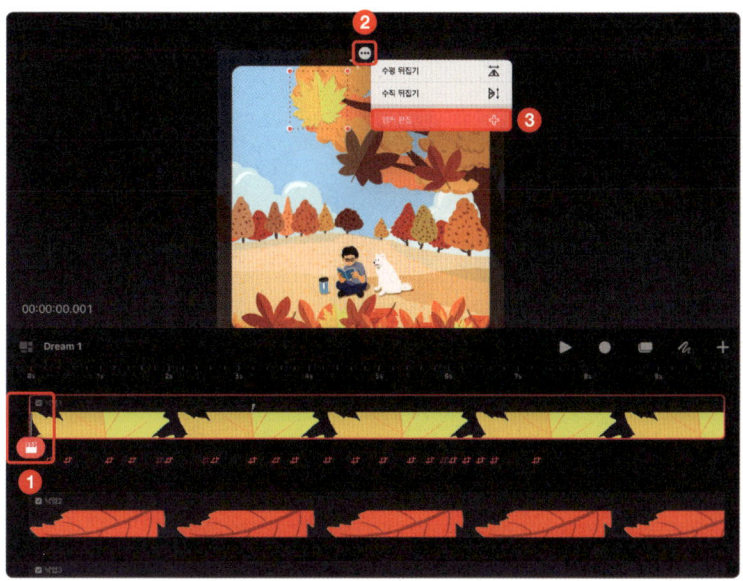

02 ① 낙엽 이미지에 + 모양의 앵커가 표시되면 중앙에 있는지 확인한 후 다른 위치에 있다면 중앙으로 옮기고 ② [완료]를 터치하여 앵커 편집을 마칩니다.

TIP 앵커(Anchor)는 회전이나 뒤집기 등을 실행할 때 이동의 중심이 되는 포인트입니다. 그러므로 앵커의 위치에 따라 낙엽에 움직임이 달라질 수 있습니다.

03 ① 툴바에서 [연출 모드] 아이콘을 터치하여 다시 연출 모드를 실행한 후 ② 스테이지에서 낙엽1의 오른쪽 아래 조절점을 가볍게 터치합니다. 곡선 모양의 회전 핸들이 나타나면 터치한 채 살랑거리는 느낌이 나도록 좌우로 움직여 줍니다.

04 ① [연출 모드] 아이콘을 터치하여 연출 모드를 마치고, ② [낙엽1] 콘텐츠의 키프레임 트랙을 길게 터치한 후 [이동 및 비율 펼치기]를 선택하여 펼치면 다음과 같이 위치 정보(X, Y)와 회전 정보가 기록되어 있습니다. 확인 후 다시 키프레임 트랙을 길게 터치한 후 [이동 및 비율 접기]를 선택하여 접습니다.

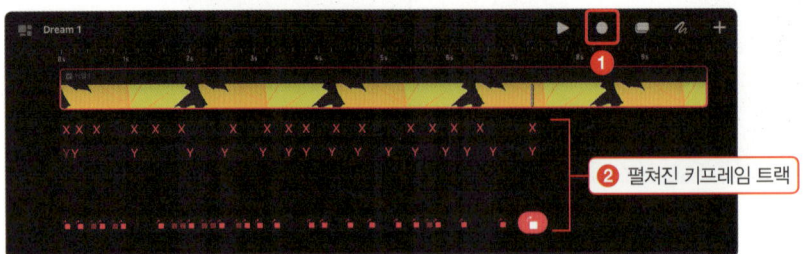

05 지금까지의 과정을 참고하여 나머지 낙엽(낙엽2, 낙엽3, 낙엽4) 콘텐츠에서도 연출 모드를 이용해 회전하며 떨어지도록 애니메이션을 적용합니다. 완성한 타임라인은 아래와 같은 모습이 됩니다.

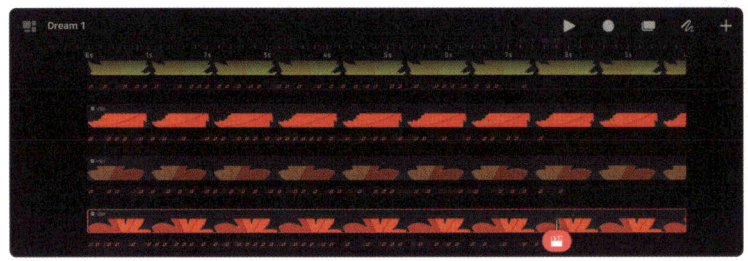

> **TIP** 과정을 정리하면 다음과 같습니다. 재생 헤드를 맨 앞으로 옮기기 → 연출 모드에서 7초 동안 아래쪽으로 떨어뜨리기 → 다시 재생 헤드를 맨 앞으로 옮기기 → 연출 모드에서 회전시키기 → 연출 모드 끝내기

그룹으로 묶고 복제하기

애니메이션 적용이 끝난 4개의 낙엽 콘텐츠를 다시 하나의 그룹으로 묶고, 그룹을 복제하여 낙엽의 개수를 더욱 풍성하게 만들어 보겠습니다.

01 ❶ 툴바에서 [**타임라인 편집**] 아이콘을 터치합니다. ❷ 펜슬을 이용해 낙엽 콘텐츠를 모두 선택합니다. 낙엽 콘텐츠가 모두 포함되도록 드로잉하면 됩니다.

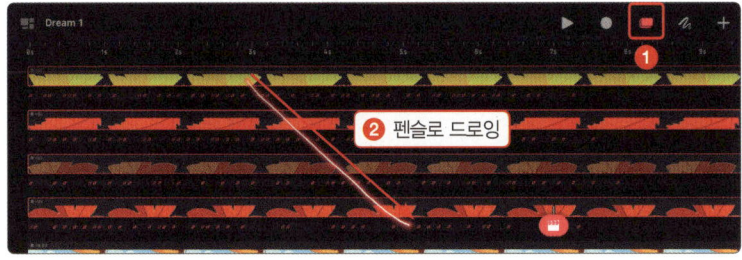

02 선택된 4개의 콘텐츠 중 ❶ 임의의 콘텐츠를 길게 터치한 후 ❷ [그룹]을 선택하여 그룹으로 묶고, ❸ 툴바에서 [타임라인 편집] 아이콘을 터치하여 타임라인 편집을 마칩니다.

03 ❶ 그룹으로 묶은 콘텐츠를 길게 터치한 후 ❷ [트랙 옵션]-[복제]를 선택합니다. 현재 그룹 위로 새로운 트랙에 복제된 그룹 콘텐츠가 배치됩니다.

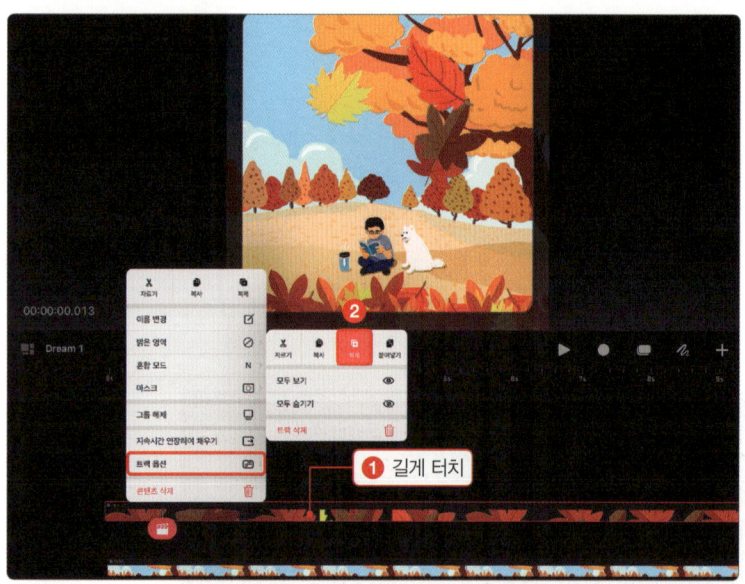

TIP 첫 번째 팝업 메뉴에 있는 [복제]를 선택하면 현재 트랙으로 콘텐츠가 복제됩니다. 그러므로 반드시 [트랙 옵션]-[복제]를 선택해야 합니다.

04 여러 개의 낙엽 콘텐츠를 하나의 그룹으로 묶었더니 빈 트랙들이 생겼습니다. 깔끔한 타임라인을 위해 ❶ 빈 트랙을 각각 길게 터치한 후 ❷ [트랙 삭제]를 선택해 지웁니다.

등장 시간 변경 및 콘텐츠 변형하기

낙엽 콘텐츠 그룹을 복제했으니, 총 8개의 낙엽이 있지만, 위치나 크기 등이 정확하게 일치하므로 스테이지에서는 구분이 되지 않습니다. 그러므로, 등장 타이밍과 크기 등을 변형하여 구분함으로써 영화를 완성해 보겠습니다.

01 우선 등장 타이밍을 변경하기 위해 타임라인에서 맨 위에 있는 그룹(복제된 그룹)을 길게 터치한 채 시작 지점이 2초 위치가 되도록 오른쪽으로 옮깁니다. 이제 2개의 낙엽 그룹이 2초의 시간 차를 두고 나타납니다.

LESSON 03 가을 공원의 떨어지는 낙엽

02 계속해서 맨 위의 낙엽 그룹이 선택된 상태로, ❶ 스테이지에서 […]를 터치한 후 ❷ [수평 뒤집기]를 선택합니다. 위치나 크기도 살짝 변형을 주면 좋습니다. 이제 영화가 완성되었습니다. 재생해 본 후 필요에 따라 동영상으로 저장해 보세요.

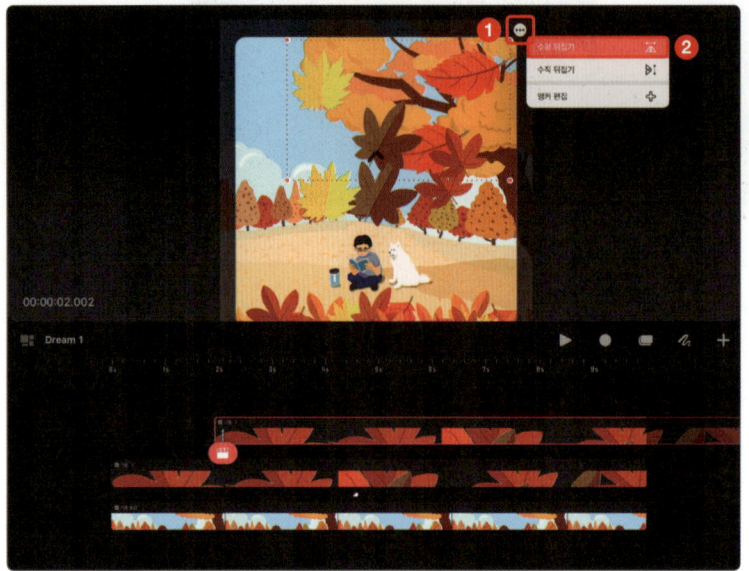

TIP 스테이지에서 그룹이 점선으로 선택되어 있지 않다면 타임라인에서 다시 한번 맨 위의 그룹을 선택해 보세요.

LESSON 04 폴라로이드 카메라

폴라로이드로 사진을 찍을 때 불빛이 번쩍하는 효과와 함께 찍은 사진이 곧바로 인화되는 영화를 완성해 보겠습니다.

▲ 영화 미리 보기

영화 설정
- **크기:** 2K 정사각형
- **초당 프레임 수:** 15FPS
- **재생 시간:** 10초

프로크리에이트 파일 불러오기

레이어가 살아 있는 프로크리에이트 그림을 가져온 후 애니메이션 작업을 진행합니다. 그러기 위해 우선 레이어를 트랙으로 전환합니다.

01 [2K 정사각형, 초당 프레임 15FPS, 10초]로 설정한 후 [공백]을 터치하여 새로운 영화를 시작합니다. ❶ 툴바에서 [+] 아이콘을 터치한 후 ❷ [파일]을 선택하여 [실습7] 폴더에 있는 [폴라로이드.procreate] 파일을 엽니다.

02 새로운 트랙이 추가되고, [폴라로이드.procreate] 파일의 그리기 콘텐츠가 배치됩니다.

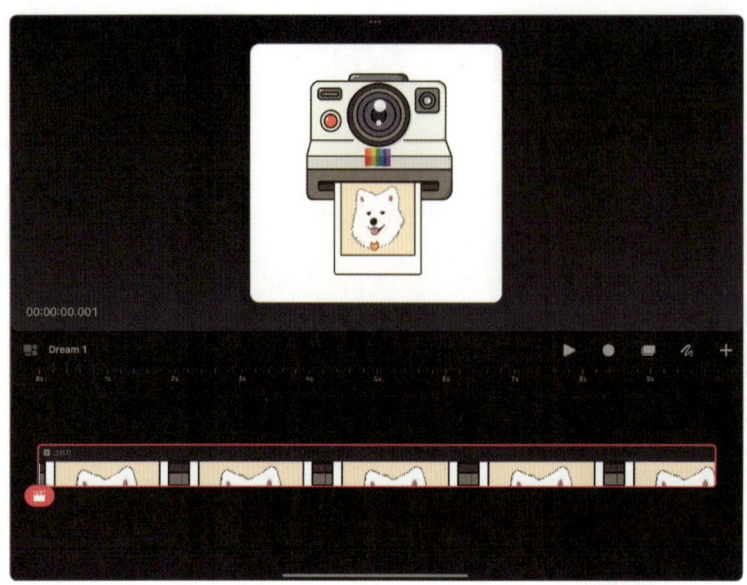

03 ❶ 툴바에서 [그리기 및 페인트] 아이콘을 터치한 후 ❷ 그리기 및 페인트 모드에서 [그리기 레이어] 아이콘을 터치하여 4개의 레이어로 분리된 것을 확인합니다. ❸ [완료]를 터치하여 그리기 및 페인트 모드를 마칩니다.

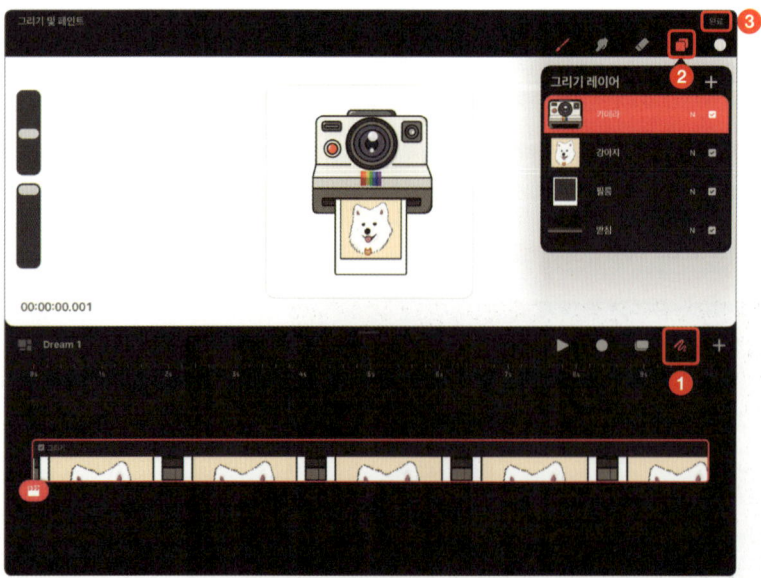

04 레이어별 콘텐츠로 변환하기 위해 ❶ 그리기 콘텐츠를 길게 터치한 후 ❷ [레이어를 트랙으로 변환]을 선택합니다.

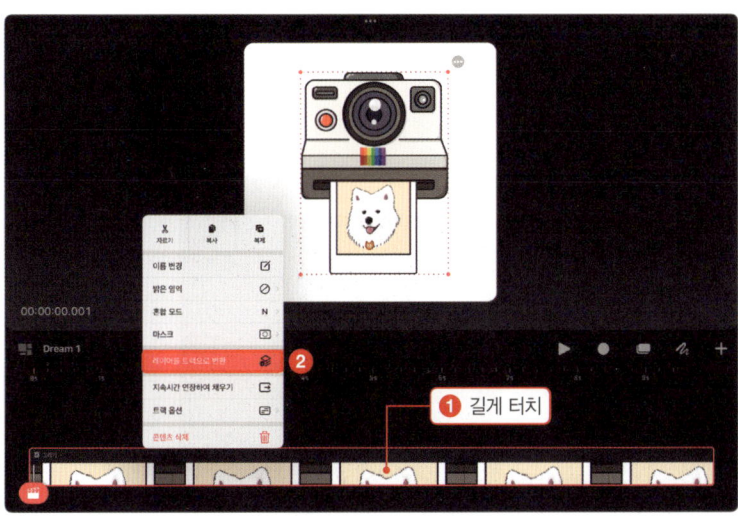

05 그리기 콘텐츠가 그룹 콘텐츠로 바뀌면 ❶ '그룹' 오른쪽에 표시되는 [>] 아이콘을 터치하여 4개의 콘텐츠를 확인합니다. ❷ 그룹을 해제하기 위해 맨 위에 표시된 그룹 콘텐츠를 길게 터치한 후 ❸ [그룹 해제]를 선택합니다.

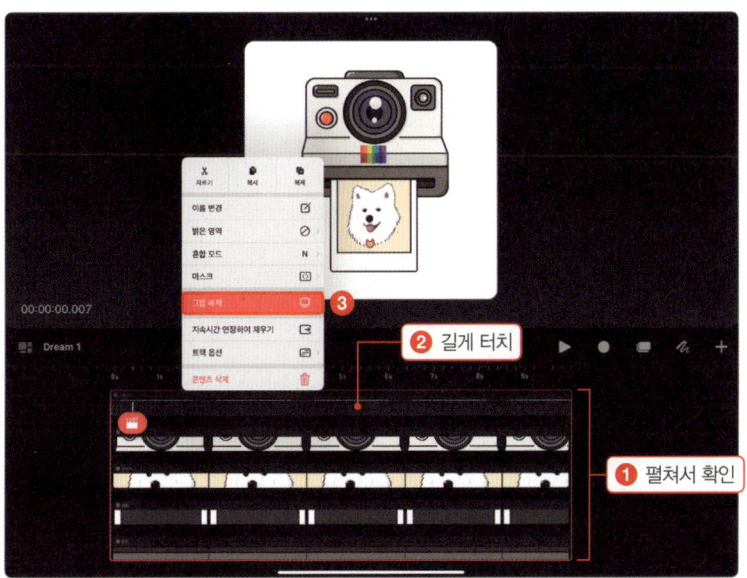

배경색 변경 및 일부 콘텐츠 그룹으로 묶기

이후 실습에서 플래시 불빛을 연출하려면 아무래도 어두운 배경이 효과적이겠죠? 배경색을 어둡게 변경하고 추가로 일부 함께 움직이는 콘텐츠는 다시 그룹으로 묶어 두겠습니다.

01 ① 스테이지 영역에서 타임 코드를 터치한 후 ② [배경 색상]을 선택한 다음 배경 색상 창에서 어두운 계열의 색상을 선택합니다.

02 강아지 이미지는 항상 필름에 고정되어 있어야 하므로, 두 개의 콘텐츠를 하나의 그룹으로 묶어 두는 것이 좋습니다. ① 툴바에서 [타임라인 편집] 아이콘을 터치한 후 ② 펜슬로 강아지와 필름 콘텐츠를 지나치도록 드로잉해서 선택합니다.

03 ❶ 선택한 콘텐츠 중 하나를 길게 터치한 후 ❷ [그룹]을 선택하여 그룹으로 묶고, ❸ [타임라인 편집] 아이콘을 터치하여 타임라인 편집 모드를 마칩니다. 끝으로 그룹으로 묶은 후 남은 빈 트랙을 삭제하고, 그룹의 이름은 '강아지 사진'으로 변경합니다.

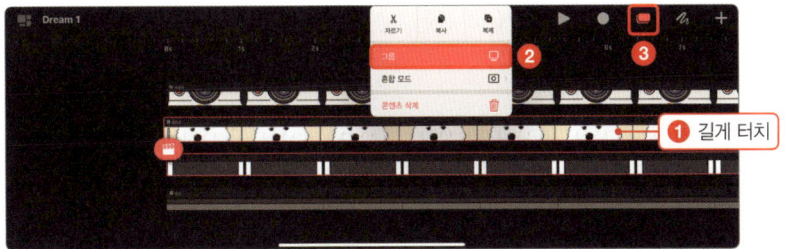

> **TIP** 빈 트랙을 길게 터치한 후 [트랙 삭제]를 선택하여 삭제할 수 있고, 그룹 콘텐츠를 길게 터치한 후 [이름 변경]을 선택하여 그룹 이름을 변경할 수 있습니다.

플래시 효과 연출하기

플립북 모드를 이용해 폴라로이드에서 반짝 플래시가 터지는 모습을 연출해 보겠습니다.

01 ❶ 재생 헤드를 카메라 콘텐츠로 옮깁니다. ❷ 툴바에서 [+] 아이콘을 터치한 후 ❸ [트랙]을 선택해서 카메라 콘텐츠 위에 새로운 트랙을 추가합니다. 새로운 트랙은 현재 재생 헤드가 위치한 콘텐츠 바로 위로 추가됩니다.

LESSON 04 폴라로이드 카메라 **145**

02 재생 헤드를 새로운 트랙의 1초(00:00:01.001)로 옮긴 다음, 툴바에서 [**그리기 및 페인트**] 아이콘을 터치합니다. 중앙에 표시되는 회색 바를 아래로 내려서 다음과 같은 플립북 모드를 시작합니다.

TIP 플립북 모드를 실행하는 자세한 방법은 79쪽을 참고하세요.

03 오른쪽 위의 ❶ [**브러시**] 아이콘을 터치한 후 ❷ [**빛**] - [**라이트 펜**]을 선택하고, ❸ [**색상**]은 [**흰색**]으로 변경합니다.

04 플래시 주변에 불빛이 번쩍이는 느낌을 표현하기 위해 ① 다음과 같이 2개의 프레임을 이용해 애니메이션을 표현합니다. ② [완료]를 터치하여 플립북 모드 및 그리기 및 페인트 모드를 마칩니다.

폴라로이드 사진 인화 모습 연출하기

플래시에서 번쩍이는 효과가 연출된 후에 폴라로이드에서 즉석 사진이 인화되는 모습을 표현해 보겠습니다. 직접 키프레임을 추가하여 애니메이션을 완성합니다.

01 ① [강아지 사진] 콘텐츠의 맨 앞으로 재생 헤드를 옮긴 후 터치하고 ② [이동] – [이동 및 비율]을 선택하여 키프레임을 추가합니다.

02 [강아지 사진] 콘텐츠 아래쪽에 추가된 키프레임 트랙의 [이동 및 비율] 아이콘(키프레임)이 선택된 상태로 스테이지에서 그림과 같이 강아지 사진을 폴라로이드 안쪽으로 옮깁니다.

TIP 스테이지에서 콘텐츠를 옮기는 도중 남은 한 손의 손가락으로 빈 공간을 터치하고 있으면 스냅 기능이 활성화되어 수평 또는 수직으로 옮길 수 있습니다.

03 ❶ 다음과 같이 사진이 전혀 보이지 않을 때까지 옮깁니다. ❷ 키프레임 헤드를 1초 (00:00:01.001) 위치로 옮긴 후 그대로 키프레임 헤드를 터치하여 설정값 변경 없이 키프레임을 추가합니다. 즉, 0초에서 1초 사이에는 사진이 보이지 않습니다.

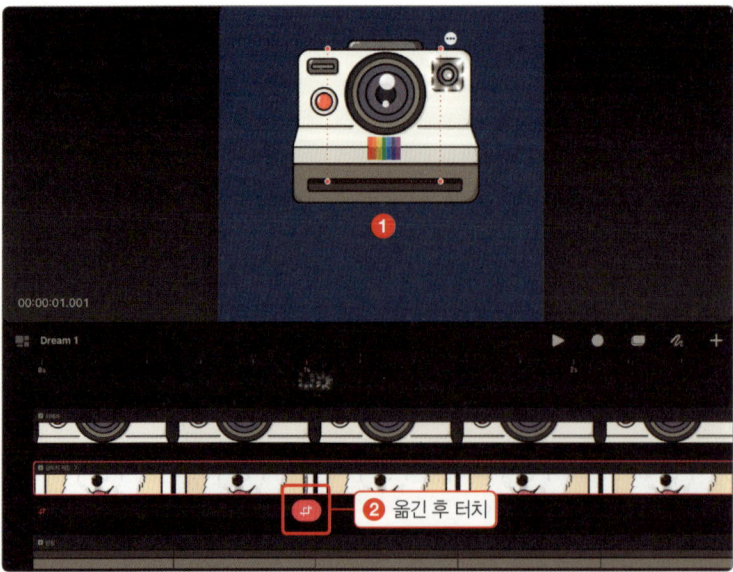

04 ❶ 키프레임 헤드를 2초(00:00:02.001) 위치로 옮긴 후 ❷ 강아지 사진을 다음과 같이 아래쪽으로 옮깁니다. 설정이 변경되므로 2초 위치에 자동으로 키프레임이 주기됩니다.

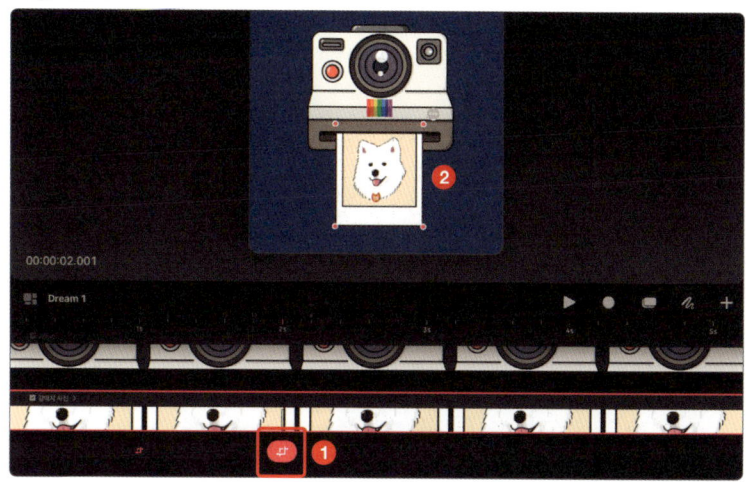

TIP 키프레임 헤드에 표시된 아이콘이 흰색이면 현재 위치에 키프레임이 추가된 상태이며, 어두운색이면 키프레임 헤드만 배치된 상태입니다.

05 계속해서 ❶ 키프레임 헤드를 4초(00:00:04.001) 위치로 옮긴 후 키프레임 헤드를 터치하여 설정값 변경 없이 키프레임을 추가하고, ❷ 5초(00:00:05.001) 위치로 옮긴 후 ❸ 다음과 같이 스테이지 아래쪽으로 사진이 사라지도록 옮깁니다.

효과음 넣기

마지막으로 찰칵 셔터 소리와 필름이 이동하는 효과음을 추가하여 완성해 보겠습니다.

01 ❶ 툴바에서 [+] 아이콘을 터치한 후 ❷ [트랙]을 선택합니다.

02 우선 플래시 효과음부터 배치하겠습니다. ❶ 재생 헤드를 새로운 트랙에서 임의의 위치로 옮기고 ❷ 툴바에서 [+] 아이콘을 터치한 후 ❸ [파일]을 선택해서 [실습7] 폴더의 [효과음 셔터] 파일을 선택하고 [열기]를 터치하여 효과음을 배치합니다.

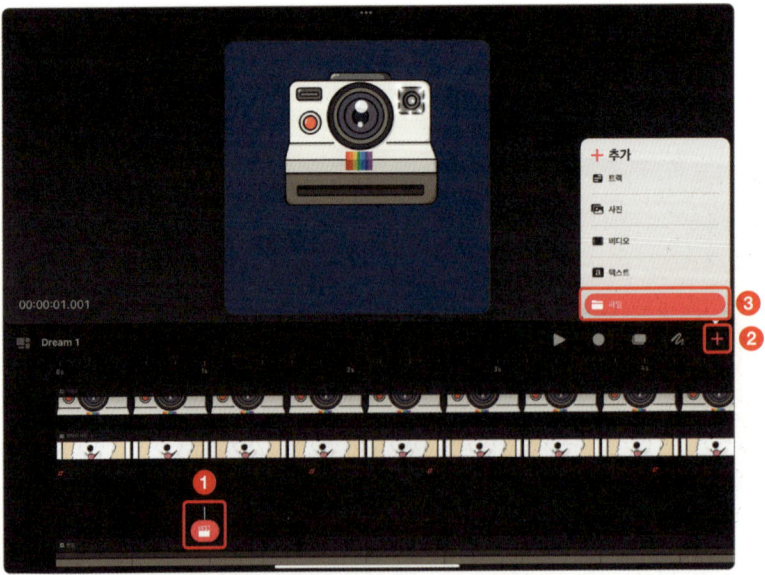

03 ❶ 효과음이 배치된 트랙을 길게 터치한 후 플래시 효과가 있는 트랙 위로 옮깁니다.
❷ 이어서 효과음 콘텐츠를 길게 터치한 후 플래시 불빛이 켜지는 타이밍에 맞춰 좌우로 위치를 조절합니다. 다음과 같이 효과음의 파형이 시작되는 위치와 플래시 불빛이 번쩍이는 위치를 맞추면 됩니다.

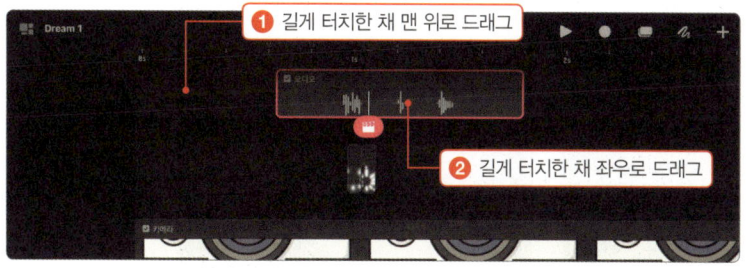

04 계속해서 ❶ 효과음 트랙에서 플래시 효과음 콘텐츠가 끝나는 위치로 재생 헤드를 옮기고, ❷ 툴바에서 [+] 아이콘을 터치한 후 [파일]을 선택해서 ❸ 같은 폴더에 있는 [카메라 효과음 이송] 파일을 찾아 ❹ [열기]를 터치하여 불러옵니다.

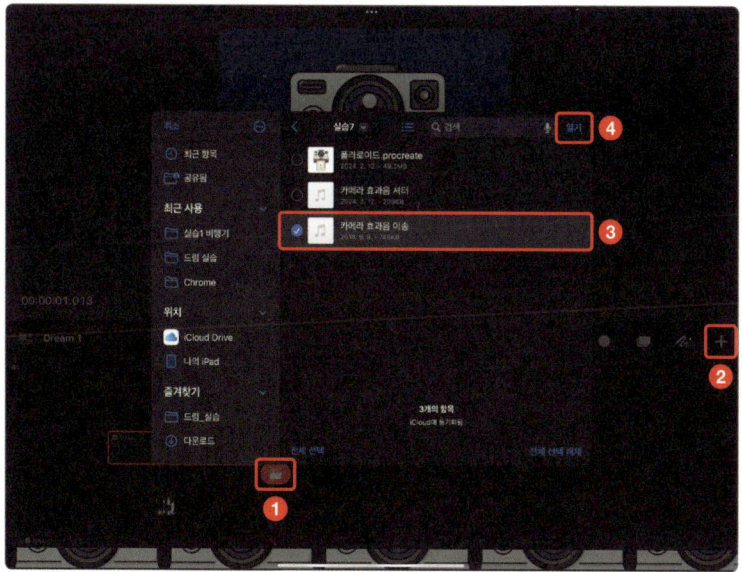

05 이송 효과음을 배치한 후 재생해 보면 실제 사용할 부분은 중간의 일부분입니다. 즉, 앞뒤로 불필요한 부분을 잘라야 합니다. ❶ 효과음 콘텐츠에서 효과음이 시작되는 부분으로 재생 헤드를 옮긴 후 터치하고 ❷ [편집]을 선택한 후 ❸ [분할]을 선택합니다.

06 재생 헤드를 기준으로 '카메라 효과음 이송' 효과음 콘텐츠가 분할되었습니다. ❶ 분할된 앞쪽의 콘텐츠를 길게 터치한 후 ❷ [콘텐츠 삭제]를 선택해서 지웁니다. 같은 방법으로 [편집]-[분할] 실행 후 [콘텐츠 삭제]를 실행하여 뒤쪽의 불필요한 부분도 삭제합니다.

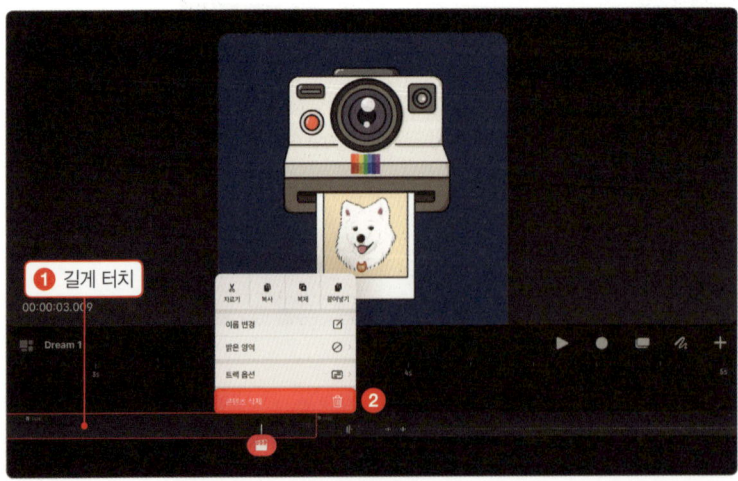

07 폴라로이드 필름이 인화되는 효과음에 해당하는 부분만 남았다면 영화를 재생해 보면서 필름이 인화되는 시점에 효과음도 같이 재생되도록 위치를 조정합니다. 효과음 콘텐츠를 길게 터치한 후 좌우로 옮기면 됩니다.

사진의 불투명도 변경하기

영화의 완성도를 높이기 위해 실제 폴라로이드 카메라에서 사진이 인화될 때 흰색 필름이 점점 선명해지는 장면을 불투명도를 이용하여 표현해 보겠습니다.

01 ❶ [강아지 사진] 그룹을 펼칩니다. ❷ 재생 헤드를 [강아지] 콘텐츠의 맨 앞 (00:00:00.001)으로 옮긴 후 재생 헤드를 터치합니다. 재생 헤드는 반드시 [강아지 사진] 그룹이 아닌 [강아지] 콘텐츠 트랙으로 옮겨야 합니다.

02 액션 창이 열리면 ❶ [필터]-[불투명도]를 선택한 후 ❷ [양] 옵션을 [0%]로 설정합니다. 이렇게 하면 현재 위치(1프레임)에 [불투명도] 아이콘(키프레임)이 추가되며, 강아지 사진 이미지가 투명해집니다. 즉, 필름의 회색만 보이는 상태가 됩니다.

03 ❶ 키프레임 헤드를 2초(00:00:02.001) 위치로 옮긴 후 터치하여 같은 설정(양: 0%)으로 키프레임을 추가합니다. 처음부터 2초까지는 강아지의 이미지가 보이지 않게 설정되었습니다.

04 ❶ 키프레임 헤드를 4초(00:00:04.001) 위치로 옮긴 후 터치한 다음 ❷ [양] 옵션을 [100%]로 변경하여 키프레임을 추가합니다. 이제 2초부터 서서히 강아지 이미지가 나타나기 시작해서 4초가 되면 완전히 나타납니다. 영화를 재생해서 결과를 확인하고, 효과음의 재생 위치나 사진의 움직임 등을 조정한 후 동영상 파일로 저장해 보세요.

LESSON 04 폴라로이드 카메라

LESSON 05 창가의 고양이

위치가 자연스럽게 변하는 효과라면 연출 방식이 좋지만 이번 실습의 고양이 꼬리처럼 형태가 정교하게 변형되는 상황이라면 키프레임 방식이 적당합니다. 키프레임 방식을 활용하여 창가에 앉아 꼬리를 살랑살랑 흔드는 검은 고양이 영화를 완성해 보겠습니다.

▲ 영화 미리 보기

영화 설정
- **크기**: 2K 정사각형
- **초당 프레임 수**: 15FPS
- **재생 시간**: 6초

레이어 확인 후 트랙으로 전환하기

01 ❶ [2K 정사각형, 초당 프레임 15FPS, 6초]로 설정한 후 [공백]을 터치하여 새로운 영화를 시작하고, 영화의 이름을 '창가의 고양이'로 변경합니다. ❷ 툴바에서 [+] 아이콘을 터치한 후 ❸ [파일]을 선택하여 [실습8] 폴더에 있는 [고양이.procreate] 파일을 엽니다.

> **TIP** 영화 이름 변경 방법은 58쪽에서 자세히 설명합니다.

02 프로크리에이트 파일의 레이어를 확인하기 위해 ❶ 툴바에서 [그리기 및 페인트] 아이콘을 터치한 후 ❷ [그리기 레이어] 아이콘을 터치합니다. [머리], [몸통], [꼬리] 3개의 레이어를 확인한 후 ❸ [완료]를 터치하여 그리기 및 페인트 모드를 마칩니다.

03 ❶ 그리기 콘텐츠를 길게 터치한 후 ❷ [이름 변경]을 선택해서 이름을 '고양이'로 변경합니다. 계속해서 ❸ [고양이] 콘텐츠를 길게 터치한 후 ❹ [레이어를 트랙으로 변환]을 선택합니다.

 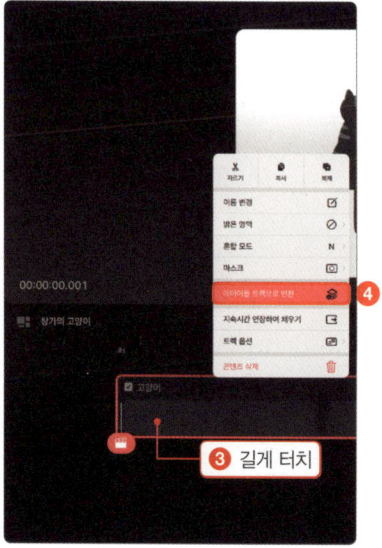

04 각 레이어가 별도의 콘텐츠 트랙으로 변환되면서 [고양이] 그룹으로 묶여서 표시됩니다. 그룹에 있는 [>] 아이콘을 터치하여 펼쳐 보면 [머리], [몸통], [꼬리] 3개의 콘텐츠를 확인할 수 있습니다. 확인 후 다시 그룹을 닫습니다.

창문 배경 이미지 추가로 배치하기

고양이는 프로크리에이트 파일을 불러왔지만, 창문은 별도로 만들어 놓은 PNG 이미지 파일을 불러오겠습니다. 이 이미지는 중앙의 창문 부분이 투명하게 처리되어 있습니다.

01 ① 툴바에서 [+] 아이콘을 터치한 후 [트랙]을 선택해서 창문 이미지가 배치될 트랙을 추가합니다. ② 다시 [+] 아이콘을 터치하고 [파일]을 선택합니다. ③ 열기 창에서 [실습8] 폴더의 [창문.png] 파일을 선택하고 ④ [열기]를 터치합니다.

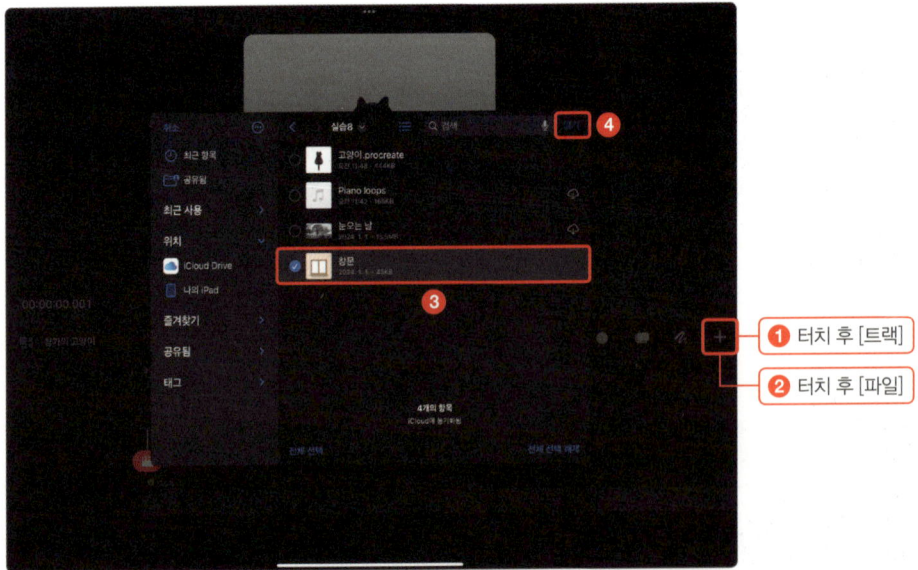

02 [창문] 콘텐츠가 [고양이] 그룹 위에 배치되므로 창문 이미지에 고양이 이미지가 일부 가려집니다. 타임라인에서 [고양이] 그룹을 길게 터치한 채 [창문] 콘텐츠 위로 옮깁니다.

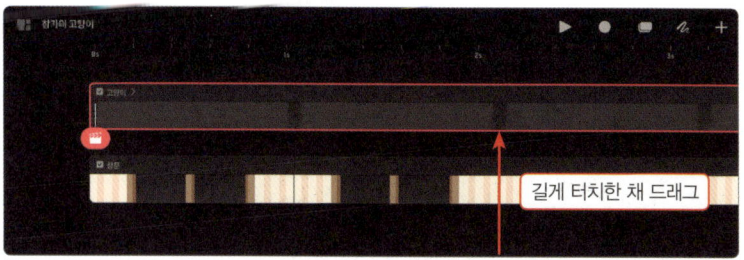

TIP [고양이] 그룹을 위로 옮기면 원래 있던 자리에 빈 트랙이 남습니다. 깔끔한 타임라인을 위해 빈 트랙을 길게 터치한 후 [트랙 삭제]를 선택해서 빈 트랙은 삭제하는 것이 좋습니다.

고양이 꼬리 모양 변형하기

뒤틀기 기능을 활용하여 고양이 꼬리를 자유롭게 변형해 보겠습니다. 뒤틀기 기능도 키프레임 설정 중 하나이므로, 키프레임 사용 방법을 떠올리면서 작업해 보세요.

01 [고양이] 그룹을 펼칩니다. ❶ 재생 헤드를 [꼬리] 콘텐츠의 맨 앞(00:00:00.001)으로 옮긴 후 재생 헤드를 터치하여 ❷ [이동]-[뒤틀기]를 선택합니다. ❸ 키프레임 트랙이 추가되고 [뒤틀기] 아이콘(키프레임)이 추가됩니다.

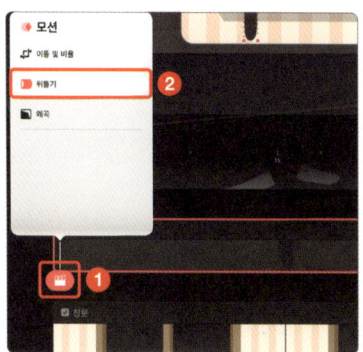 

02 키프레임 헤드를 키프레임 트랙의 맨 끝(00:00:05.015)으로 옮긴 후 그대로 키프레임 헤드를 터치하여 설정 변경 없이 키프레임을 추가합니다. 양쪽 끝에 같은 설정의 키프레임을 추가했으므로, 이후 중간 위치에서 다른 설정의 키프레임을 추가해도 마지막에는 다시 처음의 모습으로 되돌아오게 됩니다.

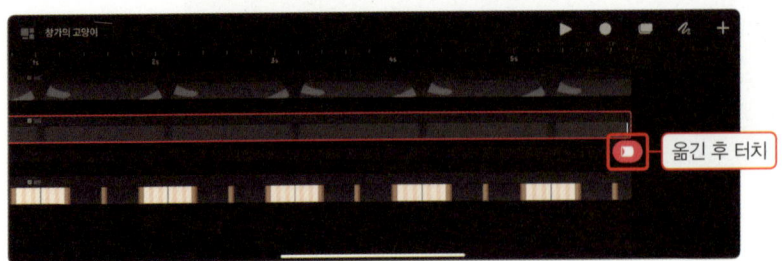

03 계속해서 ① 키프레임 헤드를 2초(00:00:02.001) 위치로 옮긴 후 ② 스테이지에서 꼬리에 있는 빨간색 조절점들을 움직여서 꼬리의 모양을 자유롭게 변형해 봅니다. 설정(꼬리의 모양)이 변경되므로 2초 위치에 자동으로 키프레임이 추가됩니다.

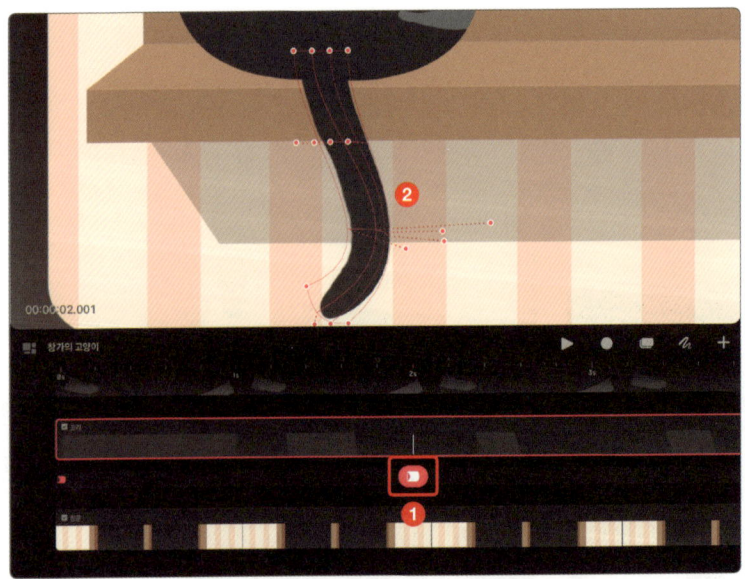

TIP 위와 같이 키프레임 헤드의 아이콘이 흰색으로 활성화되어 있다면 키프레임이 추가된 위치라는 의미이며, 불투명하게 비활성화되어 있다면 키프레임 헤드만 위치해 있다는 의미입니다.

04 ❶ 키프레임 헤드를 4초(00:00:04.001) 위치로 옮긴 후 ❷ 이번에는 반대 방향으로 꼬리의 모양을 변형합니다. 4초 위치에 키프레임이 추가됩니다. ❸ [재생] 아이콘을 터치하여 결과를 확인해 보세요. 꼬리가 반듯한 모양에서 변형된 후 다시 반듯하게 되돌아옵니다.

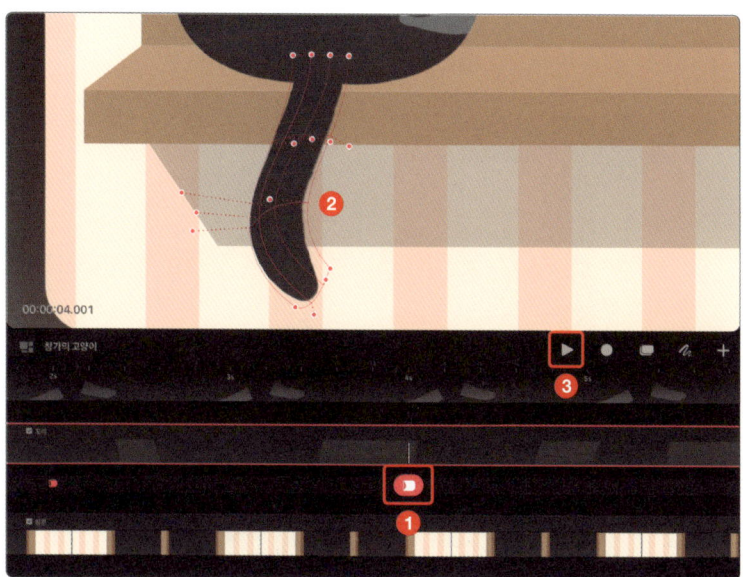

고양이 꼬리 움직이기

이번에는 연출 모드에서 꼬리 전체가 좌우로 움직이도록 설정해 보겠습니다.

01 ① 재생 헤드를 [꼬리] 콘텐츠의 맨 앞(00:00:00.001)으로 옮깁니다. ② 스테이지에서 꼬리에 표시되는 […] 아이콘을 터치하고 ③ [앵커 편집]을 선택합니다.

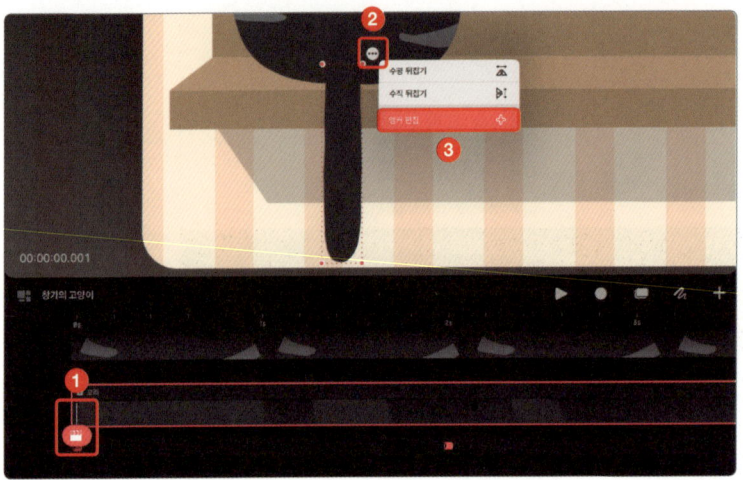

> **TIP** 위와 같이 빨간색 조절점이 4개가 아닌 상태, 즉 뒤틀기를 실행할 때와 같이 여러 개의 조절점이 표시된다면 타임라인에서 임의의 다른 콘텐츠를 선택한 후 다시 [꼬리] 콘텐츠를 선택해 보세요.

02 꼬리에 + 모양의 앵커가 표시됩니다. ① 앵커를 드래그하여 꼬리에서 가장 위로 옮긴 후 ② [완료]를 터치합니다. 꼬리를 회전시키면 앵커 위치는 고정된 채 나머지 부위가 움직이게 됩니다.

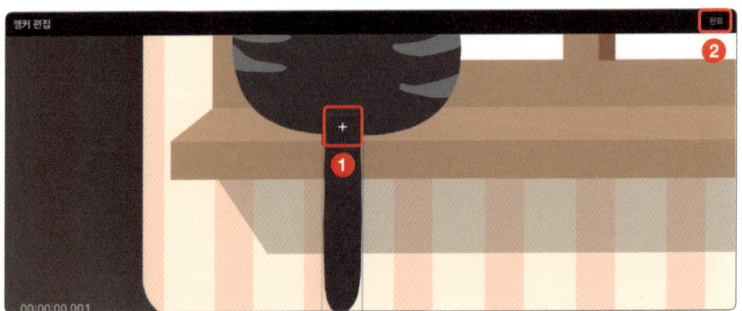

03 ① 툴바에서 [연출 모드] 아이콘을 터치하여 실행한 후 ② 스테이지에서 꼬리 오른쪽 아래에 있는 조절점을 터치합니다. 터치한 조절점 옆으로 회전 핸들이 표시됩니다.

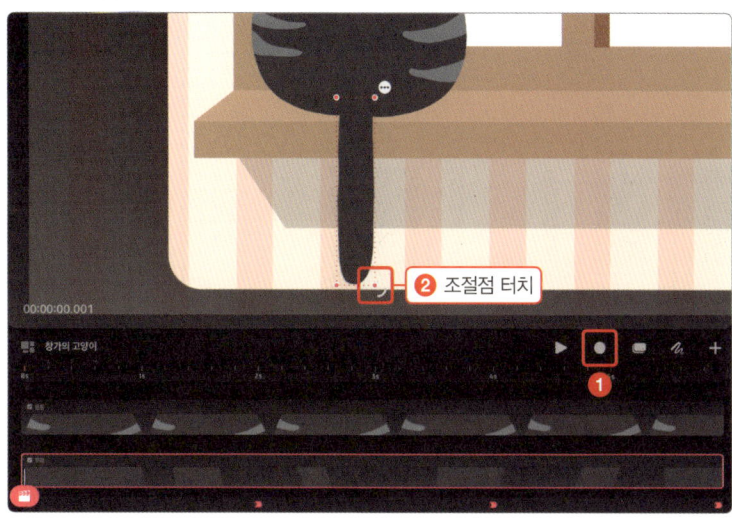

04 ① 회전 핸들을 터치한 채 부드럽게 좌우로 움직여 주다가 6초가 될 무렵(영화 재생 시간이 끝나갈 무렵)에는 다시 중앙으로 옮깁니다. ② [완료]를 터치하여 연출 모드를 마치고, ③ 툴바에서 [재생] 아이콘을 터치하여 결과를 확인해 봅니다.

> **TIP** 결과가 마음에 들지 않는다면 두 손가락으로 터치하여 실행을 취소하고, 03~04 과정을 다시 실행합니다.

동영상과 배경 음악 추가해서 완성하기

동영상 파일을 추가하고, 배경 음악까지 추가해서 영화를 최종 완성해 보겠습니다.

01 ❶ 고양이의 움직임이 완성되었으니, [고양이] 그룹은 다시 접어 놓습니다. 동영상을 배치할 트랙을 추가하기 위해 ❷ 툴바에서 [+] 아이콘을 터치한 후 ❸ [트랙]을 선택합니다.

02 ❶ 새로운 트랙을 길게 터치한 후 맨 아래로 옮기고, ❷ 재생 헤드를 새로운 트랙의 맨 앞으로 옮깁니다. ❸ 툴바에서 [+] 아이콘을 터치한 후 [파일]을 선택하여 ❹ [실습8] 폴더의 [눈오는 날] 동영상을 선택합니다. ❺ [열기]를 터치하여 동영상 파일을 가져옵니다.

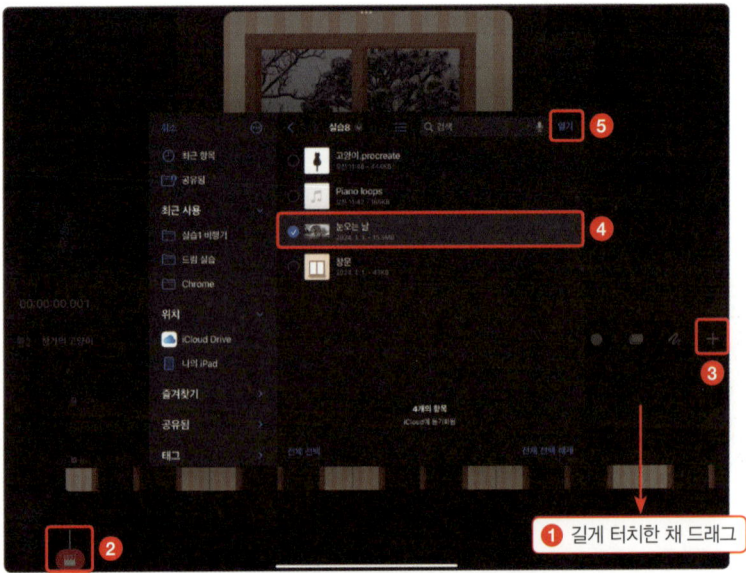

03 스테이지에서 빨간색 조절점을 이용하여 눈오는 날 동영상이 창문으로 잘 보이도록 크기를 적당하게 조절합니다.

04 끝으로 ❶ 눈 내리는 날에 어울리는 잔잔한 배경 음악을 추가해 보세요. 빈 트랙을 추가한 후 [**실습8**] 폴더의 [**Piano loops**] 파일을 가져오면 됩니다. ❷ 배경 음악까지 추가했다면 [**재생**] 아이콘을 터치하여 결과를 확인해 보세요. 꼬리의 움직임, 눈 내리는 동영상, 배경 음악이 잘 어울립니다.

젖소를 납치하는 UFO

이번 실습은 만화적 상상력을 자극하는 주제입니다. 밤하늘에 UFO가 나타나 젖소를 납치한다면 어떤 모습일까요? 상상 속 장면을 영화로 만들어 보겠습니다.

영화 설정
- 크기: 2K 정사각형
- 초당 프레임 수: 24FPS
- 재생 시간: 15초

▲ 영화 미리 보기

레이어 확인 후 트랙으로 전환하기

레이어가 살아 있는 프로크리에이트 그림을 가져온 후 애니메이션 작업을 진행합니다.

01 ❶ [2K 정사각형, 초당 프레임 24FPS, 15초]로 설정한 후 [공백]을 터치하여 새로운 영화를 시작하고, 영화의 이름을 'UFO'로 변경합니다. 파일을 불러오기 위해 ❷ 툴바에서 [+] 아이콘을 터치한 후 ❸ [파일]을 선택합니다.

02 [실습9] 폴더에서 [UFO.procreate] 프로크리에이트 파일을 찾아 [열기]를 터치하여 불러온 후 콘텐츠의 크기를 적절하게 조정합니다.

03 불러온 프로크리에이트 파일의 레이어를 확인하기 위해 ① 툴바에서 [그리기 및 페인트] 아이콘을 터치한 후 ② 그리기 및 페인트 모드의 툴바에서 [그리기 레이어] 아이콘을 터치합니다. [빛], [UFO], [소], [배경] 4개의 레이어를 확인한 후 ③ [완료]를 터치하여 그리기 및 페인트 모드를 마칩니다.

04 ① 그리기 콘텐츠를 길게 터치한 후 ② [레이어를 트랙으로 변환]을 선택합니다. 4개의 레이어가 4개의 트랙으로 바뀌면서 하나의 그룹으로 묶여 있습니다. ③ 그룹에서 [>] 아이콘을 터치하여 펼친 후 4개의 콘텐츠를 확인합니다.

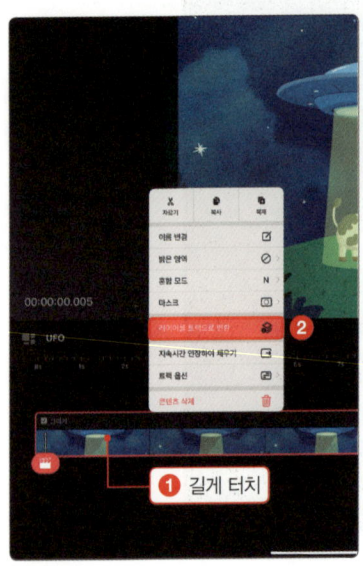

05 이번 작업에서는 그룹으로 묶어서 관리할 만한 콘텐츠가 없습니다. 그러므로 원활한 작업을 위해 그룹을 해제하는 것이 좋습니다. ① 그룹 콘텐츠를 길게 터치한 후 ② [그룹 해제]를 선택합니다.

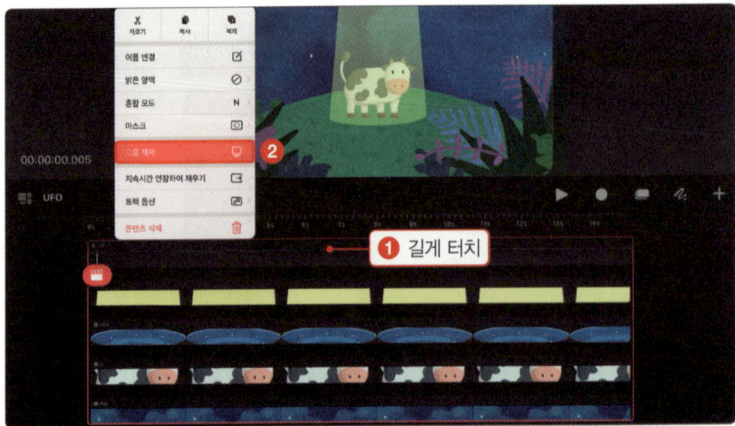

UFO 등장 장면 연출하기

연출 모드를 이용해 UFO가 멀리서 날아오는 장면을 표현해 보겠습니다.

01 소를 납치하는 빛은 UFO가 화면 중앙에 정지한 후부터 나타나야 합니다. 그러므로 [빛] 콘텐츠를 길게 터치한 후 5초 정도의 위치에서 시작하도록 오른쪽으로 옮깁니다.

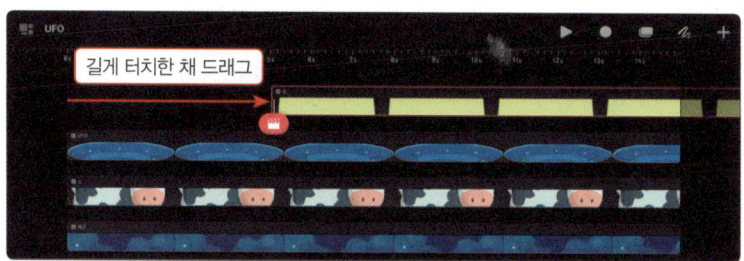

02 이제 UFO가 나타나는 장면을 연출합니다. 우선 ❶ 재생 헤드를 [UFO] 콘텐츠의 0초(00:00:00.001)로 옮깁니다. ❷ 스테이지에서 UFO를 스테이지의 왼쪽 밖으로 옮긴 후 크기도 줄입니다.

03 ❶ 툴바에서 [**연출 모드**] 아이콘을 터치한 후 ❷ 스테이지에서 왼쪽에 있는 UFO를 5초 동안 자유롭게 움직인 후 빛 콘텐츠가 표시되기 이전에(5초 위치) 소 위쪽에 위치하도록 옮깁니다. 타임라인에서 자동으로 추가된 키프레임을 확인할 수 있습니다.

TIP 스테이지에서 콘텐츠의 위치를 옮길 때는 빨간색 조절점이 표시된 상태에서 해당 콘텐츠의 바깥쪽 영역을 터치한 채 드래그하면 좀 더 쉽게 위치를 조정할 수 있습니다.

04 UFO의 크기도 점점 커지도록 연출하기 위해 ❶ 재생 헤드를 [UFO] 콘텐츠의 0초 위치로 옮깁니다. ❷ 연출 모드에서 모서리에 있는 조절점을 이용해 UFO의 크기를 점점 크게 키우다가 5초 위치에서 원본의 크기 정도로 키우고 연출 모드를 마칩니다.

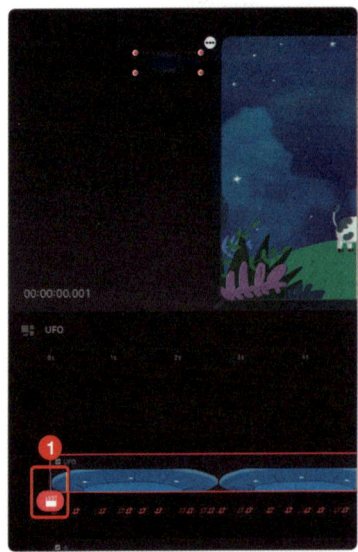 

점점 확장되는 빛 표현하기

소를 납치하기 위해 UFO에서 방출된 빛은 아래로 점점 확산된 후 다시 아래에서 위로 점점 축소됩니다. 이 모습을 연출해 보겠습니다.

01 ❶ 재생 헤드를 [빛] 콘텐츠에서 시작 위치로 옮깁니다. ❷ 스테이지에서 빛 오른쪽 위에 있는 [⋯] 아이콘을 터치한 후 ❸ [앵커 편집]을 선택합니다.

02 빛 중앙에 + 모양의 앵커(기준점)가 표시되면 위쪽으로 옮겨서 다음과 같이 UFO의 아래쪽과 겹치도록 배치합니다.

03 [빛] 콘텐츠에서 맨 앞에 놓인 ❶ 재생 헤드를 터치한 후 ❷ [이동]-[이동 및 비율]을 선택하여 [빛] 콘텐츠의 첫 번째 키프레임을 추가합니다.

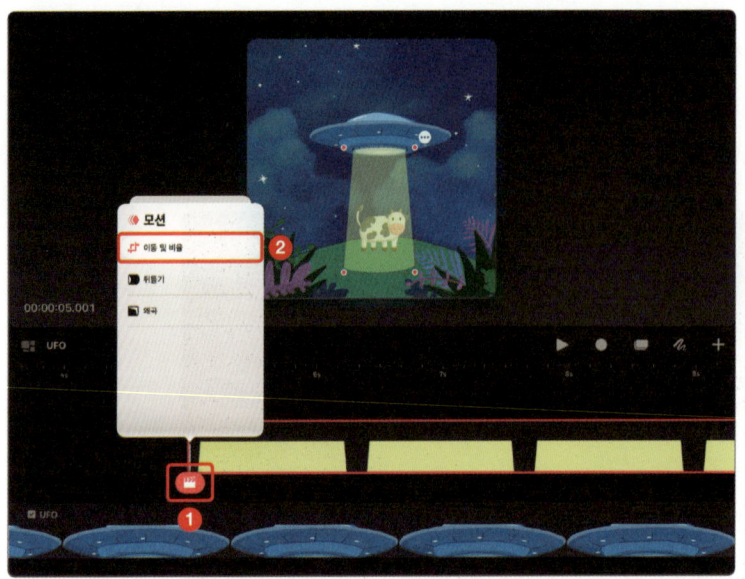

04 첫 번째 키프레임이 선택된 상태로 스테이지에서 빛의 모양을 다음과 같이 납작하게 변형합니다. 빛 콘텐츠의 아래쪽 변을 터치한 채 위로 드래그하면 됩니다.

05 ❶ 키프레임 헤드를 6초 위치 정도로 옮긴 후 ❷ 스테이지에서 빛의 모양을 처음 모양으로 되돌립니다. 아래쪽 변을 터치한 채 아래로 드래그하면 됩니다. 키프레임 헤드가 선택된 상태에서 설정을 변경했으므로 자동으로 키프레임이 추가됩니다.

TIP 키프레임 헤드의 아이콘이 흰색으로 활성화되어 있다면 키프레임이 추가된 위치라는 의미이며, 불투명하게 비활성화되어 있다면 키프레임 헤드만 위치해 있다는 의미입니다.

06 ❶ 결과를 재생해 보면 5초에서 6초 구간에서 빛이 아래로 내려오는 것처럼 보입니다. 계속해서 ❷ 키프레임 헤드를 9초 부근으로 옮기고 그대로 키프레임 헤드를 터치하여 같은 설정으로 키프레임을 추가합니다. 6초에서 9초 구간에서는 빛의 형태가 그대로 유지됩니다.

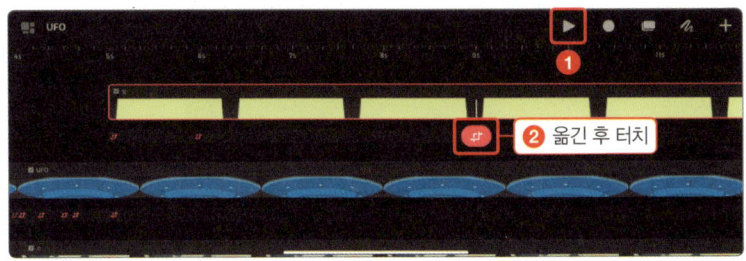

07 이번에는 ❶ 키프레임 헤드를 10초 부근으로 옮긴 후 ❷ 스테이지에서 다시 빛의 아래쪽 변을 터치한 채 위로 드래그하여 빛이 거의 보이지 않을 정도로 납작하게 변형합니다. 설정이 변경되므로 자동으로 키프레임이 추가됩니다.

08 빛이 사라지는 10초 이후로는 빛이 필요 없습니다. 그러므로 타임라인에서 [빛] 콘텐츠의 오른쪽 끝을 터치한 채 왼쪽으로 옮겨서 길이를 짧게 조절합니다. 10초 위치에 있는 키프레임 직전까지 줄이면 됩니다. 이렇게 하면 빛이 10초 후에 완전히 사라집니다.

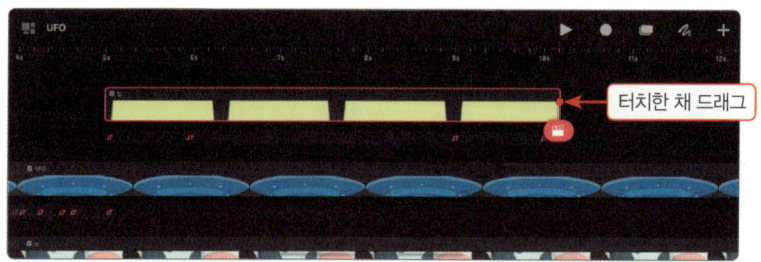

빛으로 빨려 들어가는 소의 모습 연출하기

다음은 UFO에서 나왔다 사라지는 빛에 따라 지상에 있던 소가 UFO 쪽으로 떠오르는 장면을 연출해 보겠습니다.

01 ❶ 재생 헤드를 [소] 콘텐츠에서 6.5초 부근으로 옮긴 후 재생 헤드를 터치하고 ❷ [이동]-[이동 및 비율]을 선택해서 첫 번째 키프레임을 추가합니다.

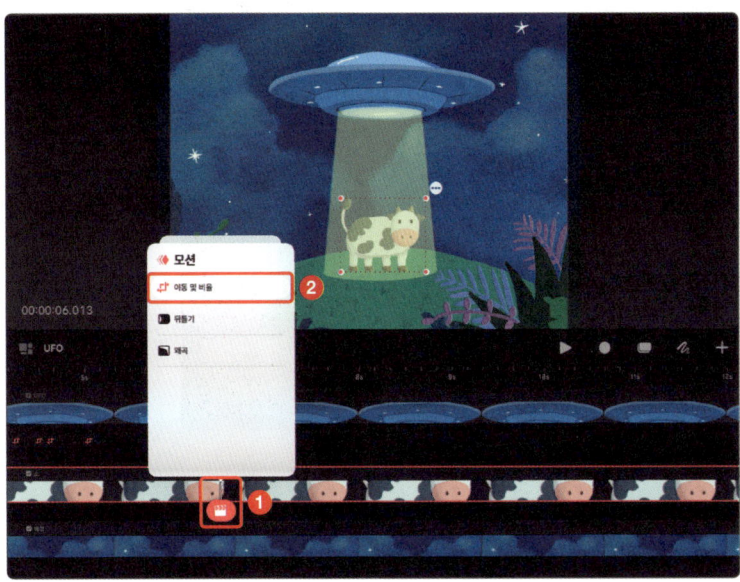

02 ❶ 키프레임 헤드를 [소] 콘텐츠에서 8.5초 부근으로 옮긴 후 ❷ 스테이지에서 소의 위치와 크기를 UFO와 겹쳐서 보이지 않을 정도로 조정하고, 살짝 회전도 시킵니다. 설정이 변경되므로 자동으로 키프레임이 추가됩니다.

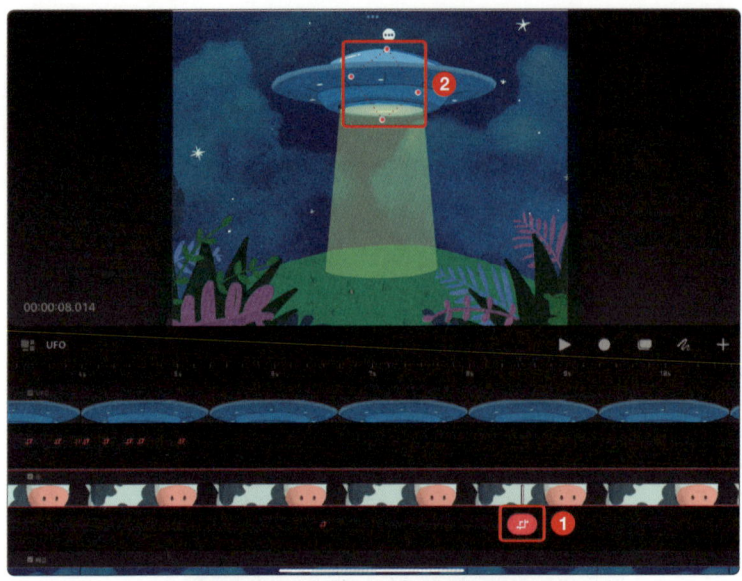

TIP 콘텐츠의 위치는 조절점 바깥쪽을 드래그하고, 크기를 조절할 때는 빨간색 조절점이나 각 변을 터치한 채 드래그합니다. 각도를 회전시킬 때는 임의의 조절점을 터치한 후 회전 핸들이 표시되면 회전 핸들을 터치한 채 드래그합니다.

03 소가 UFO에 가려지면(실리면) 더는 보이지 않아야 하므로 타임라인에서 [소] 콘텐츠의 오른쪽 끝을 터치한 채 왼쪽으로 옮겨서 9초 부근까지 길이를 조절합니다.

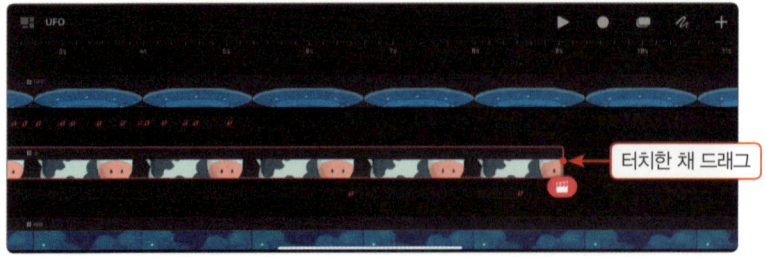

UFO 사라지기

소를 납치했으니 이제 UFO가 떠날 차례입니다. 연출 모드를 실행하여 표현해 보겠습니다.

01 ❶ 재생 헤드를 [UFO] 콘텐츠의 11초 부근으로 옮긴 후 ❷ [연출 모드] 아이콘을 터치하여 실행합니다.

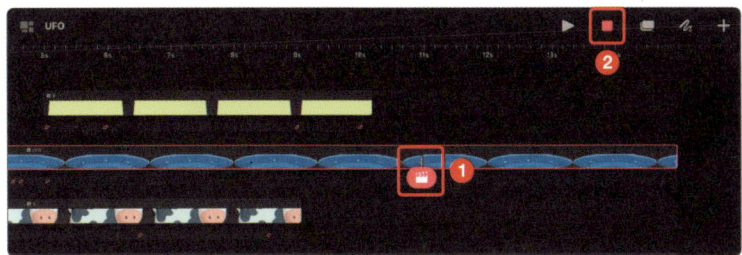

02 ❶ 11초부터 15초 구간에서 UFO가 화면 밖으로 이동하도록 스테이지에서 자유 곡선 형태를 그리며 옮깁니다. ❷ [연출 모드] 아이콘을 터치하여서 연출 모드를 마칩니다.

03 UFO가 스테이지 밖으로 멀어질수록 크기가 작아지도록 추가로 키프레임을 설정하겠습니다. ① 재생 헤드를 [UFO] 콘텐츠의 11초 부근으로 옮긴 후 ② 툴바에서 [연출 모드] 아이콘을 터치합니다.

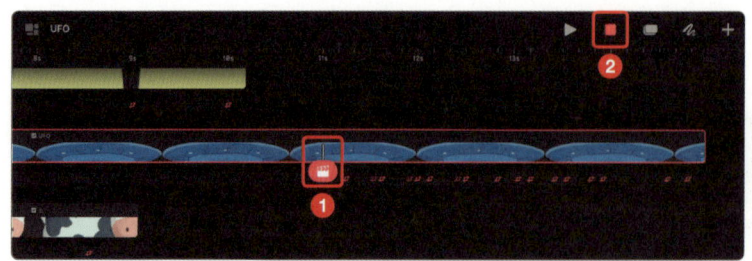

04 연출 모드에서 ① 스테이지에 있는 UFO의 빨간색 조절점을 터치한 채 안쪽으로 드래그하면서 크기를 줄입니다. 15초 위치에서 아래와 같이 스테이지 밖에 놓인 UFO 크기가 확연하게 줄어들도록 조정하면 됩니다. ② [연출 모드] 아이콘을 터치하여 연출 모드를 마칩니다.

3개의 효과음 추가하기

영화의 극적 효과를 높이기 위해 UFO가 등장할 때, 빛이 내려오고 사라질 때, UFO가 떠날 때에 맞춰 효과음을 배치합니다.

01 ❶ 툴바에서 [+] 아이콘을 터치한 후 ❷ [트랙]을 선택하여 빈 트랙을 추가하고, 추가한 빈 트랙을 길게 터치한 채 타임라인에서 가장 아래로 드래그해서 옮깁니다.

02 ❶ 재생 헤드를 빈 트랙으로 옮깁니다. ❷ 툴바에서 [+] 아이콘을 터치한 후 [파일]을 선택하여 ❸ [실습9] 폴더에서 [UFO in] 오디오 파일을 선택하고 ❹ [열기]를 터치하여 가져옵니다.

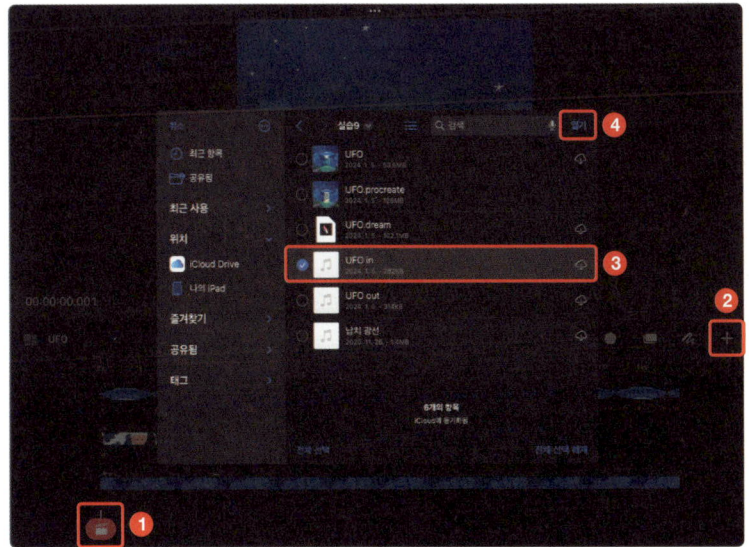

03 ❶ 영화를 재생해서 효과음을 들어 보고, ❷ UFO가 등장하는 장면에 맞게 효과음 콘텐츠의 위치를 조정합니다. 효과음 콘텐츠를 길게 터치한 채 좌우로 움직여서 위치를 조정하면 됩니다.

04 ❶ 툴바에서 [+] 아이콘을 터치한 후 ❷ [트랙]을 선택하여 새로운 트랙을 추가하고, ❸ 다시 [+] 아이콘을 터치한 후 ❹ [파일]을 선택합니다.

> **TIP** 효과음 콘텐츠의 길이가 짧다면 하나의 트랙에 여러 개의 효과음을 배치해서 사용할 수도 있습니다. 하지만, 여기서는 UFO가 등장하는 효과음과 빛이 나타나는 효과음의 일부가 겹쳐서 재생됩니다. 이럴 때는 별도의 트랙에 효과음을 배치해야 합니다.

05 가져오기 창이 열리면 ❶ [실습9] 폴더에서 [납치 광선] 오디오 파일을 찾아 선택한 후 ❷ [열기]를 터치하여 가져옵니다.

06 효과음 콘텐츠가 배치되면 빛이 나타났다 사라지는 동안만 효과음이 재생되도록 위치와 길이를 조정합니다. 여기서는 5초부터 10초 구간에서 효과음이 재생되어야 하므로 ❶ 다음과 같이 5초에서 시작되도록 배치한 후 ❷ 오른쪽 끝에서 터치한 채 왼쪽으로 드래그하여 10초 위치까지 길이를 조정합니다.

07 마지막으로 UFO가 사라지는 효과음을 배치하면 됩니다. ❶ 재생 헤드를 UFO가 등장하는 효과음이 있는 트랙의 10초 정도로 옮긴 후 ❷ 툴바에서 [+] 아이콘을 터치하고 ❸ [파일]을 선택하여 [실습9] 폴더의 [UFO out] 파일을 가져옵니다.

08 마찬가지로 UFO가 사라지기 시작하는 장면부터 효과음이 재생되도록 위치를 조정하고, 적절하게 길이도 조절합니다. 3개의 효과음을 모두 배치하면 타임라인은 다음과 같은 모습이 됩니다.

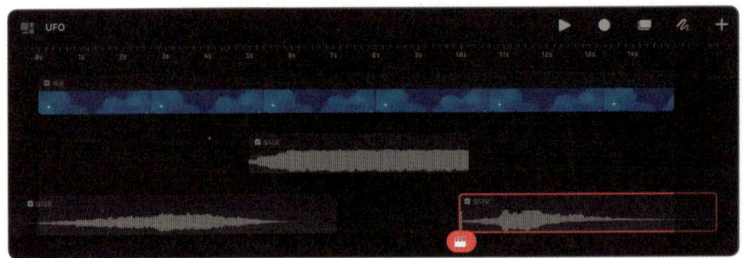

LESSON 07
산타가 선물을 나르는 크리스마스카드

눈이 펑펑 내리는 밤하늘에 눈썰매를 타고 멋지게 날아가는 산타할아버지 모습의 크리스마스카드를 만들어 보겠습니다.

영화 설정
- **크기**: 2K 정사각형
- **초당 프레임 수**: 30FPS
- **재생 시간**: 10초
- **음원 출처**:
  Christmas Village by Aaron Kenny / YouTube Audio Library

▲ 영화 미리 보기

레이어 확인 후 트랙으로 전환하기

초당 프레임 수를 높이면 파일 용량은 커지지만 눈이 내리는 모습이나 썰매가 이동하는 모습 등을 좀 더 자연스럽게 표현할 수 있습니다.

01 ❶ [2K 정사각형, 초당 프레임 30FPS, 10초]로 설정한 후 [공백]을 터치하여 새로운 영화를 시작하고, 영화의 이름을 '크리스마스카드'로 변경합니다. ❷ 툴바에서 [+] 아이콘을 터치한 후 [파일]을 선택하여 ❸ [실습10] 폴더의 [크리스마스카드.procreate]를 선택하고 ❹ [열기]를 터치합니다.

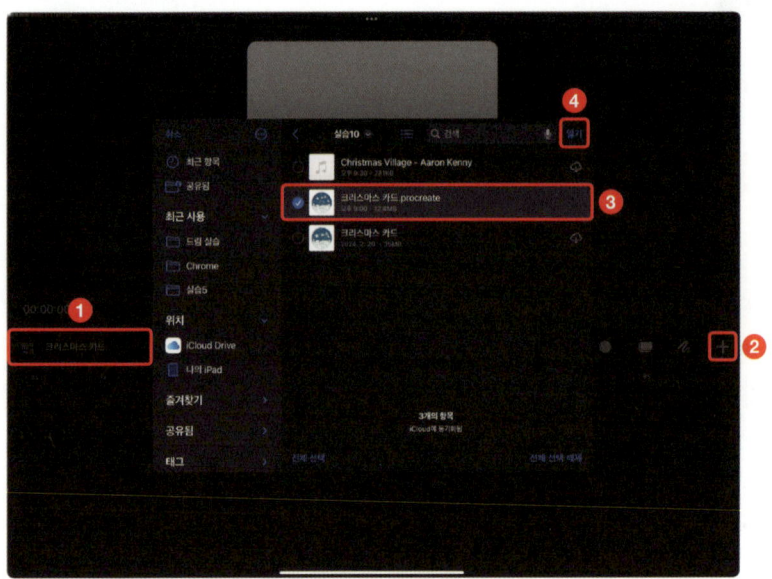

02 ❶ 툴바에서 [그리기 및 페인트] 아이콘을 터치한 후 ❷ 그리기 및 페인트 모드의 툴바에서 [그리기 레이어] 아이콘을 터치합니다. [앞 프레임]부터 [마을 배경]까지 5개의 레이어를 확인한 후 ❸ [완료]를 터치하여 그리기 및 페인트 모드를 마칩니다.

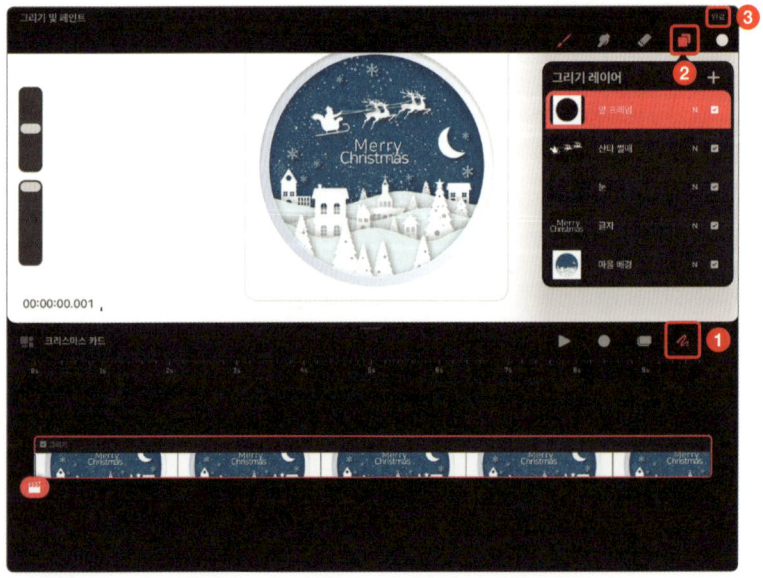

03 ① 그리기 콘텐츠를 길게 터치한 후 ② [레이어를 트랙으로 변환]을 선택합니다. 5개의 레이어가 각각의 트랙에 콘텐츠로 배치되면서 하나의 그룹으로 묶여 있습니다. ③ 그룹의 [>] 아이콘을 터치하여 펼친 후 5개의 콘텐츠를 확인합니다.

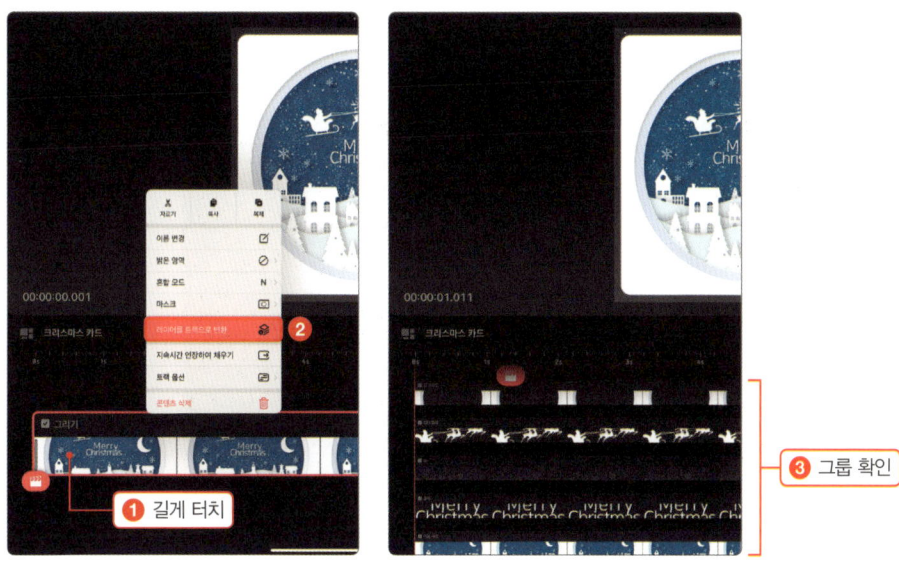

04 그룹으로 묶어서 관리할 만한 콘텐츠가 없으므로 원활한 작업을 위해 그룹을 해제하겠습니다. ① 그룹을 길게 터치한 후 ② [그룹 해제]를 선택합니다.

시작 위치 설정하기

카드 애니메이션을 위해 각각의 콘텐츠가 화면에 나타날 시작 위치를 조정하겠습니다.

01 ❶ 타임라인에서 [산타 썰매] 콘텐츠를 선택한 후 ❷ 스테이지에서 산타 썰매를 스테이지 왼쪽 밖으로 옮깁니다.

02 위와 같은 방법으로 ❶ [눈] 콘텐츠를 선택한 후 ❷ 크기를 키워 그림과 같이 배치하고 ❸ Merry Christmas가 입력된 [글자] 콘텐츠를 선택한 후 ❹ 스테이지 위쪽 밖으로 옮깁니다.

03
끝으로 ❶ [마을 배경] 콘텐츠를 선택하고 ❷ 스테이지에서 마을 배경에 있는 임의의 빨간색 조절점을 한 번 터치합니다. 해당 위치에 [회전] 핸들이 표시되면 터치한 채 시계 반대 방향으로 30~40도 회전합니다.

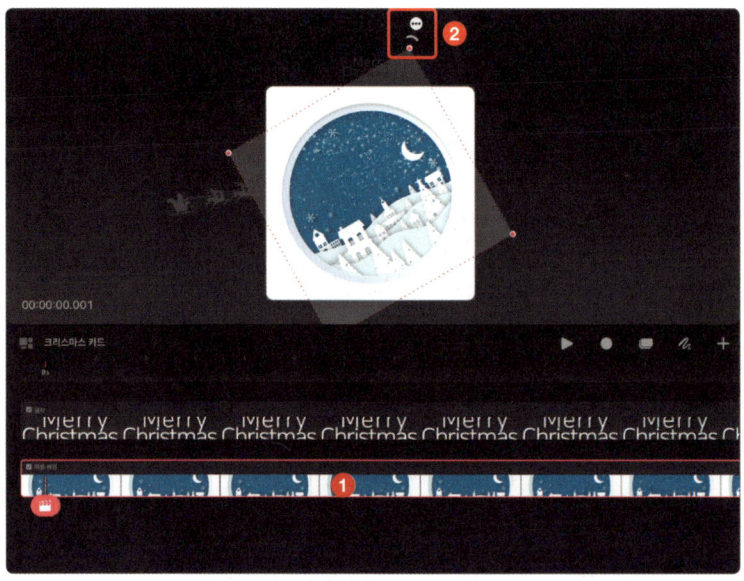

TIP 이미지를 회전할 때 중앙이 고정되지 않고 다른 위치를 기준으로 회전된다면 앵커(+)의 위치가 변경되었을 가능성이 높습니다. 스테이지에서 해당 이미지의 오른쪽 위에 표시된 […] 아이콘을 터치한 후 [앵커 편집]을 선택하면 앵커의 위치를 변경할 수 있습니다.

키프레임 설정으로 콘텐츠 움직임 연출하기

마을 배경과 눈, 글자의 움직임은 직접 키프레임을 추가하는 방법으로, 산타의 움직임은 연출 모드를 이용해서 표현해 보겠습니다.

01 우선 ① 재생 헤드를 [마을 배경] 콘텐츠에서 1초 위치로 옮긴 후 재생 헤드를 터치합니다. ② 팝업 메뉴에서 [이동]-[이동 및 비율]을 선택하면 ③ 재생 헤드가 있던 1초 위치와 함께 해당 콘텐츠의 맨 앞에도 자동으로 키프레임이 추가됩니다.

> **TIP** 맨 앞에 자동으로 키프레임이 추가되는 설정을 해제할 수도 있습니다. 타임라인에서 영화 제목을 터치한 후 환경설정 화면이 열리면 [타임라인] 버튼을 누르고 [시작 부분에 키프레임 추가] 옵션을 비활성화하면 됩니다.

02 ❶ 1초에 위치한 키프레임을 터치한 후 ❷ 팝업 창에서 [회전]을 [0]으로 변경합니다. 영화를 재생해 보면 기울어져 있던 배경이 점점 회전하여 1초부터는 0도로 바뀝니다.

03 다음으로 10초간 눈이 내리도록 설정하기 위해 ❶ 재생 헤드를 [눈] 콘텐츠에서 10초 위치로 옮긴 후 재생 헤드를 터치합니다. ❷ 팝업 메뉴에서 [이동] - [이동 및 비율]을 선택합니다.

LESSON 07 산타가 선물을 나르는 크리스마스카드

04 재생 헤드가 있던 10초 위치와 함께 해당 콘텐츠의 맨 앞에 자동으로 키프레임이 추가됩니다.

05 ❶ 10초 위치에 있는 키프레임을 선택된 상태로 ❷ 스테이지에서 다음과 같이 눈 콘텐츠를 아래쪽으로 옮깁니다. 콘텐츠를 옮기는 중에 나머지 한 손가락으로 임의의 영역을 터치하고 있으면 수직으로 옮길 수 있습니다.

06 영화를 재생해 보면 눈이 내리는 속도가 일정하지 않은 것을 확인할 수 있습니다. 눈의 속도를 일정하게 유지하기 위해 ❶ 키프레임 트랙을 길게 터치한 후 ❷ [모든 이징 설정]-[선형]을 선택합니다. 이제 눈이 일정한 속도로 움직여서 훨씬 자연스럽게 보입니다.

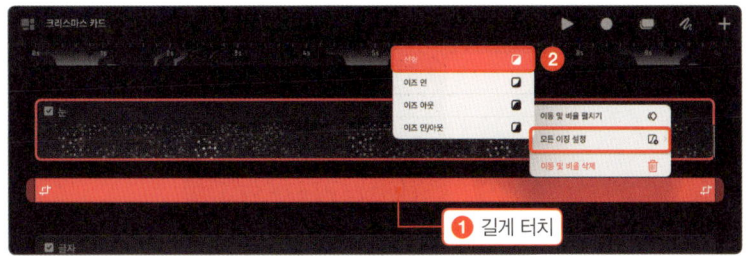

TIP 이징 설정은 움직임의 속도에 대한 옵션으로 자세한 설명은 69쪽을 참고하세요.

07 계속해서 연출 모드를 이용하여 썰매의 움직임을 표현해 보겠습니다. ❶ 재생 헤드를 [싼타 썰매] 콘텐츠의 0초 위치로 옮긴 후 ❷ 툴바에서 [**연출 모드**] 아이콘을 터치합니다.

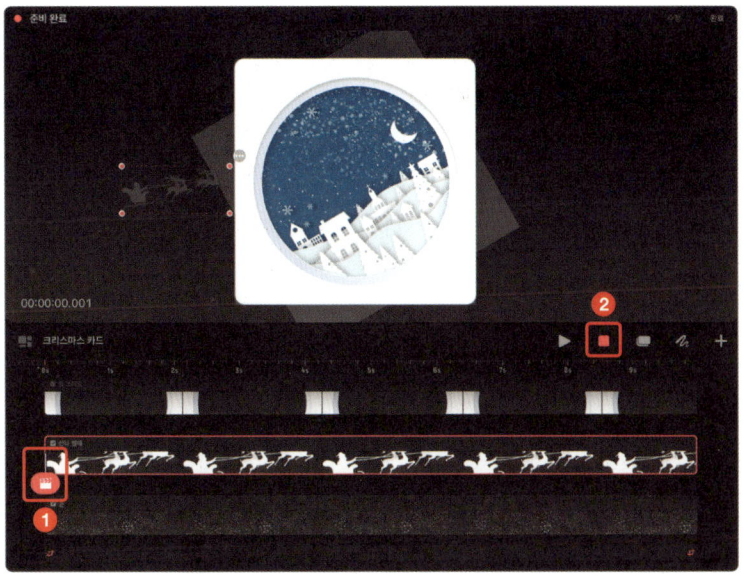

08 ① 10초 동안 썰매가 왼쪽 중간에서 오른쪽 위로 움직이도록 스테이지에서 자연스럽게 드래그해서 옮깁니다. 영화를 재생해 본 후 썰매의 움직임이 마음에 들지 않으면 재생 헤드를 0초로 옮긴 후 다시 설정하고, 이상이 없다면 ② [완료]를 터치해 연출 모드를 종료합니다.

09 끝으로 Merry Christmas의 움직임을 표현합니다. ① 재생 헤드를 [글자] 콘텐츠의 8초 위치로 옮기고 재생 헤드를 터치한 후 ② 팝업 창에서 [이동] - [이동 및 비율]을 선택하여 키프레임을 추가합니다.

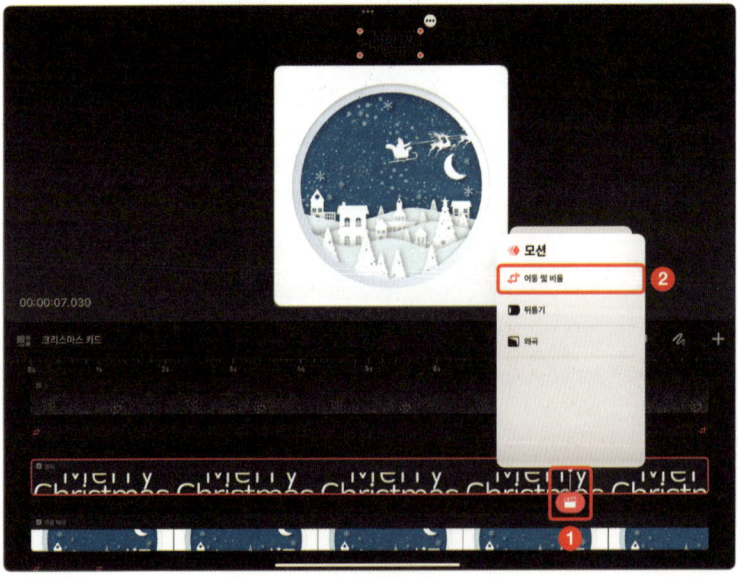

10 8초 위치와 함께 0초 위치에도 키프레임이 추가되었습니다. ❶ 8초 위치에 있는 키프레임이 선택된 상태로 ❷ 스테이지에서 글자의 위치를 중앙으로 옮깁니다.

11 ❶ 키프레임 헤드를 9초 위치로 옮긴 후 ❷ 글자의 크기를 크게 조정합니다. 설정이 변경되므로 자동으로 키프레임이 추가됩니다. 이제 9초에서 10초 구간에서 글자가 점점 커집니다.

배경 음악 추가하기

애니메이션 작업이 모두 완료되었습니다. 결과를 재생해 보면서 마음에 들지 않는 부분이 있다면 조금씩 수정해 보세요. 마지막으로 배경 음악을 추가하여 영화를 완성합니다.

01 ❶ 툴바에서 [+] 아이콘을 터치한 후 ❷ [트랙]을 선택하여 새로운 트랙을 추가합니다.

02 ❶ 새로운 트랙을 길게 터치한 채 타임라인에서 제일 아래로 드래그해서 옮깁니다.
❷ 재생 헤드를 새로운 트랙의 0초 위치로 옮깁니다. ❸ 툴바에서 [+] 아이콘을 터치한 후
❹ [파일]을 선택하여 [실습10] 폴더의 [Christmas Village-Aaron Kenny] 오디오 파일을 가져옵니다.

TIP 음원 파일의 출처는 YouTube Audio Library입니다.

03 오디오 콘텐츠까지 추가했으면 마지막으로 영화를 재생해서 최종 결과를 확인합니다.

LESSON 07 산타가 선물을 나르는 크리스마스카드

LESSON 08
공이 통통 튕기는 탁구 라켓

이번에 만들어 볼 탁구 라켓은 움직임이 비교적 간단합니다. 그러나 효과음과 싱크를 맞추고 그룹으로 묶어 반복적으로 재생하는 방법을 익히는 데 도움이 됩니다. 또한 혼합 모드와 클리핑 마스크의 개념도 배워 보겠습니다.

▲ 영화 미리 보기

영화 설정
- 크기: 2K 정사각형
- 초당 프레임 수: 30FPS
- 재생 시간: 10초

레이어 확인 후 트랙으로 전환하기

01 ❶ [2K 정사각형, 초당 프레임 30FPS, 10초]로 설정한 후 [공백]을 터치하여 새로운 영화를 시작하고, 이름을 '탁구 라켓'으로 변경합니다. ❷ 툴바에서 [+] 아이콘을 터치한 후 [파일]을 선택하여 ❸ [실습11] 폴더의 [탁구 라켓.procreate]를 선택하고 ❹ [열기]를 터치합니다.

02 ❶ 툴바에서 [그리기 및 페인트] 아이콘을 터치한 후 ❷ 그리기 및 페인트 모드의 툴바에서 [그리기 레이어] 아이콘을 터치합니다. [공]부터 [배경]까지 4개의 레이어를 확인합니다.

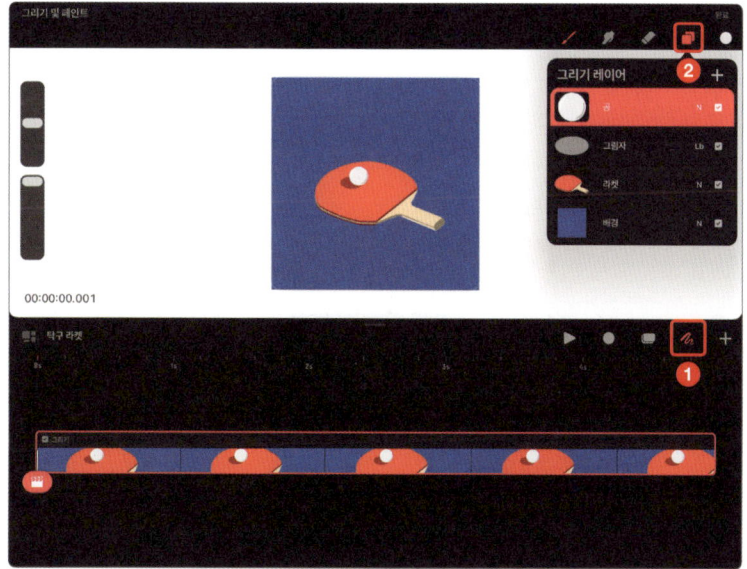

03 레이어 목록을 자세히 보면 다른 레이어에는 [N]이 표시되어 있지만, [그림자] 레이어에는 [Lb]가 표시되어 있습니다. 이것은 '선형 번(Linear burn)' 혼합 모드를 의미하는 표시입니다. ❶ [그림자] 레이어의 [Lb]를 터치하여 혼합 모드 목록을 확인해 보고, ❷ [완료]를 터치해 그리기 및 페인트 모드를 마칩니다.

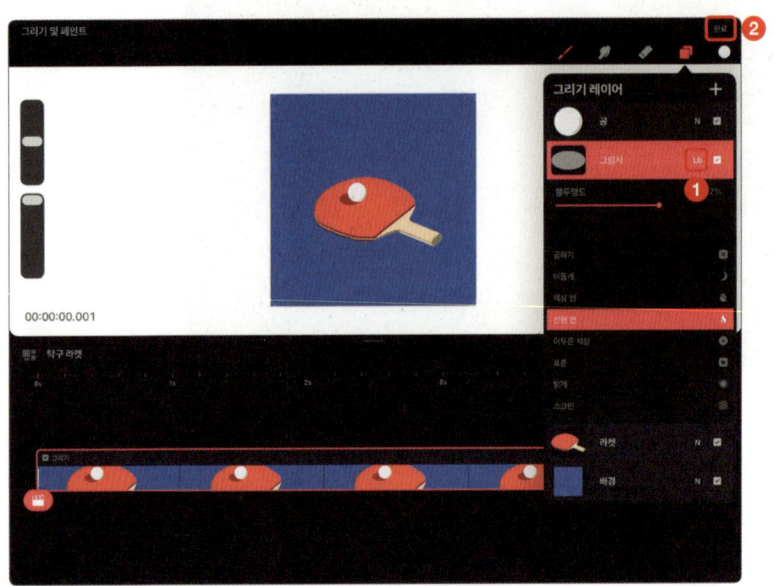

> **TIP 혼합 모드 알고 가기**
>
> 프로크리에이트 드림의 그리기 및 페인트 모드에서는 레이어 혼합 모드를 지원합니다. 혼합 모드는 두 개의 레이어를 수학적 방식으로 섞어서 보여 주는 기능으로 여러 혼합 모드 중 하나씩 선택해서 결과를 확인한 후 가장 적절한 것을 고르면 됩니다.
>
> 기본값으로 적용되어 있는 [N], 표준 모드는 혼합하지 않고 레이어 배치 순서에 따라 겹쳐서 보이는 방식이며, 실습에서 사용된 [Lb](Linear Burn), 선형 번 모드는 어두운 부분은 그대로 두고, 이미지의 밝은 부분을 감소시키는 혼합 모드입니다.
>
>
>
> ▲ 표준 혼합 모드   ▲ 선형 번 혼합 모드
>
> 위와 같이 혼합 모드가 표준일 때는 그림자의 색상이 회색으로 보이지만 선형 번일 때는 그림자의 색상만큼 아래쪽의 라켓 색상이 어두워집니다. 즉, 선형 번 혼합 모드는 자연스럽게 어두운 부분을 표현할 때 효과적입니다.

04 ❶ 그리기 콘텐츠를 길게 터치한 후 ❷ [레이어를 트랙으로 변환]을 선택합니다. 4개의 레이어가 각각이 콘텐츠로 트랙으로 바뀌면서 하나의 그룹으로 묶입니다. ❸ 그룹의 [>] 아이콘을 터치하여 펼친 후 4개의 콘텐츠를 확인합니다.

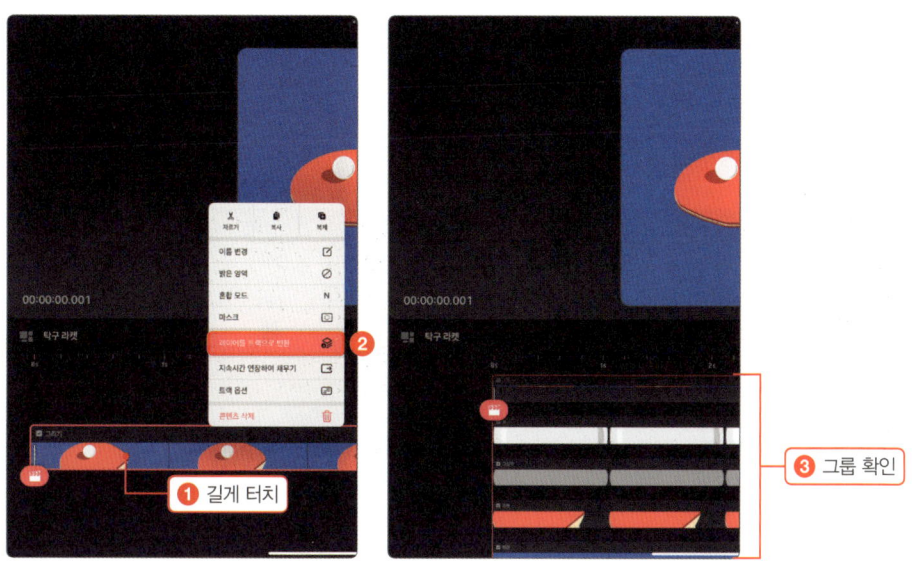

05 원활한 작업을 위해 그룹을 해제하겠습니다. ❶ 그룹을 길게 터치한 후 ❷ [그룹 해제]를 선택합니다.

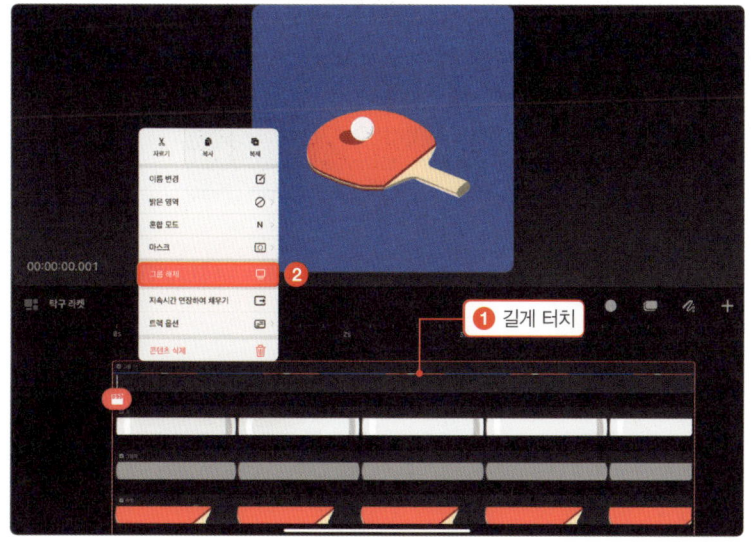

LESSON 08 공이 통통 튕기는 탁구 라켓 199

타임라인 확대하기

이번 영화는 프레임 단위로 애니메이션을 연출합니다. 그러므로 키프레임 등의 애니메이션 작업 전에 타임라인을 프레임 단위로 확인할 수 있게 최대로 확대하는 것이 좋습니다.

01 타임라인에서 프레임 단위로 확인하기 위해 임의의 위치를 빠르게 두 번씩 여러 번 터치하여 타임라인을 최대치로 확대합니다. 타임라인을 최대로 확대하면 다음과 같이 '0s frame 1'과 같이 초와 프레임이 함께 표시됩니다.

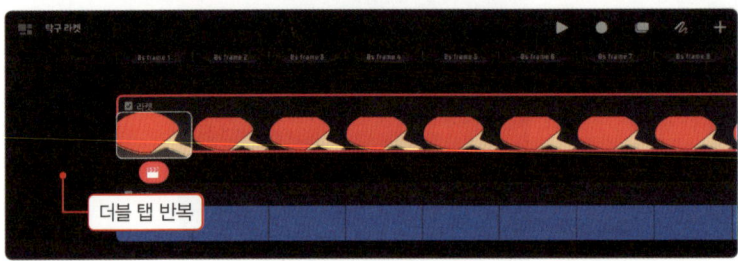

02 계속해서 타임라인에 세 손가락을 올린 후 살짝 아래쪽으로 쓸어내려서 타임라인을 살짝 축소합니다. 타임라인을 확대하니 콘텐츠가 0초보다 앞에 배치된 것처럼 보이지만, 섬네일 표시 방식에 따른 차이일 뿐입니다.

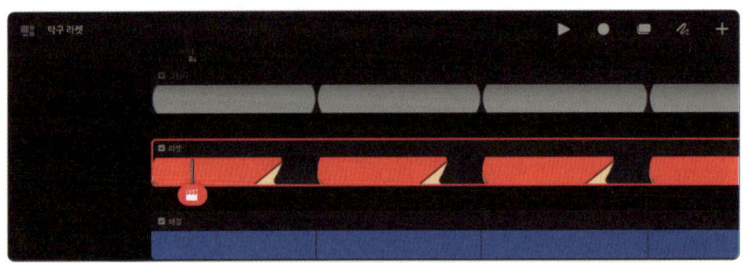

> **TIP** 타임라인을 최대로 확대하면 플립북 모드처럼 프레임 단위로 작업해야 하므로, 최대 확대 상태에서 한 단계 정도 축소하였습니다.

라켓 움직임 표현하기

타임라인을 작업이 용이하도록 확대했으니 이제 프레임 단위로 키프레임을 추가하면서 라켓의 움직임을 표현합니다. 여기서는 1프레임과 10프레임, 그리고 20프레임 위치에서 순서대로 회전값을 30도, 0도, 30도로 변경합니다. 이렇게 설정하면 20프레임 동안 라켓이 한 번 움직이고 원래의 자리로 돌아갑니다.

01 ① 재생 헤드를 [라켓] 콘텐츠의 첫 프레임(0s)으로 옮기고 ② 스테이지에서 라켓 오른쪽 위에 있는 […] 아이콘을 터치한 후 ③ [앵커 편집]을 선택합니다.

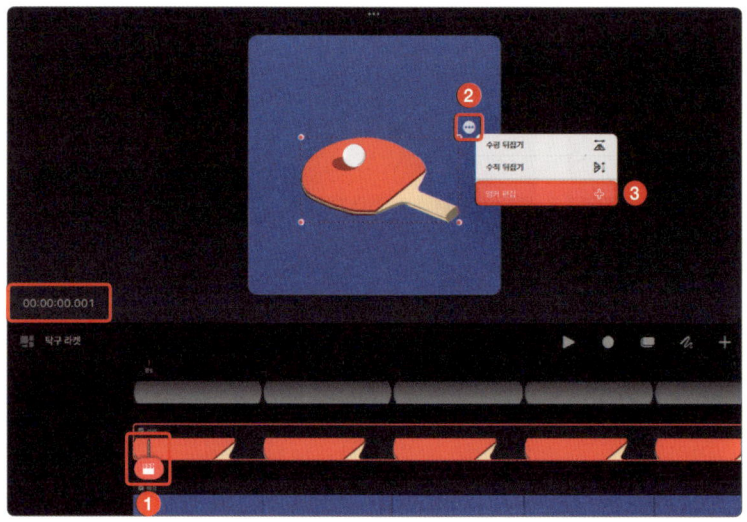

02 ① 앵커 위치를 라켓의 손잡이 중앙으로 옮긴 후 ② [완료]를 터치하여 앵커 편집을 마칩니다.

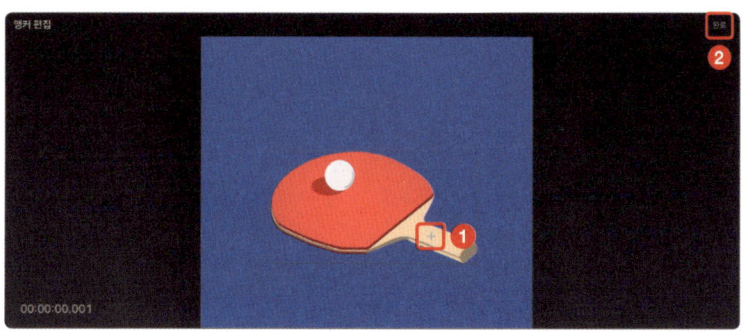

03 ① 1프레임 위치에 있는 재생 헤드를 터치한 후 ② [이동]-[이동 및 비율]을 선택해서 키프레임을 추가합니다. ③ 키프레임이 선택된 상태로 스테이지에서 라켓 왼쪽 위에 있는 조절점을 터치하고 회전 핸들이 표시되면 회전 핸들을 터치한 채 그림과 같이 아래쪽으로 30도 정도 회전합니다.

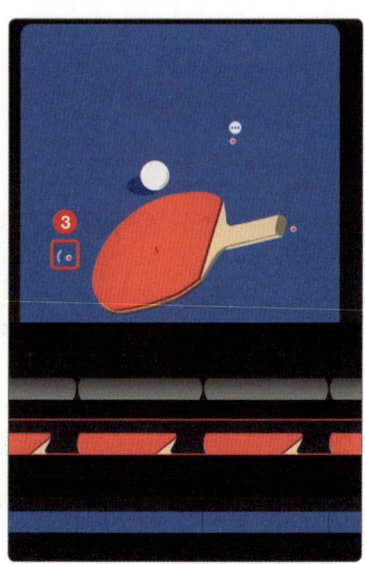

04 ① 키프레임 헤드를 10프레임(00:00:00.010) 위치로 옮긴 후 키프레임 헤드를 터치해서 키프레임을 추가합니다. ② 잠시 후 다시 한번 터치하여 팝업 창을 열고, [회전]을 [0]으로 변경하여 라켓을 처음 상태로 되돌립니다.

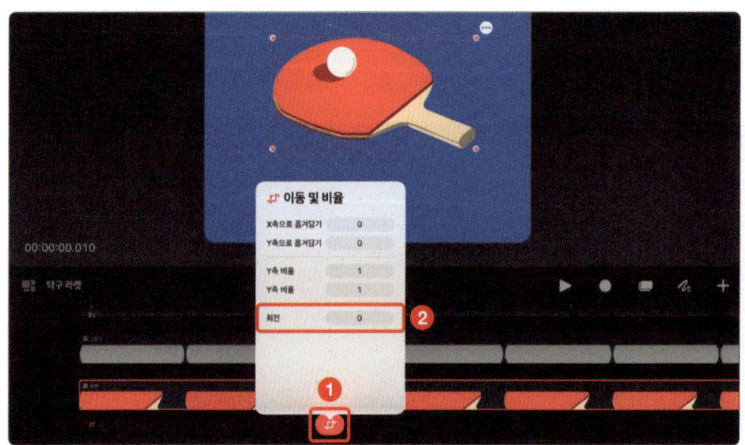

05 이번에는 ❶ 키프레임 헤드를 20프레임 위치로 옮긴 후 키프레임 헤드를 터치하여 키프레임을 추가하고, ❷ 다시 한번 터치하여 팝업 창에서 [회전]을 [30]으로 변경합니다.

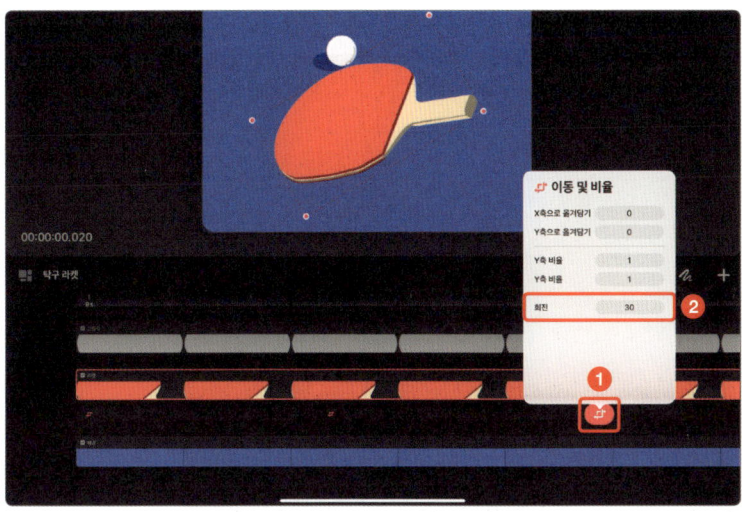

탁구공 움직임 연출하기

라켓의 움직임에 맞춰 라켓에 튕기는 공의 움직임을 표현해 보겠습니다.

01 ❶ 재생 헤드를 [공] 콘텐츠에서 10프레임 위치로 옮기고 재생 헤드를 터치한 후 ❷ [이동] - [이동 및 비율]을 선택하여 키프레임을 추가합니다. 1프레임에도 자동으로 키프레임이 추가됩니다.

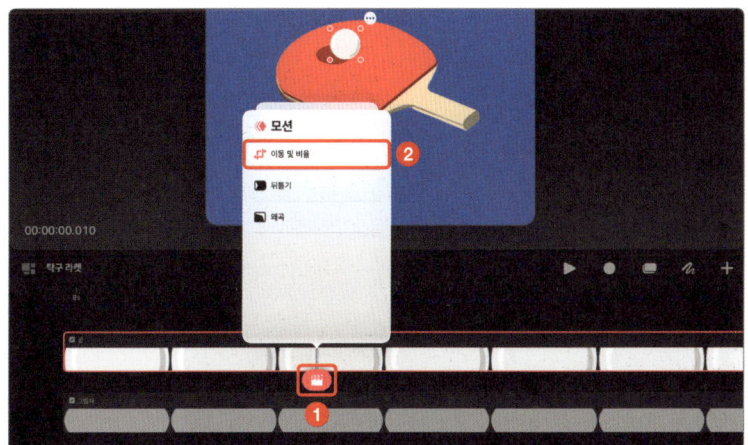

02 [공] 콘텐츠의 키프레임 트랙에서 ① 1프레임 위치에 있는 키프레임을 터치해서 선택한 후 ② 스테이지에서 공을 위쪽으로 옮깁니다. 공을 터치한 채 위로 드래그하면서 다른 손가락으로 임의의 위치를 터치하고 있으면 수직으로 옮길 수 있습니다.

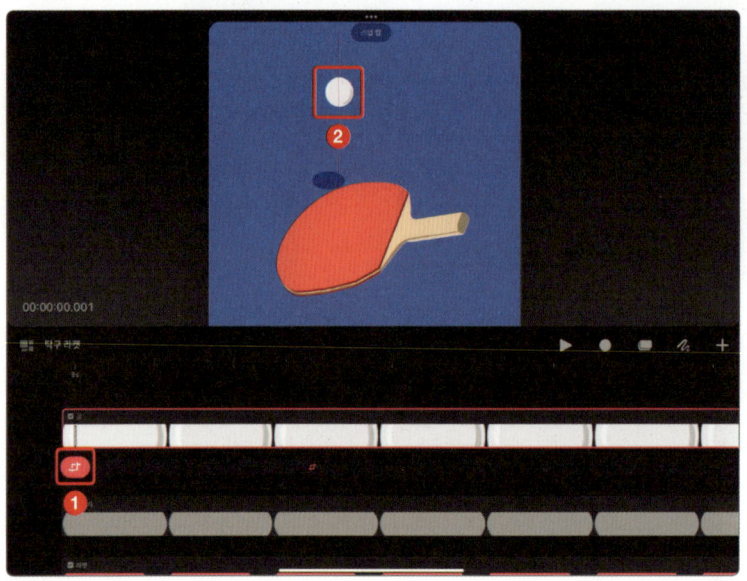

03 ① 1프레임 위치에 있는 키프레임을 터치한 후 ② 팝업 창에서 [Y축으로 옮겨담기] 설정값을 확인합니다. 스테이지에서 임의로 위치를 조정했다면 여기서 정확한 값을 설정할 수 있습니다. 실습에서는 [600]으로 설정했습니다.

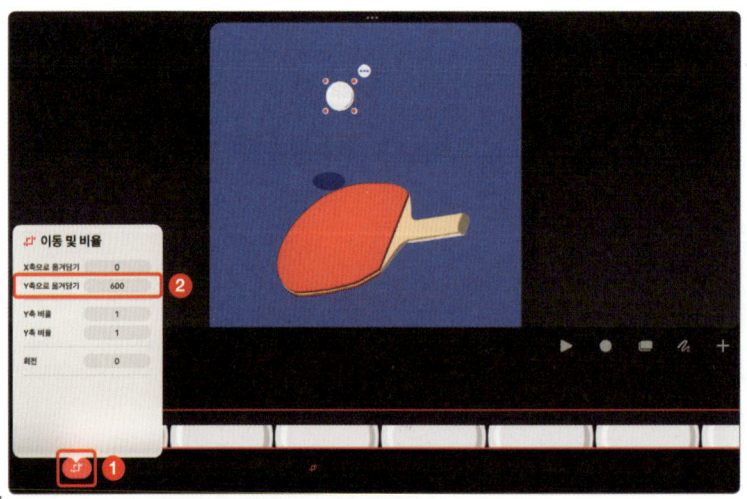

04 이번에는 ❶ 10프레임 위치에 있는 키프레임을 터치해서 [Y축으로 옮겨담기] 설정값이 [0]인 것을 확합니다. ❷ 키프레임 헤드를 20프레임 위치로 옮긴 후 터치해서 키프레임을 추가합니다. 그런 다음 ❸ [Y축으로 옮겨담기] 설정값을 [600]으로 변경합니다.

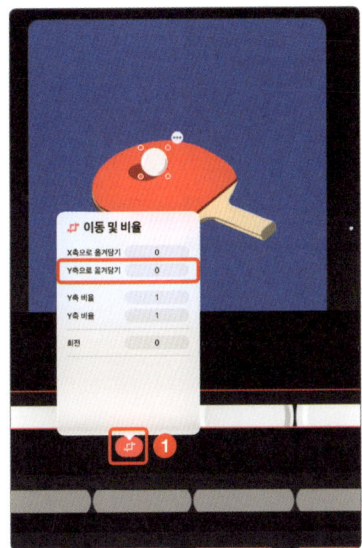 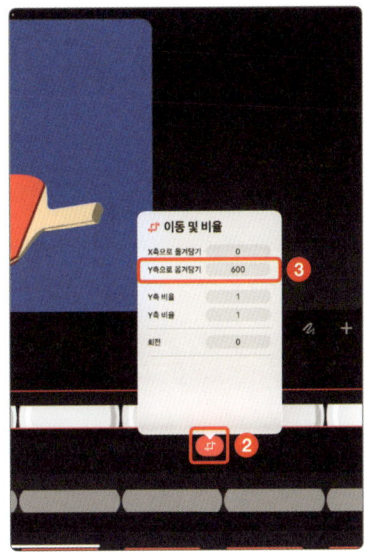

이징 설정 변경

영화를 재생해 봅니다. 20프레임 동안 라켓이 한 번 움직일 때 탁구공은 600픽셀을 튕겨 올라가는 애니메이션이 완성되었습니다. 다만 공과 라켓의 움직임이 살짝 어색하게 느껴집니다. 일정한 속도로 움직이도록 이징 설정을 변경해 보겠습니다.

01 ❶ [공] 콘텐츠의 키프레임 트랙을 길게 터치한 후 ❷ [모든 이징 설정]-[선형]을 선택합니다.

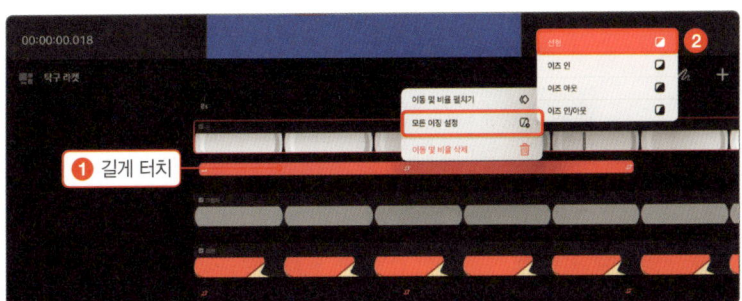

02 계속해서 ① [라켓] 콘텐츠의 키프레임 트랙을 길게 터치한 후 ② [모든 이징 설정]-[선형]을 선택합니다. 다시 영화를 재생해 보면 동일한 속도로 움직여서 좀 더 자연스럽게 느껴집니다.

클리핑 마스크 적용 및 추가 효과 적용하기

[그림자] 콘텐츠는 탁구공과 라켓의 접점을 보여 주므로 라켓 위에서만 표현되는 것이 좋겠지요? 라켓이 움직이는 동안 그림자가 파란 배경에서는 보이지 않도록 클리핑 마스크 기능을 적용해 보겠습니다. 이어서 라켓으로 공을 칠 때의 시각적 효과를 추가해 보겠습니다.

01 ① [그림자] 콘텐츠를 길게 터치한 후 ② [마스크]-[클리핑 마스크]를 선택하면 ③ [그림자] 콘텐츠와 바로 아래에 있는 [라켓] 콘텐츠 사이에 빨간색 점선이 표시됩니다.

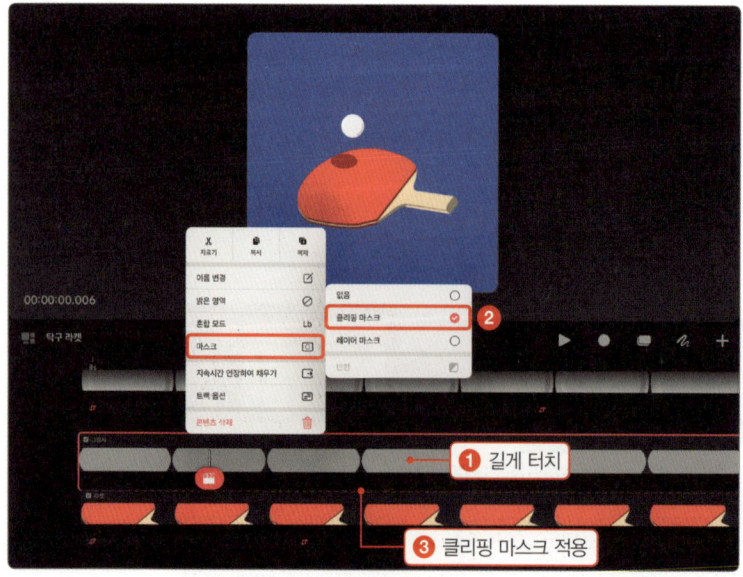

TIP 클리핑 마스크 설정 전후 비교

클리핑 마스크를 적용하면 바로 아래에 있는 콘텐츠와 겹치는 부분만 화면에 표시됩니다. 아래와 같이 클리핑 마스크 적용 전후 그림자의 모습을 비교해 보세요.

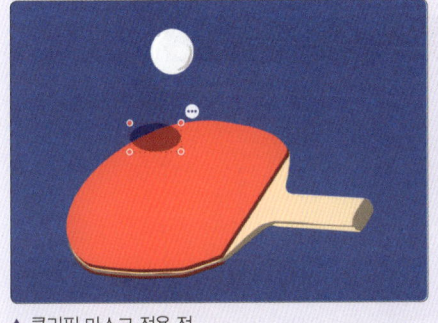
▲ 클리핑 마스크 적용 전

▲ 클리핑 마스크 적용 후

02 이제 공을 칠 때 효과를 추가하기 위해 ❶ 타임라인에서 맨 위에 있는 [공] 콘텐츠를 선택합니다. ❷ 툴바에서 [+] 아이콘을 터치한 후 ❸ [트랙]을 선택하여 [공] 콘텐츠 위로 새로운 트랙을 추가합니다.

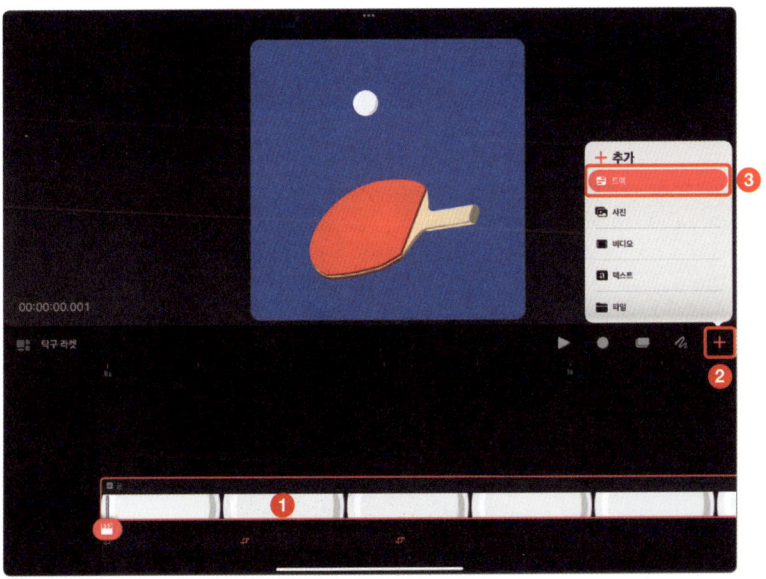

TIP 새로운 트랙을 추가하면 현재 선택한 콘텐츠 바로 위로 새로운 트랙이 추가됩니다.

03 ❶ 재생 헤드를 새로운 트랙에서 10프레임 위치로 옮깁니다. ❷ 툴바에서 [그리기 및 페인트] 아이콘을 터치해 그리기 및 페인트 모드를 시작한 후 ❸ 스테이지와 타임라인 사이에 있는 회색 바를 아래로 내려서 플립북 모드를 시작합니다.

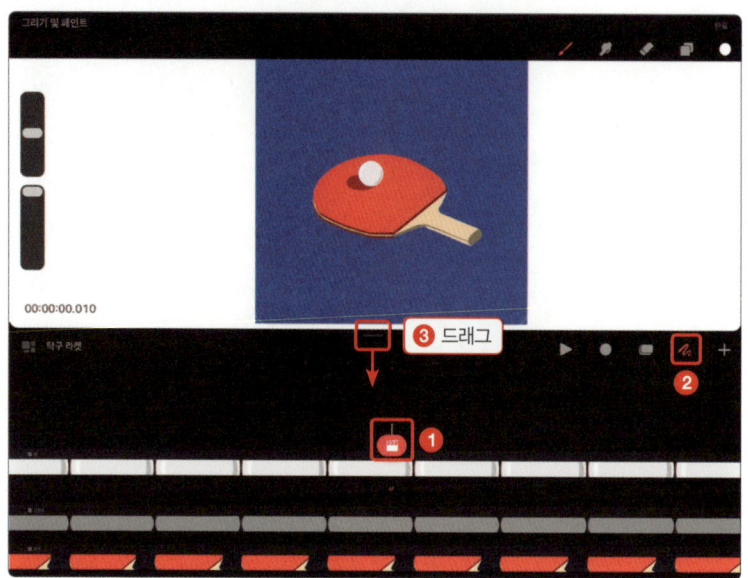

04 플립북 모드가 실행되면 ❶ [브러시] 아이콘을 터치한 후 ❷ [서예] - [모노라인]을 선택합니다. 물론 여러분이 좋아하는 브러시를 선택해도 좋습니다.

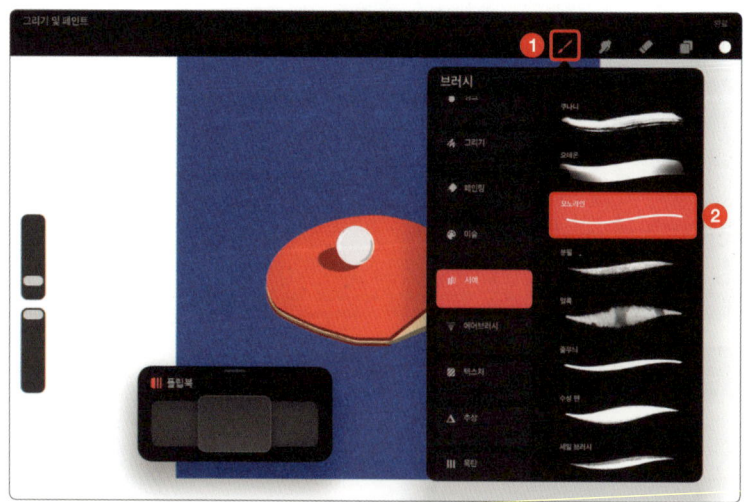

05 ❶ 스테이지에서 탁구공 주변으로 흰색 직선을 그립니다. 전체적으로 방사형이 되도록 그리면, 라켓으로 공을 치는 순간의 느낌을 표현할 수 있습니다. ❷ 10프레임 위치에서 단 한 프레임으로만 표현하고 [완료]를 터치합니다.

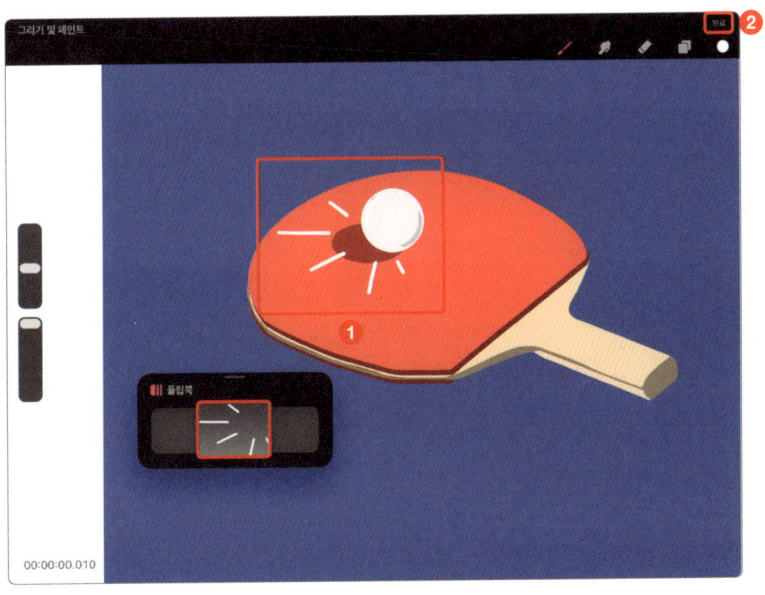

06 플립북 모드와 그리기 및 페인트 모드가 종료되고, ❶ 타임라인을 보면 10프레임 위치에 한 프레임짜리 그리기 콘텐츠가 추가된 것을 확인할 수 있습니다. 계속해서 효과음까지 추가하기 위해 ❷ [+] 아이콘을 터치한 후 ❸ [트랙]을 선택합니다.

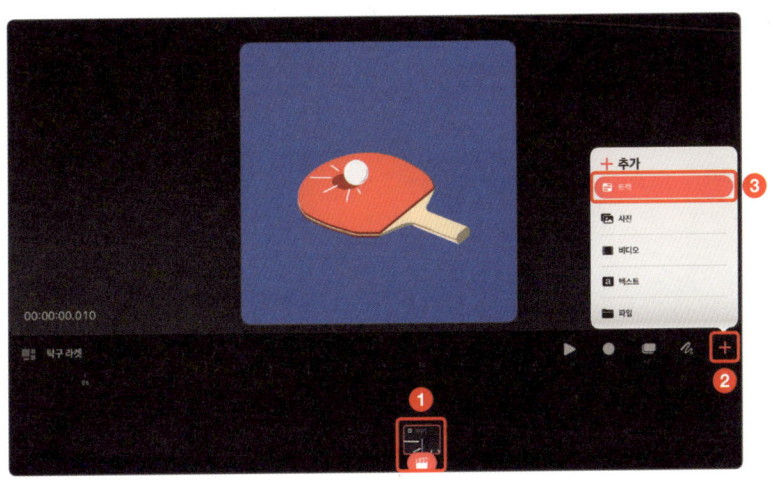

LESSON 08 공이 통통 튕기는 탁구 라켓

07 맨 위로 새로운 트랙이 추가되면 ❶ 재생 헤드를 10프레임 위치로 옮깁니다. ❷ 툴바에서 [+] 아이콘을 터치한 후 ❸ [파일]을 선택하여 [실습11] 폴더의 [탁구공 소리] 효과음을 가져옵니다.

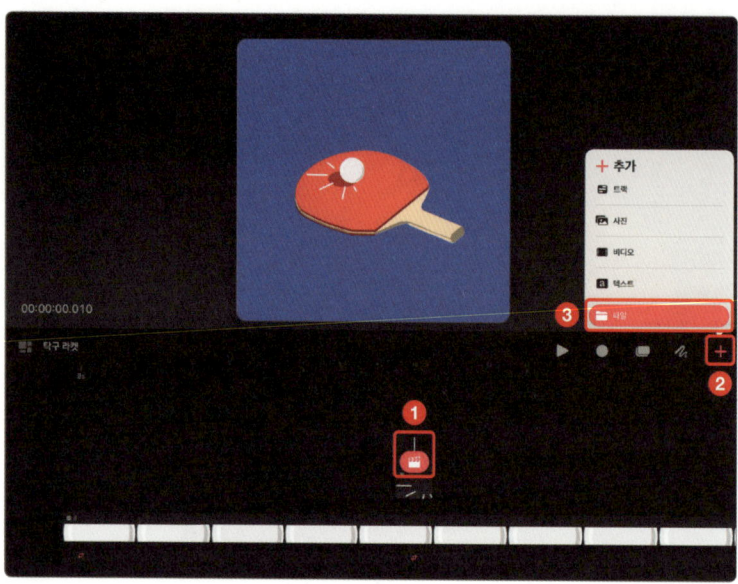

08 오디오 콘텐츠가 배치되면 재생해 본 후 탁구공 효과음이 10프레임 위치부터 재생되도록 콘텐츠의 위치를 조정합니다. 오디오 콘텐츠를 길게 터치하여 좌우로 옮길 수 있습니다.

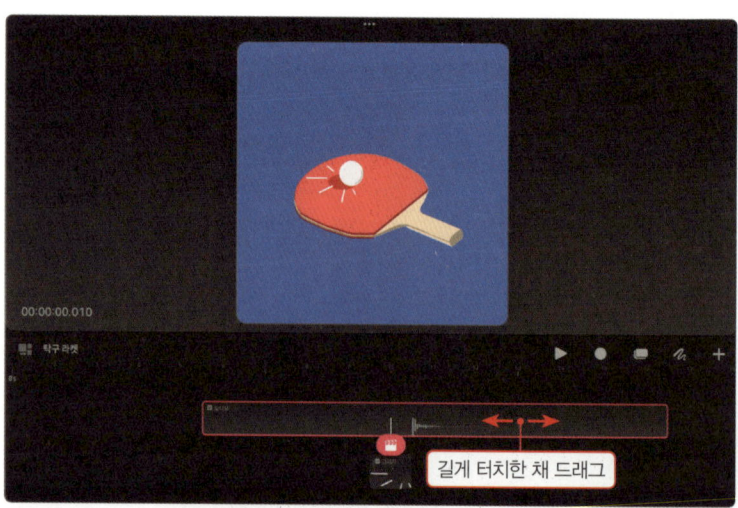

콘텐츠를 복제하여 영화 길이 늘리기

지금까지 잘 따라 왔다면 타임라인에서 두 손가락을 오므리거나 펼쳐서 1프레임부터 20프레임까지만 보이도록 확대/축소한 후 재생해 보세요. 라켓과 공이 한 번 튕기는 애니메이션이 완성되었습니다. 이제 처음부터 20프레임까지를 복제해서 5초짜리 영화를 만들겠습니다.

01 ❶ 툴바에서 [**타임라인 편집**] 아이콘을 터치하여 타임라인 편집 모드를 실행합니다.
❷ [**배경**] 콘텐츠를 제외한 모든 콘텐츠가 포함되도록 타임라인에서 펜슬을 이용해 선택합니다.

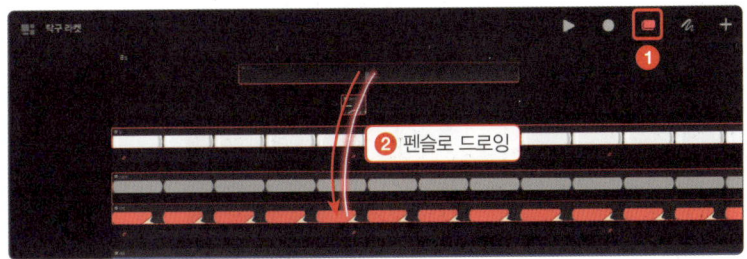

02 ❶ 선택한 콘텐츠 중 하나를 길게 터치한 후 ❷ [**그룹**]을 선택하여 하나의 그룹으로 묶고, ❸ 툴바에서 [**타임라인 편집**] 아이콘을 터치하여 편집 모드를 마칩니다.

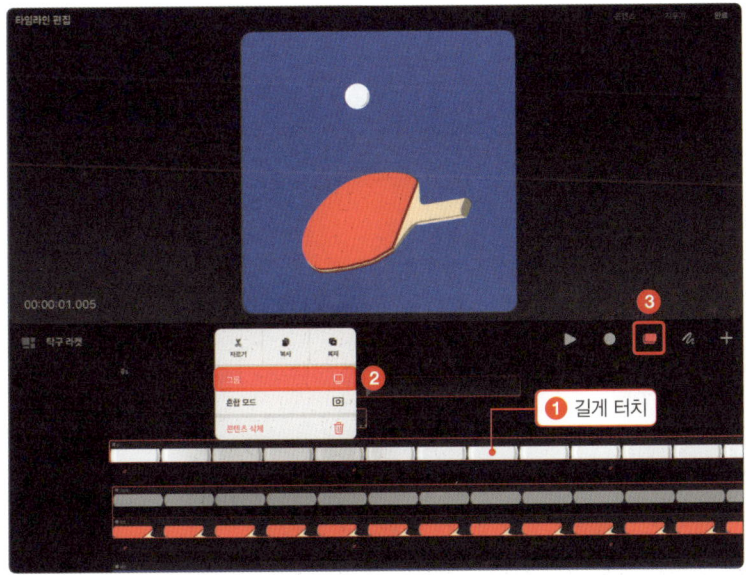

LESSON 08 공이 통통 튕기는 탁구 라켓 211

03 여러 개의 콘텐츠를 하나의 그룹으로 묶었더니 빈 트랙들이 생겼습니다. ❶ 각 빈 트랙을 길게 터치한 후 ❷ [트랙 삭제]를 선택하여 지웁니다.

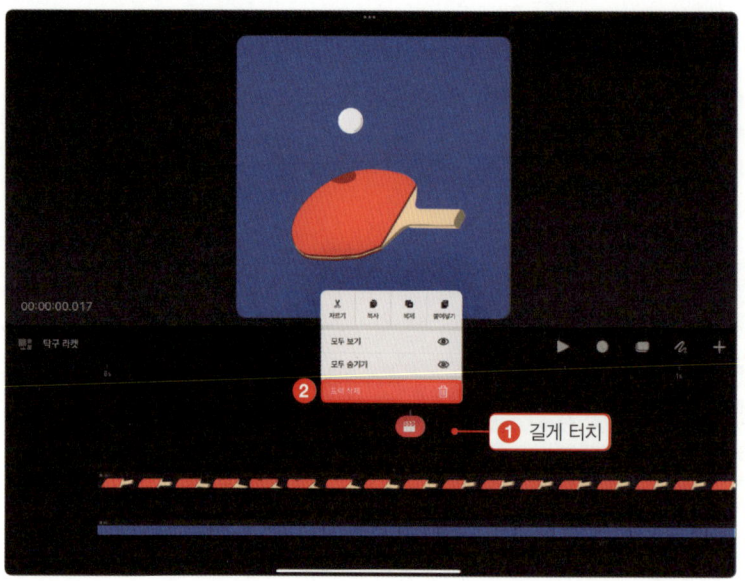

04 그룹으로 묶은 콘텐츠는 20프레임까지만 사용할 것입니다. 그러므로 필요 없는 부분은 잘라서 삭제하면 됩니다. ❶ 재생 헤드를 그룹에서 20프레임 위치로 옮긴 후 재생 헤드를 터치하고 ❷ [편집]-[분할]을 선택합니다.

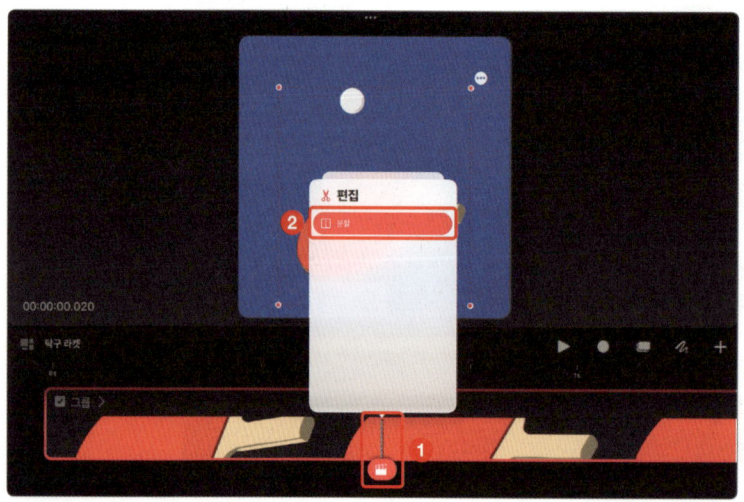

05 그룹이 2개로 분리되면 ❶ 20프레임 뒤쪽의 그룹을 길게 터치한 후 ❷ [콘텐츠 삭제]를 선택해서 지웁니다.

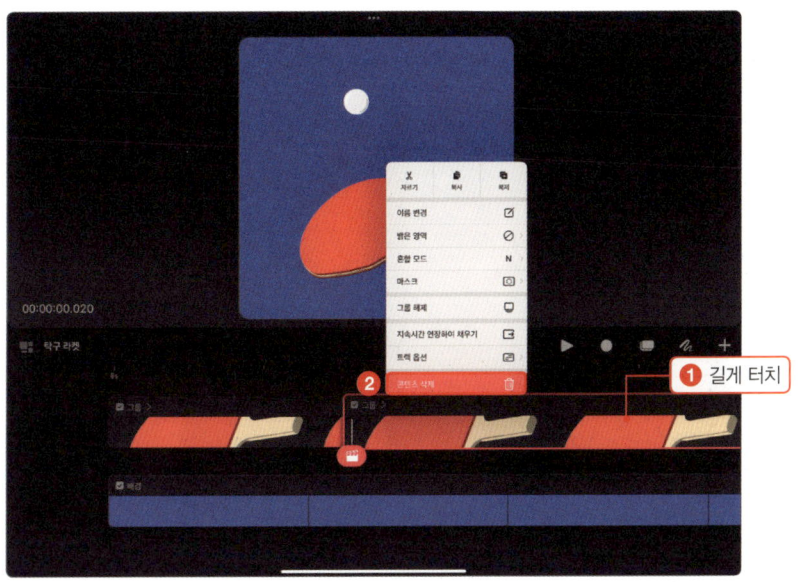

06 ❶ 20프레임 길이만큼만 남은 그룹을 길게 터치한 후 ❷ [복제]를 선택합니다. 현재 그룹 콘텐츠의 오른쪽으로 복제된 그룹 콘텐츠가 추가됩니다.

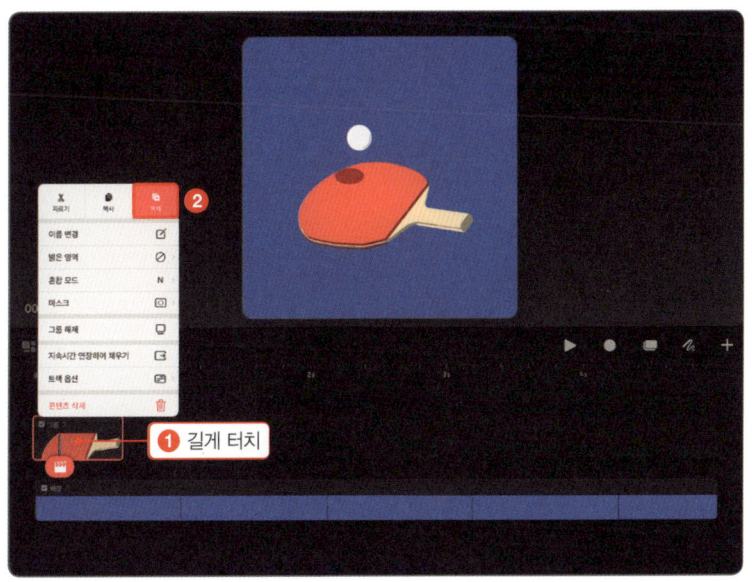

07 그룹 콘텐츠를 길게 터치한 후 [**복제**]를 선택하는 과정을 반복하여 5초까지 채웁니다. 이때는 타임라인을 축소한 후 작업하는 것이 좋습니다. 이제 모든 작업이 끝났습니다. 5초짜리 영화를 재생해서 결과를 확인해 보세요.

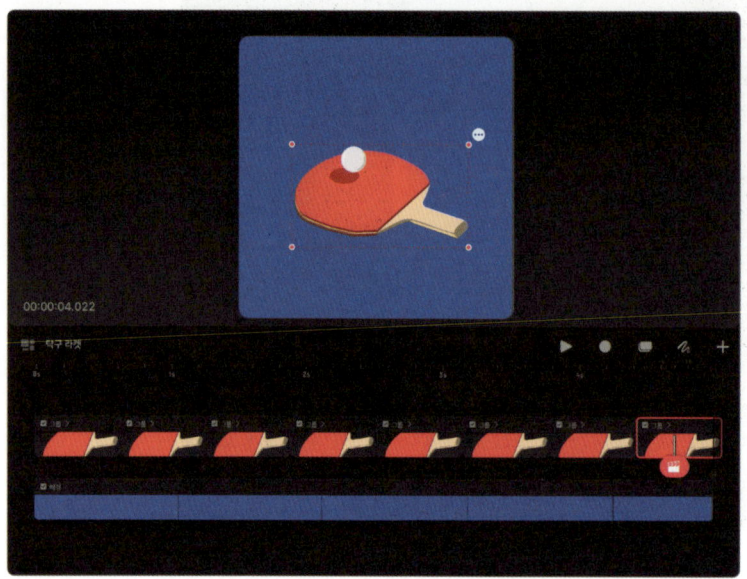

밤바다를 비추는 등대

밤바다를 환하게 밝혀 주는 등대의 불빛과 등대의 불빛에 의지해 바다를 항해하는 어선을 표현해 보겠습니다. 여기에 파도 소리와 뱃고동 소리를 추가하여 영화의 완성도를 높입니다.

영화 설정
- **크기**: 2K 정사각형
- **초당 프레임 수**: 30FPS
- **재생 시간**: 10초

▲ 영화 미리 보기

레이어 확인 후 트랙으로 전환하기

01 ❶ [2K 정사각형, 초당 프레임 30FPS, 10초]로 설정한 후 [공백]을 터치하여 새로운 영화를 시작하고, 이름을 '등대'로 변경합니다. ❷ 툴바에서 [+] 아이콘을 터치한 후 [파일]을 선택하여 ❸ [실습12] 폴더의 [등대.procreate]를 선택하고 ❹ [열기]를 터치합니다.

02 프로크리에이트 파일의 레이어를 확인하기 위해 ❶ 툴바에서 [그리기 및 페인트] 아이콘을 터치한 후 ❷ 그리기 및 페인트 모드의 툴바에서 [그리기 레이어] 아이콘을 터치합니다. [어선], [등대], [배경] 레이어를 확인한 후 ❸ [완료]를 터치합니다.

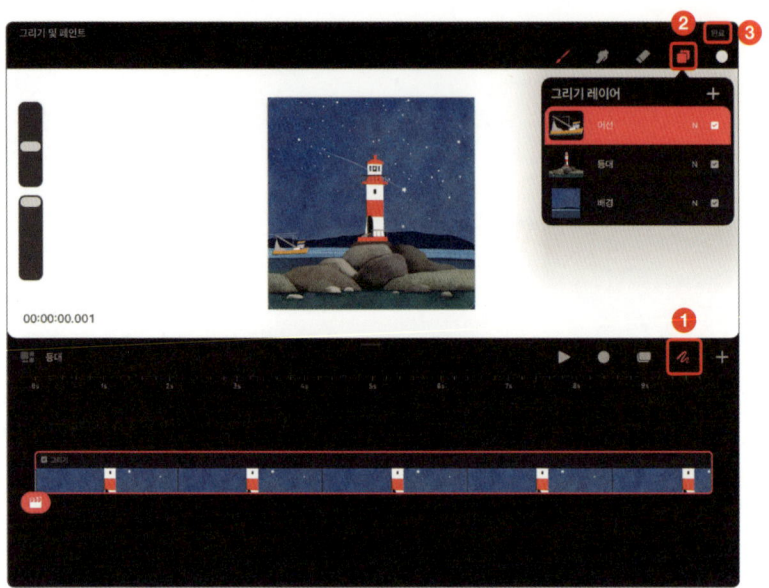

03 레이어를 각각 콘텐츠 트랙으로 변경하기 위해 ❶ 그리기 콘텐츠를 길게 터치한 후 ❷ [레이어를 트랙으로 변환]을 선택합니다.

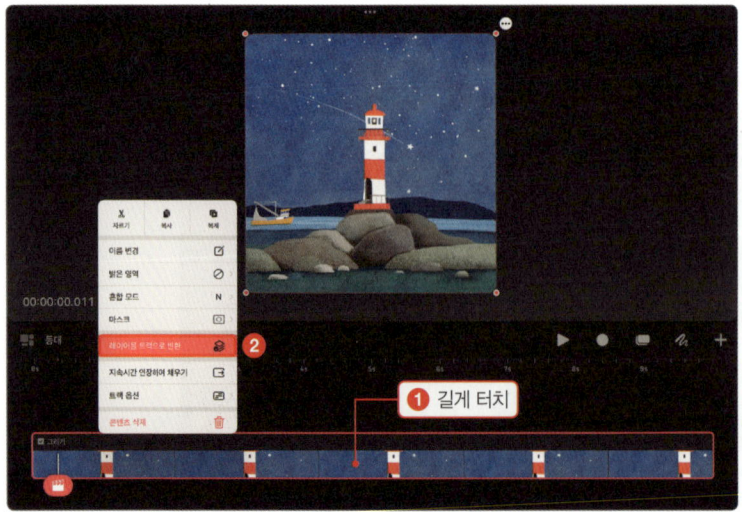

04 하나의 그룹으로 묶어서 표시되면 ❶ [>] 아이콘을 터치하여 그룹을 펼친 후 포함된 콘텐츠를 확인합니다. 이어서 ❷ 맨 위에 있는 그룹 콘텐츠를 길게 터치한 후 ❸ [그룹 해제]를 선택하면 ❹ 각각의 콘텐츠 트랙으로 그룹이 해제됩니다.

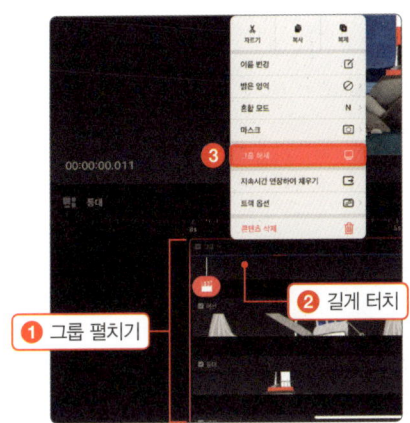

일정한 속도로 움직이는 어선 표현하기

어선이 왼쪽에서 오른쪽으로 일정한 속도로 움직이도록 키프레임을 설정해 보겠습니다.

01 ❶ [어선] 콘텐츠를 선택한 후 ❷ 어선을 스테이지 왼쪽 바깥으로 옮깁니다. ❸ 재생 헤드를 0초 위치로 옮긴 후 터치하고 ❹ [이동] – [이동 및 비율]을 선택해서 키프레임을 추가합니다.

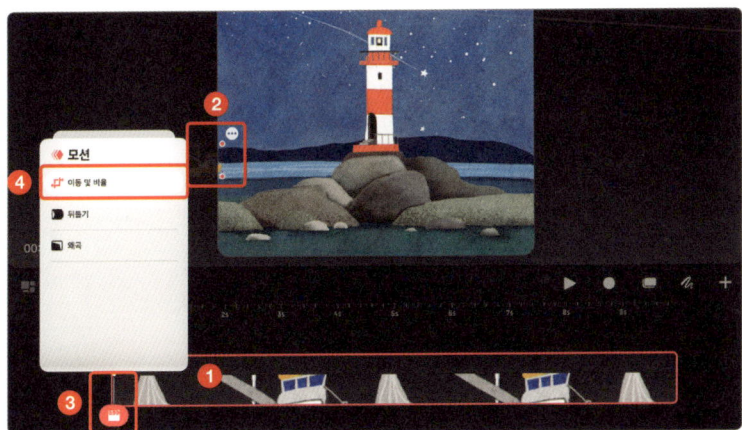

02

❶ 키프레임 헤드를 오른쪽 끝(10초 위치)으로 옮깁니다. ❷ 스테이지에서 어선을 다음과 같이 오른쪽 끝에 걸치도록 수평으로 옮깁니다. 어선을 옮기면서 다른 한 손가락으로 임의의 위치를 터치하고 있으면 수평으로 옮길 수 있습니다.

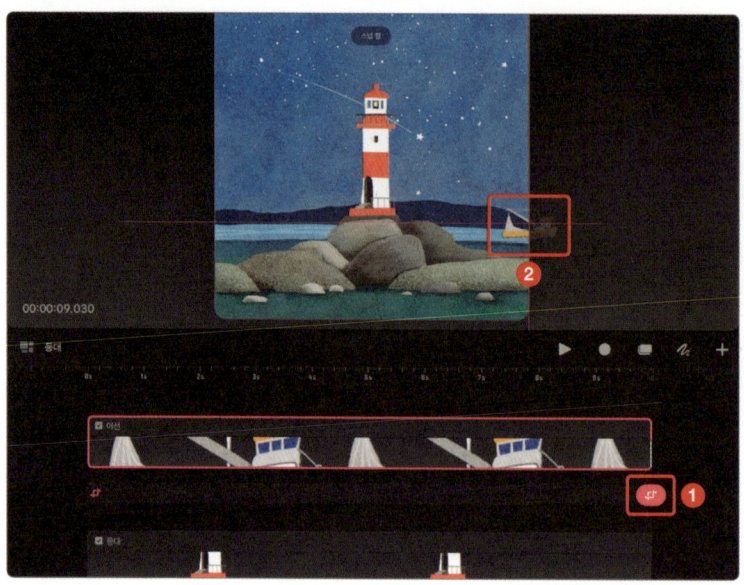

03

결과를 재생해 보면 배가 천천히 움직이기 시작해서 점점 빨라지고, 다시 천천히 멈춥니다. 일정한 속도로 움직이도록 이징 설정을 변경하겠습니다. ❶ [어선] 콘텐츠의 키프레임 트랙을 길게 터치한 후 ❷ [모든 이징 설정]-[선형]을 선택합니다.

그리기 기능으로 등대 불빛 표현하기

그리기 및 페인트 모드에서 직접 드로잉하여 불빛을 표현해 보겠습니다.

01 우선 트랙의 위치부터 조정하겠습니다. ① [어선] 콘텐츠를 길게 터치한 채 [등대] 콘텐츠 아래로 드래그해서 옮깁니다. ② [어선] 콘텐츠가 있던 자리는 빈 트랙이 남습니다.

TIP 앞서 영상을 재생했을 때 어색한 점이 하나 더 있었을 것입니다. 바로 어선의 위치입니다. 트랙의 위치는 스테이지의 화면에 표시되는 콘텐츠의 위치에도 영향을 미칩니다. 현재 [어선] 콘텐츠가 맨 위에 배치되어 있으므로, 등대보다 아래쪽으로 옮겨진 것입니다. 이때 [배경] 콘텐츠보다 아래쪽에 배치하면 배경에 가려져 어선이 사라지므로 주의하세요.

02 [어선] 콘텐츠를 옮긴 후 남은 빈 트랙에서 불빛을 그려 보겠습니다. ① 재생 헤드를 맨 위에 있는 빈 트랙의 맨 앞으로 옮긴 후 ② 툴바에서 [그리기 및 페인트] 아이콘을 터치하여 그리기 및 페인트 모드를 시작합니다.

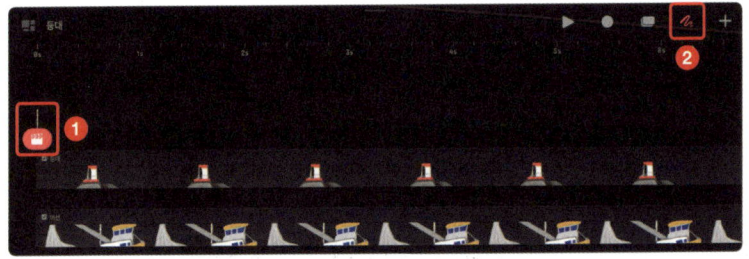

TIP 맨 위에 있는 빈 트랙을 삭제했다면 다시 트랙을 추가한 후 그리기 및 페인트 모드를 시작해야 합니다.

03 그리기 및 페인트 모드의 ❶ 툴바에서 [브러시] 아이콘을 터치한 후 ❷ [서예] – [모노라인]을 선택하고, ❸ [색상] 아이콘을 터치하여 노란색 계열로 선택합니다.

04 다음과 같이 등대 오른쪽으로 ❶ 삼각형 모양의 불빛 테두리를 그린 후 ❷ [색상] 아이콘을 터치한 채 테두리 안쪽으로 드래그하면 테두리 안쪽이 노란색으로 채워집니다.

05 ❶ 타임라인에서 1프레임으로 표시된 등대 불빛의 길이를 2초 위치까지 늘입니다. 그리기 콘텐츠의 오른쪽 끝을 터치한 채 오른쪽으로 드래그하면 됩니다. 이어서 ❷ 그리기 콘텐츠를 길게 터치한 후 **[이름 변경]**을 선택하여 이름을 '불빛'으로 변경합니다.

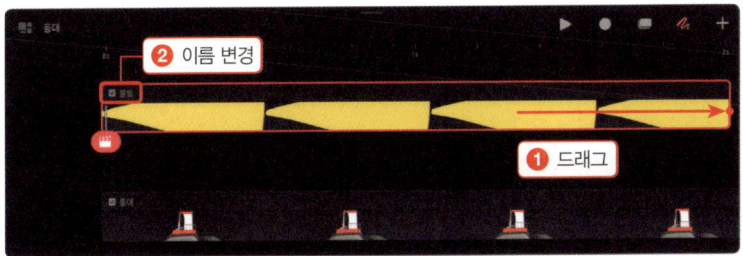

TIP 1프레임 길이의 콘텐츠에서 오른쪽 끝을 선택하기 어려울 때는 타임라인을 두 번 빠르게 터치하여 확대한 후 길이를 조절하면 편리합니다.

06 배경과 불빛이 자연스럽게 어우러지도록 혼합 모드와 불투명도를 변경해 보겠습니다. ❶ **[그리기 레이어]** 아이콘을 터치한 후 ❷ 레이어 목록에서 혼합 모드 설정을 터치하여 목록을 펼치고 ❸ **[소프트 라이트]**를 선택합니다. ❹ **[불투명도]**는 **[80%]**가 적당합니다. ❺ **[완료]**를 터치하여 그리기 및 페인트 모드를 마칩니다.

회전하는 불빛의 움직임 표현하기

등대의 불빛은 한 방향만 고정해서 비추는 것이 아니죠? 오른쪽에서 왼쪽으로 회전하는 등대의 불빛을 연출해 보겠습니다.

01 ① 재생 헤드를 [불빛] 콘텐츠의 2초 위치로 옮긴 후 재생 헤드를 터치하고 ② [이동]-[이동 및 비율]을 선택하여 키프레임을 추가합니다.

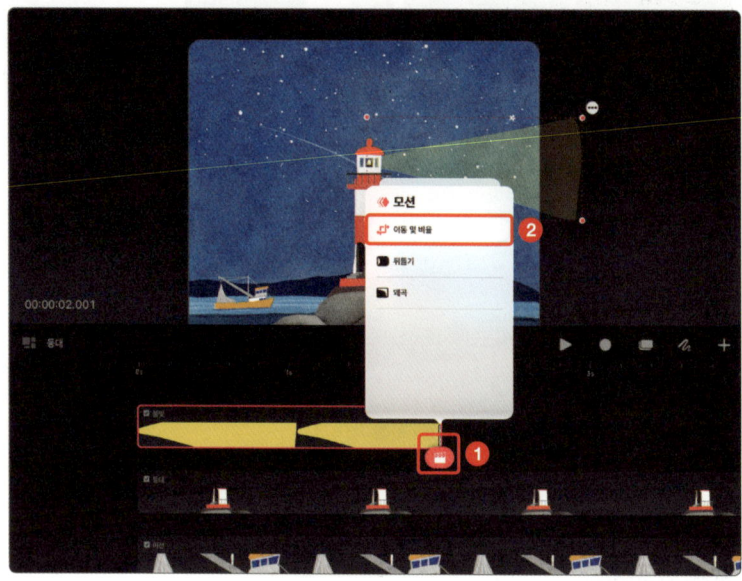

02 자동으로 시작 위치(맨 앞)에도 키프레임이 추가됩니다. 2초 위치에 있는 키프레임이 선택된 상태로 ① 스테이지에서 […] 아이콘을 터치한 후 ② [앵커 편집]을 선택합니다.

03 + 모양의 앵커가 표시되면 ❶ 그림과 같이 앵커의 위치를 등대 중앙의 전구 쪽으로 옮기고 ❷ [완료]를 터치하여 앵커 편집을 마칩니다.

04 앵커 편집까지 마쳤으면 이제 다음과 같이 불빛이 마치 정면을 향해 다가오는 것처럼 가로는 좁고, 세로로 길게 변형합니다. ❶ 스테이지에서 불빛의 위쪽 점선 테두리를 위로, ❷ 오른쪽 점선 테두리를 왼쪽으로 드래그해서 옮기면 됩니다.

TIP 정확하게 한쪽 면에 있는 점선을 터치한 채 드래그해야 합니다. 다른 곳을 터치한 채 드래그하면 위치가 변경될 수 있습니다.

05 ① 새로운 트랙을 추가한 후 재생 헤드를 2초 위치로 옮기고, ② [그리기 및 페인트] 아이콘을 터치하여 실행합니다. ③ [브러시] 아이콘을 터치한 후 ④ 스테이지 바깥쪽으로 사각형 테두리를 그립니다. ⑤ 노란색으로 설정된 [색상] 아이콘을 스테이지로 드래그하여 노란색으로 채웁니다.

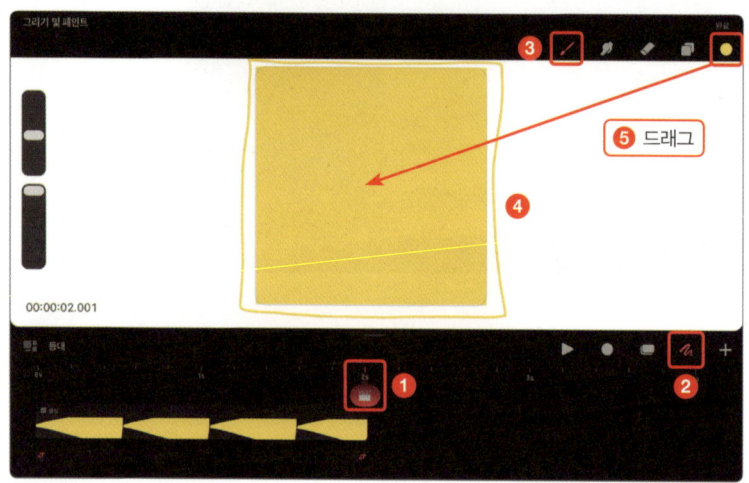

TIP 노란색 등대 불빛이 시야가 있는 쪽을 비춘다고 상상해 보세요. 눈앞이 온통 노랗게 보일 것입니다. 이 모습을 연출하기 위해 스테이지 전체를 등대 불빛과 같은 노란색으로 채웠습니다.

06 ① [그리기 레이어] 아이콘을 터치한 후 ② 혼합 모드 목록을 펼칩니다. ③ [소프트 라이트]를 선택한 후 ④ [불투명도]는 불빛과 같은 [80%]로 변경합니다. ⑤ [완료]를 터치하여 그리기 및 페인트 모드를 마칩니다.

07 노란색으로 가득 채워진 화면을 확인한 후 ❶ 타임라인에서 노란색 사각형 콘텐츠의 길이를 2프레임으로 늘입니다. 계속해서 등대 불빛이 정면을 지나 왼쪽으로 도는 모습을 표현하기 위해 ❷ [불빛] 콘텐츠를 길게 터치한 후 ❸ [복제]를 선택합니다.

08 ❶ 복제된 [불빛] 콘텐츠를 길게 터치한 채 오른쪽으로 드래그해서 사각형 콘텐츠가 끝나는 위치에 맞춥니다. ❷ 복제된 [불빛] 콘텐츠에서 앞쪽의 키프레임을 선택한 후 ❸ 스테이지에서 다음과 같이 왼쪽 방향을 향하도록 세로는 길고, 가로는 좁게 조정합니다.

TIP 불빛의 위쪽 점선은 더 위로 드래그해서 길이를 길게 조정한 후 오른쪽 점선은 등대를 지나 왼쪽까지 드래그해서 방향을 변경할 수 있습니다.

09 이번에는 ❶ 복제된 [불빛] 콘텐츠에서 뒤쪽의 키프레임을 선택한 후 ❷ 스테이지에서 다음과 같이 사다리꼴로 불빛 모양을 변경합니다. 영화를 재생해서 결과를 확인해 보세요. 오른쪽에서 왼쪽으로 회전하는 불빛이 완성되었습니다.

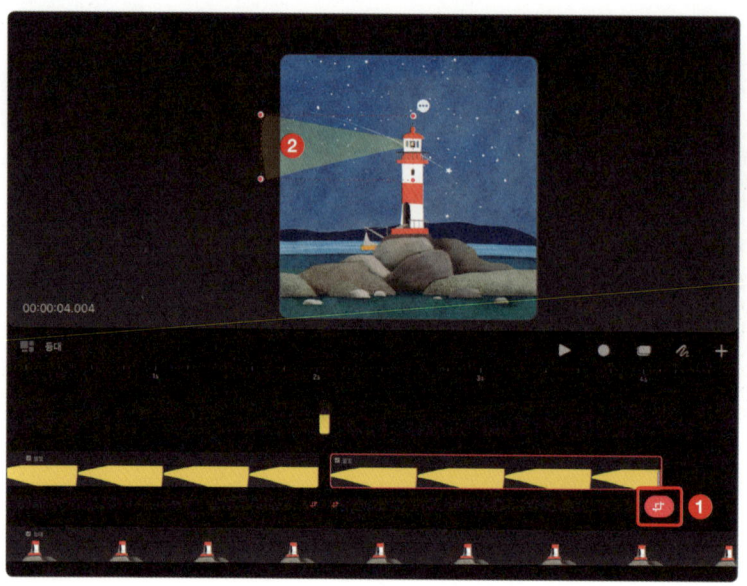

키프레임 위치 변경하여 반대 방향으로 회전시키기

오른쪽에서 왼쪽으로 회전하는 등대 불빛 콘텐츠들을 복제하여 왼쪽에서 오른쪽으로 회전하는 불빛으로 변경해 보겠습니다. 움직임이 반대 방향이 되므로 콘텐츠를 복제한 후 키프레임 위치를 변경하면 됩니다.

01 ❶ 두 번째 [불빛] 콘텐츠를 길게 터치한 후 ❷ [복제]를 선택하여 세 번째 [불빛] 콘텐츠를 만듭니다.

02 복제된 세 번째 [불빛] 콘텐츠에서 잎쪽에 있는 키프레임을 길게 터치한 채 오른쪽으로 드래그해서 맨 뒤로 옮기고, 맨 뒤의 키프레임을 길게 터치한 채 왼쪽으로 드래그해서 맨 앞으로 옮깁니다. 즉, 2개의 키프레임 위치를 변경합니다.

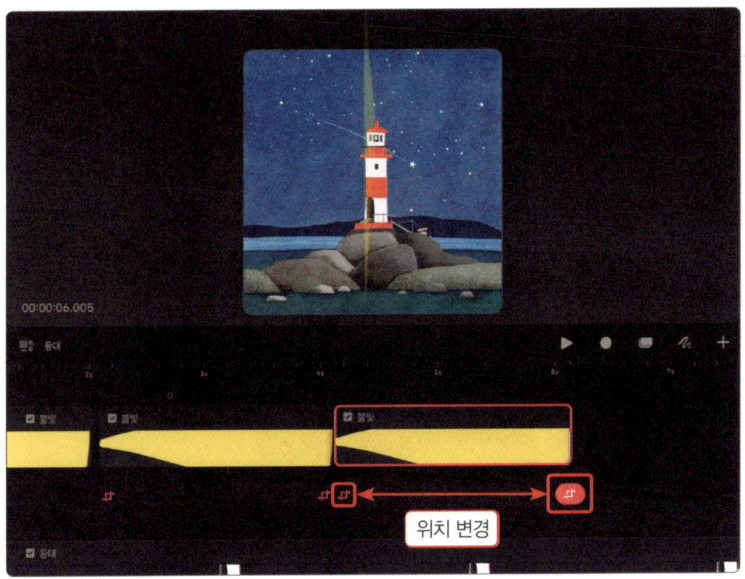

TIP 위와 같이 키프레임 위치를 변경하면 세 번째 [불빛] 콘텐츠에서는 앞쪽 키프레임 위치에서 불빛이 좁고 사다리꼴 모양이고, 뒤쪽 키프레임 위치에서 불빛이 길고 얇은 모양이 됩니다.

03 이어서 왼쪽에서 돌아오는 정면 불빛을 표현하기 위해 ❶ 2프레임짜리 사각형 콘텐츠를 길게 터치하여 복제한 후 ❷ 다음과 같이 세 번째 [불빛] 콘텐츠가 끝나는 위치로 옮깁니다.

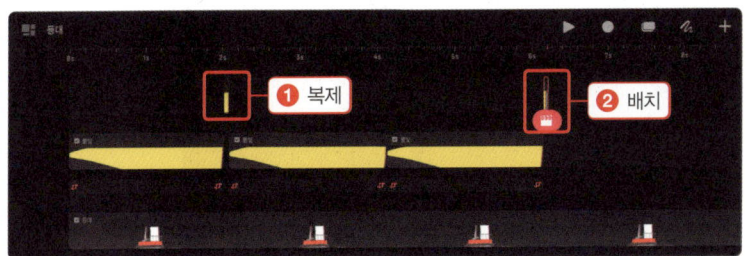

04 네 번째 [불빛] 콘텐츠를 만들기 위해 ❶ 첫 번째 [불빛] 콘텐츠를 길게 터치한 후 ❷ [복사]를 선택합니다. ❸ 재생 헤드를 세 번째 [불빛] 콘텐츠 뒤쪽으로 옮기고, ❹ 트랙의 빈 곳을 길게 터치한 후 ❺ [붙여넣기]를 선택합니다.

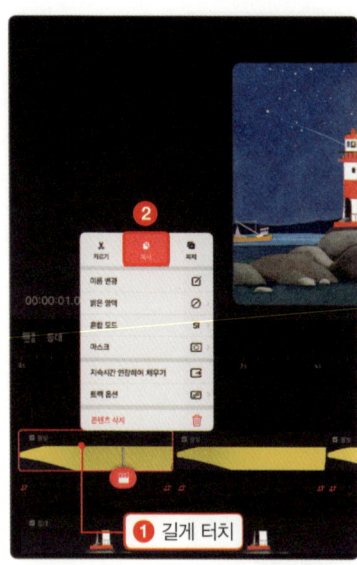
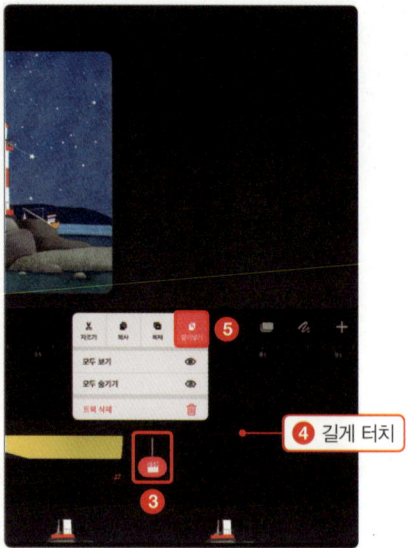

TIP 첫 번째 [불빛] 콘텐츠에서 바로 [복제]를 선택하면 현재 콘텐츠 바로 뒤쪽으로 복제된 콘텐츠가 이어집니다. 그러므로 여기서는 [복사] 후 원하는 위치에서 [붙여넣기]를 실행하였습니다.

05 붙여넣기로 추가한 네 번째 [불꽃] 콘텐츠를 길게 터치한 후 좌우로 움직여서 위쪽 트랙의 사각형 불빛이 끝나는 위치에 이어지도록 조정합니다.

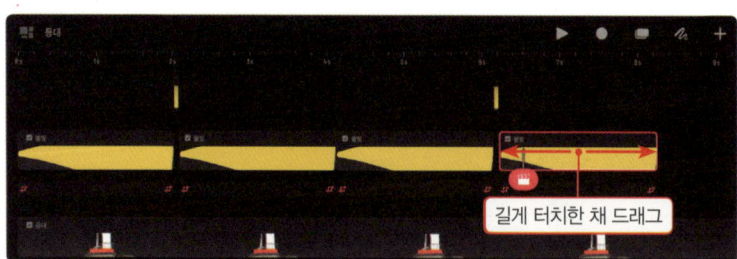

06 네 번째 [불꽃] 콘텐츠에서도 키프레임을 길게 터치한 채 드래그하여 맨 앞의 키프레임과 맨 뒤의 키프레임 위치를 서로 바꿉니다.

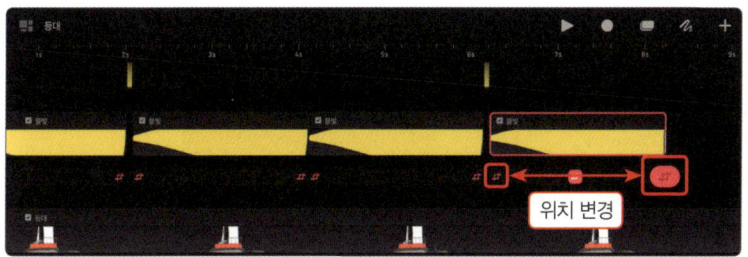

TIP 네 번째 [불빛] 콘텐츠에서는 앞쪽 키프레임 위치에서 불빛의 폭이 좁고 세로로 긴 모양이고, 뒤쪽 키프레임 위치에서 폭이 넓고, 세로로 좁은 사다리꼴 모양이 됩니다.

효과음 넣기

영화를 재생해 보면 불빛이 좌우로 움직이며 마치 회전하는 것처럼 보입니다. 마지막으로 파도 소리와 뱃고동 소리 효과음을 추가하여 영화를 완성해 보겠습니다.

01 새로운 트랙을 추가하여 맨 아래로 옮깁니다. [실습12] 폴더의 [파도소리] 오디오 파일을 가져온 후 영화가 시작되자마자 파도 소리가 들리도록 콘텐츠의 위치를 조정합니다.

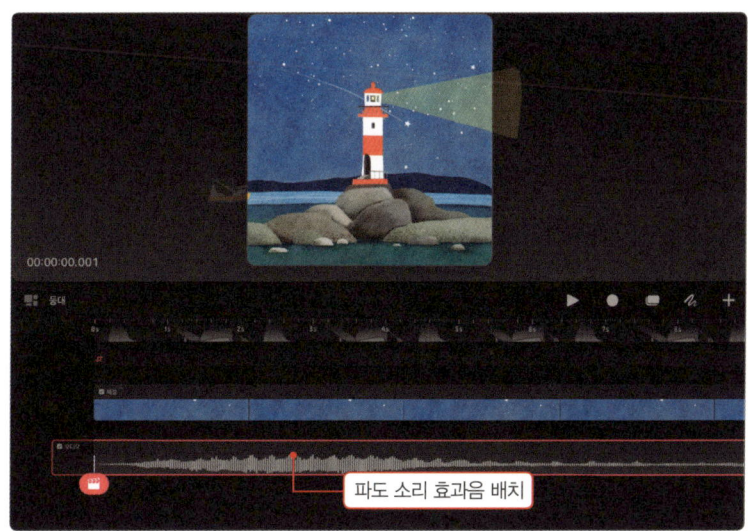

02 계속해서 새로운 트랙을 하나 더 추가한 후 이번에는 [실습12] 폴더의 [뱃고동] 오디오 파일을 가져와 배치합니다. '뱃고동' 오디오 콘텐츠는 다음과 같이 2초 위치부터 뱃고동 소리가 들리도록 위치를 조정하면 완성입니다.

LESSON 10
음악이 재생되는 턴테이블

이번에 만들 영화는 최근 점점 더 인기를 더해가는 턴테이블입니다. 엘피판을 턴테이블 위에 올리고 스위치를 켜면 음악이 잠시 재생되는 영화를 만들겠습니다.

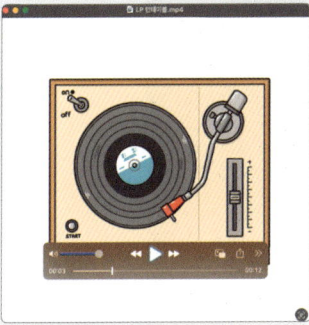

영화 설정
- **크기:** 2K 정사각형
- **초당 프레임 수:** 30FPS
- **재생 시간:** 12초사용
- **음원:** Happy Birthday to You Jazz Loop, SergeQuadrado / freesound.org

▲ 영화 미리 보기

레이어 확인 후 트랙으로 전환하기

01 ❶ [2K 정사각형, 초당 프레임 30FPS, 12초]로 설정한 후 [공백]을 터치하여 새로운 영화를 시작하고, 이름을 'LP턴테이블'로 변경합니다. ❷ 툴바에서 [+] 아이콘을 터치한 후 [파일]을 선택하여 ❸ [실습12] 폴더의 [턴테이블.procreate]를 선택하고 ❹ [열기]를 터치합니다.

02 가져온 프로크리에이트 파일의 레이어를 콘텐츠 트랙으로 변경하기 위해 ❶ 그리기 콘텐츠를 길게 터치한 후 ❷ [레이어를 트랙으로 변환]을 선택합니다.

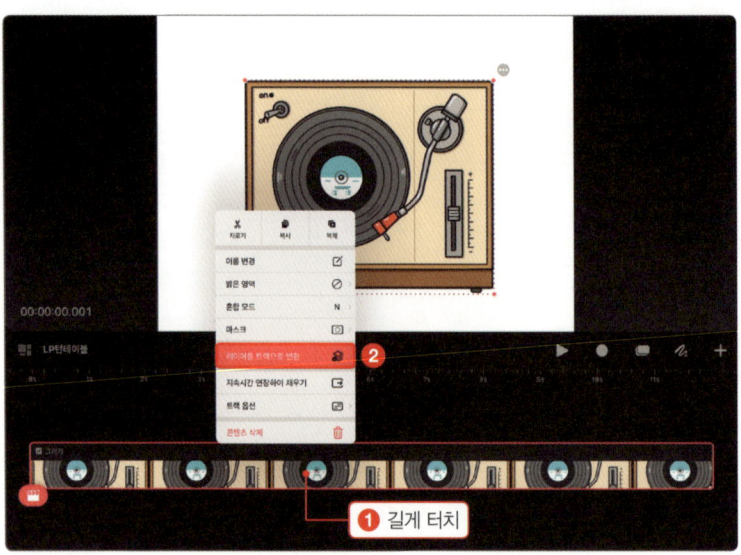

03 하나의 그룹으로 묶여서 표시되면 ❶ [>] 아이콘을 터치하여 그룹을 펼친 후 포함된 콘텐츠를 확인합니다. 이어서 ❷ 맨 위에 있는 [그룹] 콘텐츠를 길게 터치한 후 ❸ [그룹 해제]를 선택하여 ❹ 각각의 콘텐츠 트랙으로 그룹을 해제합니다.

 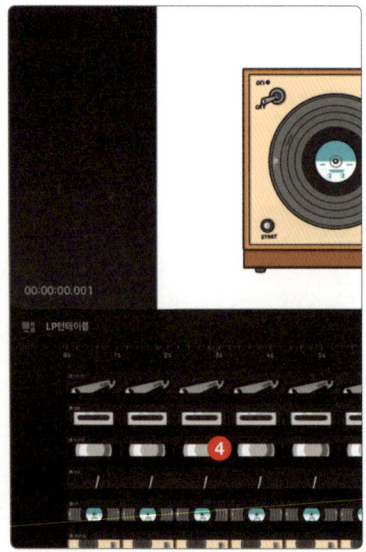

회전하는 LP판 표현하기

[LP] 콘텐츠를 이용하여 엘피판을 턴테이블에 올리는 모습부터 엘피판이 회전하는 모습까지 표현해 보겠습니다.

01 ❶ 재생 헤드를 [LP] 콘텐츠의 맨 앞으로 옮긴 후 터치합니다. ❷ [이동]-[이동 및 비율]을 선택하여 키프레임을 추가하고, ❸ 엘피판을 스테이지 왼쪽 밖으로 옮깁니다.

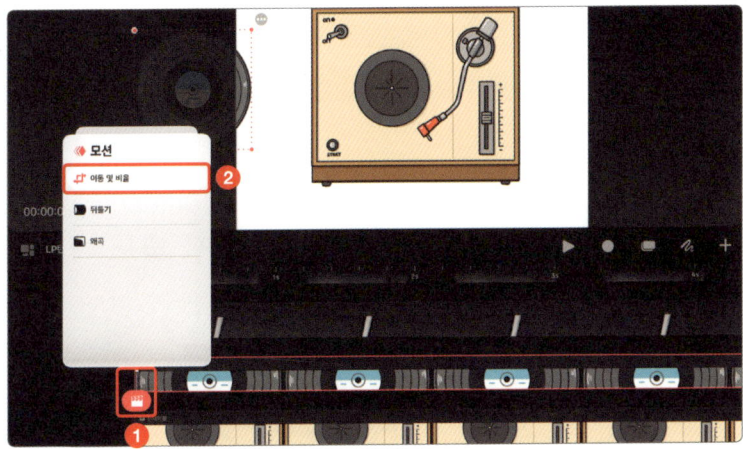

02 ❶ 키프레임 헤드를 1초(00:00:01.001) 위치로 옮긴 후 ❷ 엘피판을 다시 턴테이블 위로 옮깁니다. 설정이 변경되면서 자동으로 키프레임이 추가됩니다.

03 키프레임 헤드를 2초 위치로 옮긴 후 키프레임 헤드를 터치하여 같은 설정으로 키프레임을 추가합니다. 1초 위치와 2초 위치에서 키프레임 설정이 같으므로, 엘피판이 그대로 멈춘 상태가 됩니다.

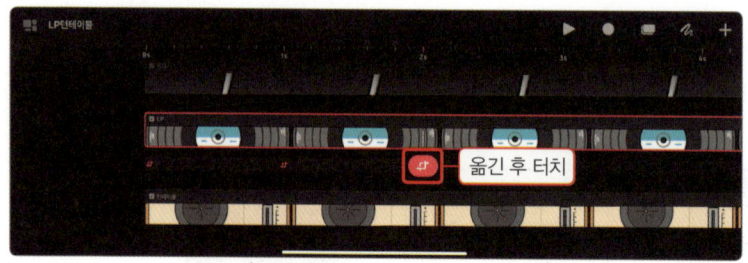

04 계속해서 2초부터 9초 위치까지 엘피판이 회전하도록 키프레임을 설정해 보겠습니다. ❶ 키프레임 헤드를 9초 위치로 옮긴 후 터치하여 키프레임을 추가합니다. ❷ 다시 한번 터치하여 팝업 창이 열리면 [회전]을 [-1440]으로 변경합니다.

> **TIP** [회전] 옵션을 마이너스로 값으로 설정하면 반시계 방향으로 회전합니다. 즉, 위 설정으로 엘피판은 2초부터 9초까지 반시계 방향으로 4바퀴 회전하게 됩니다. 옵션에서 마이너스로 값을 입력할 때는 값부터 입력한 후 [-] 아이콘을 터치하면 됩니다.

05 키프레임 헤드를 10초 위치로 옮긴 후 더치하여 같은 설정으로 키프레임을 추가합니다. 즉, 9초와 10초 사이에 엘피판은 그대로 멈춘 상태가 됩니다.

06 마지막으로 ❶ 키프레임 헤드를 11초 위치로 옮긴 후 ❷ 스테이지에 있는 엘피판을 왼쪽 스테이지 밖으로 옮깁니다. 설정이 변경되어 자동으로 키프레임이 추가됩니다.

턴테이블 스위치 ON/OFF 연출하기

텐테이블의 전원 스위치를 켜고 끄는 애니메이션을 추가하겠습니다. 턴테이블의 전원은 엘피판이 턴테이블 위로 옮겨진 후 회전이 시작되기 전에 켜지고, 멈춘 후에 꺼져야 합니다.

01 ① 재생 헤드를 [ON OFF] 콘텐츠에서 임의의 위치로 옮깁니다. ② 스테이지에서 스위치 오른쪽 위에 표시된 […] 아이콘을 터치한 후 ③ [앵커 편집]을 선택합니다.

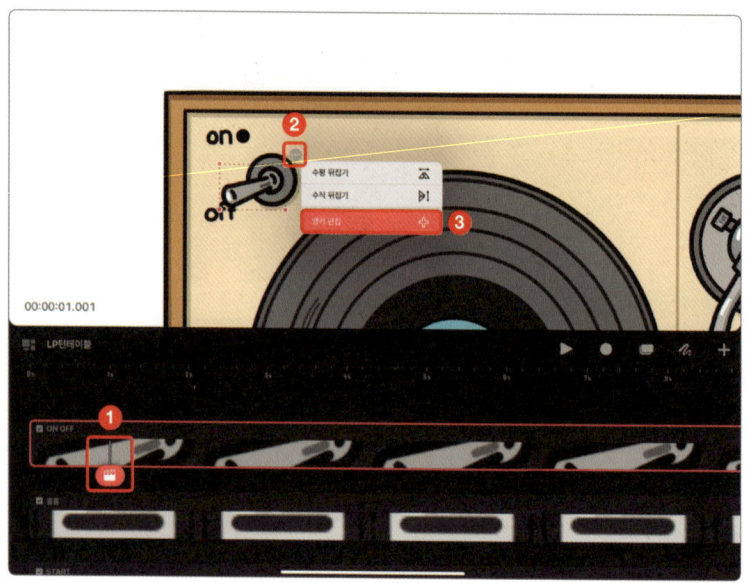

02 + 모양의 앵커가 표시되면 ① 앵커의 위치를 다음과 같이 원의 중앙으로 옮긴 후 ② [완료]를 터치하여 앵커 편집을 마칩니다.

03
❶ 재생 헤드를 [ON OFF] 콘텐츠에서 1초 15프레임(00:00:01.015) 위치로 옮기고 재생 헤드를 터치한 후 ❷ [이동]-[이동 및 비율]을 선택하여 키프레임을 추가합니다.

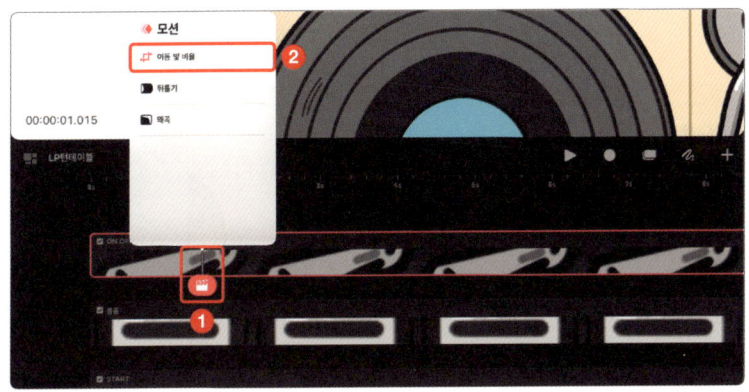

04
재생 헤드가 있던 1초 15프레임 위치와 맨 앞에 키프레임이 추가된 것을 확인할 수 있습니다. ❶ 키프레임 헤드를 1초 20프레임(00:00:01.020) 위치로 옮긴 후 ❷ 스테이지에서 스위치를 회전시켜 그림과 같이 ON을 향하도록 변형합니다.

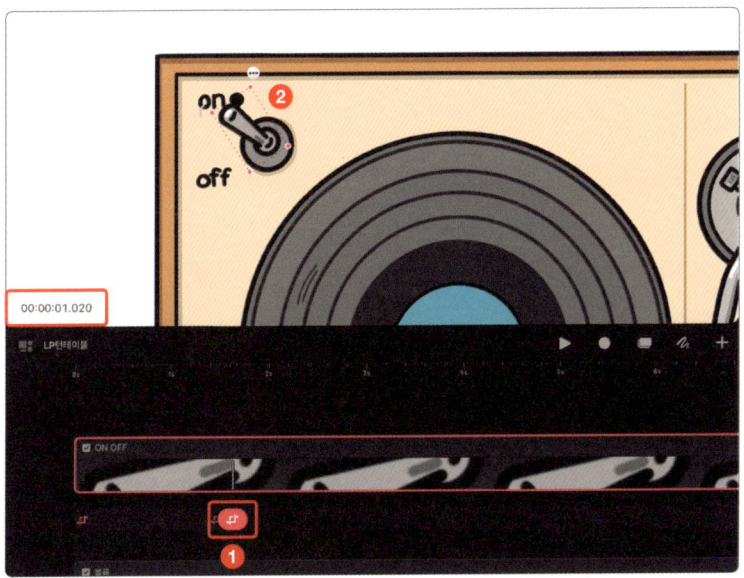

> **TIP** 스위치에 있는 임의의 빨간색 조절점을 터치한 후 회전 핸들이 표시되면 터치한 채 드래그하여 회전시킬 수 있습니다. 위와 같이 크기가 작은 이미지를 변형할 때는 스테이지 화면을 확대한 후 작업하세요.

05 키프레임 헤드를 8초 15프레임(00:00:08.015) 위치로 옮긴 후 터치하여 현재 설정 그대로 키프레임을 추가합니다. 1초 20프레임부터 8초 15프레임 위치까지 스위치는 계속 ON 상태를 유지하게 됩니다.

06 ❶ 키프레임 헤드를 8초 20프레임(00:00:08.020) 위치로 옮긴 후 ❷ 스테이지에서 스위치를 그림과 같이 OFF 위치로 회전시킵니다. 설정이 변경되므로 자동으로 키프레임이 추가됩니다.

톤암 움직임 표현하기

지금까지의 결과를 재생해 보세요. 엘피판이 턴테이블에 올려진 후 스위치가 켜지고, 엘피판이 회전하다 멈추면 다시 스위치가 꺼진 후 엘피판이 화면 밖으로 사라집니다. 이번에는 스위치와 엘피판의 움직임에 맞춰 톤암의 움직임도 표현해 보겠습니다.

01 ❶ 재생 헤드를 [픽업] 콘텐츠에서 임의의 위치로 옮깁니다. ❷ 스테이지에서 톤암 오른쪽 위에 표시된 […] 아이콘을 터치한 후 ❸ [앵커 편집]을 선택합니다.

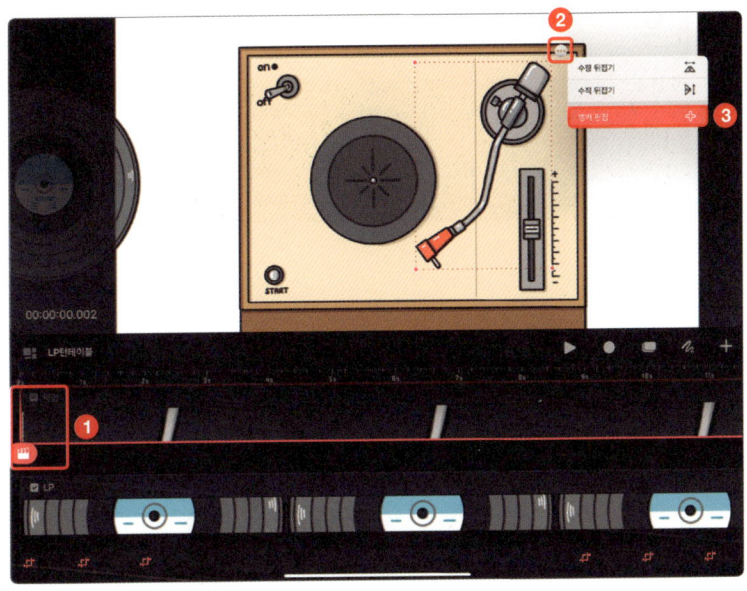

02 + 모양의 앵커가 표시되면 ❶ 앵커의 위치를 다음과 같이 원의 중앙으로 옮긴 후 ❷ [완료]를 터치하여 앵커 편집을 마칩니다.

03 ❶ 스테이지에서 톤암을 회전시켜 그림과 같이 위치를 조정합니다. ❷ 재생 헤드를 2초 위치로 옮기고 터치한 후 ❸ [이동]-[이동 및 비율]을 선택하여 키프레임을 추가합니다.

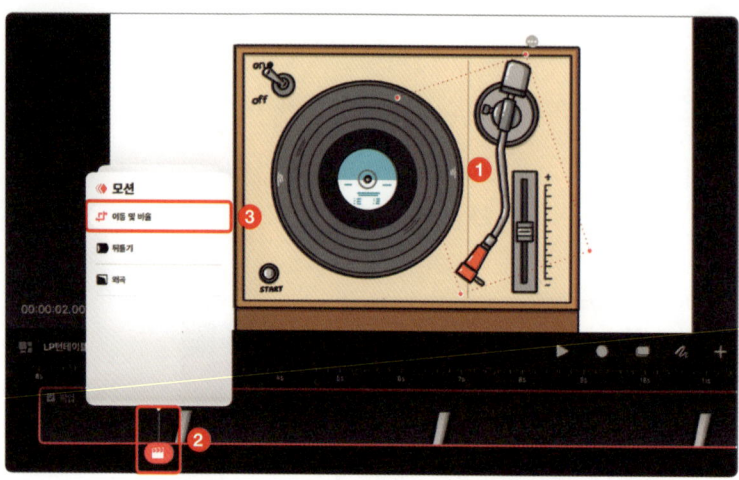

04 ❶ 2초 위치와 함께 0초 위치에도 자동으로 키프레임이 추가되어 0초부터 2초 위치까지 톤암이 멈춘 상태가 됩니다. ❷ 키프레임 헤드를 3초 위치로 옮기고, ❸ 스테이지에서 톤암을 회전시켜 그림과 같이 엘피판과 겹치게 배치합니다. 설정이 변경되므로 자동으로 키프레임이 추가됩니다.

05 계속해서 키프레임 헤드를 9초 위치로 옮긴 후 터치하여 같은 설정으로 키프레임을 추가합니다. 3초부터 9초 위치까지 톤암이 멈춘 상태가 됩니다.

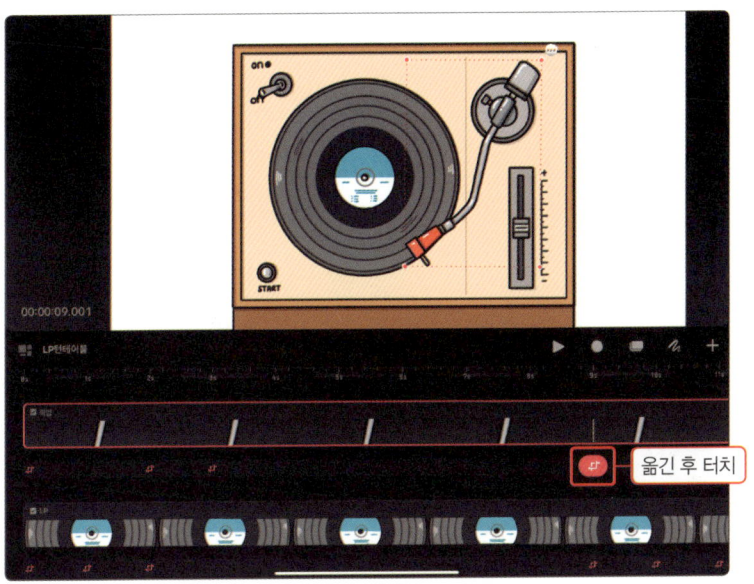

06 ❶ 키프레임 헤드를 10초 위치로 옮긴 후 ❷ 스테이지에서 톤암을 회전시켜 그림과 같이 처음 위치로 되돌립니다. 설정이 변경되므로 자동으로 키프레임이 추가됩니다.

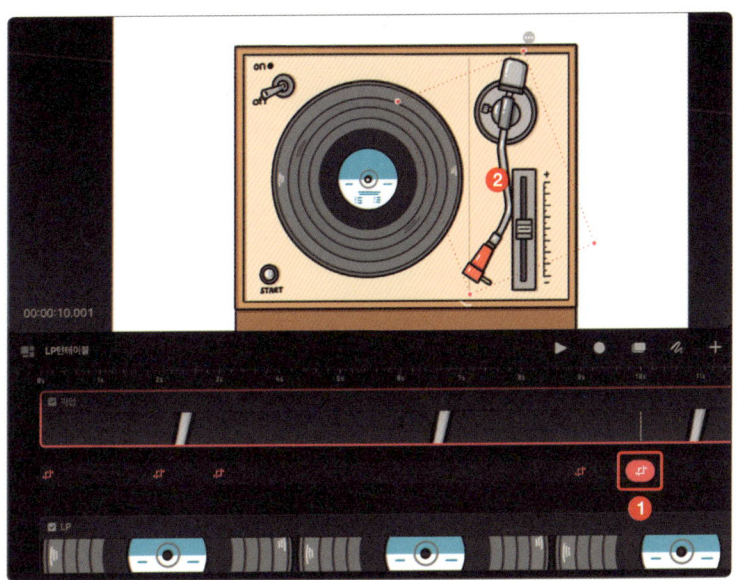

효과음 추가하기

이제 애니메이션 작업은 끝났습니다. 이번 실습에서 [START]와 [볼륨] 콘텐츠는 별도로 사용하지 않으므로, 창의력을 발휘하여 자유롭게 애니메이션을 추가해 봐도 좋습니다. 끝으로 엘피판을 옮기는 소리, 스위치 소리, 그리고 엘피판에서 재생되는 음악을 추가하여 영화를 완성해 보겠습니다.

01 ❶ [LP] 콘텐츠 위로 새로운 트랙을 추가한 후 ❷ [실습13] 폴더의 [LP꺼내기] 오디오 파일을 찾아 가져옵니다.

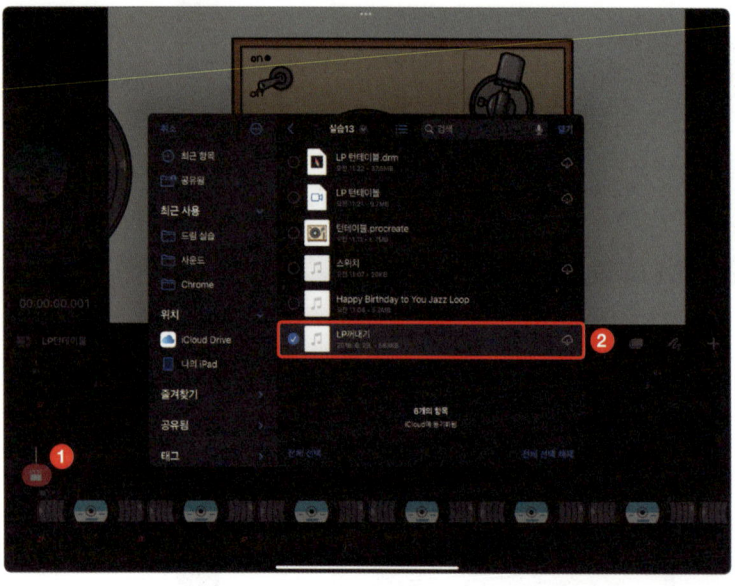

TIP [+] 아이콘을 터치한 후 [트랙]을 선택하여 새로운 트랙을 추가할 수 있고, [+] 아이콘을 터치한 후 [파일]을 선택하여 오디오 파일을 가져올 수 있습니다.

02 오디오를 재생해 보면 엘피판이 이동하는 소리가 2회 들립니다. 이 오디오를 분할하여 엘피판을 턴테이블에 올릴 때와 꺼내는 위치에 각각 배치하겠습니다. ❶ 재생 헤드를 오디오 콘텐츠의 중간 정도로 옮긴 후 터치하고 ❷ [편집]-[분할]을 선택합니다.

03 오디오 콘텐츠가 분할되면 앞뒤의 오디오 콘텐츠를 각각 길게 터치한 후 그림과 같이 엘피판이 이동하는 시점에 맞춰 오디오가 재생되도록 위치를 조정합니다. 실습에서는 각각 0초~1초 사이, 10초~11초 사이에서 재생되도록 옮겼습니다.

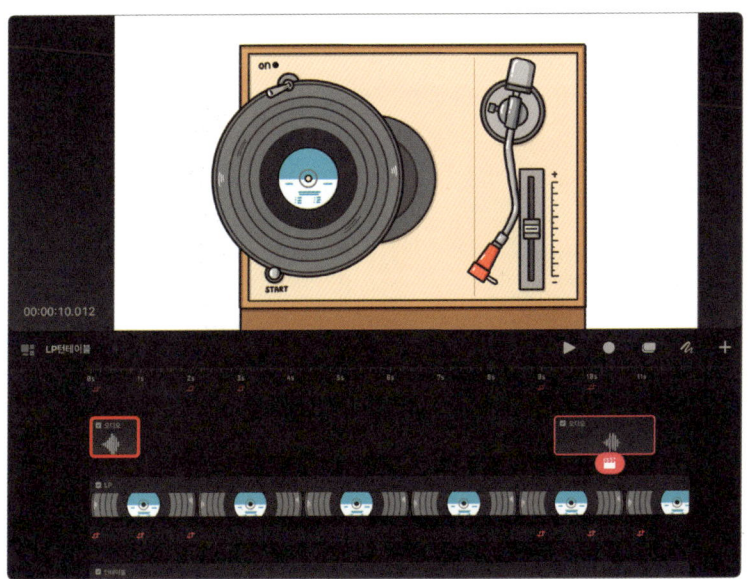

04 계속해서 스위치 효과음을 추가하기 위해 ❶ 재생 헤드를 오디오 콘텐츠가 있는 트랙에서 1초~2초 위치 사이로 옮긴 후 ❷ 툴바에서 [+] 아이콘을 터치하고 ❸ [파일]을 선택하여 [실습13] 폴더의 [스위치] 오디오 파일을 가져옵니다.

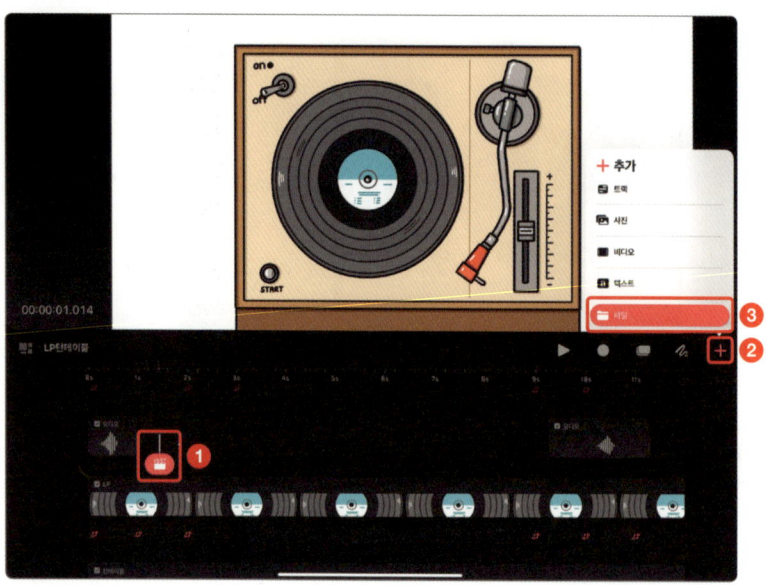

05 스위치 오디오 콘텐츠가 배치되면 ❶ 스위치 효과음 콘텐츠를 길게 터치한 후 ❷ [복제]를 선택합니다.

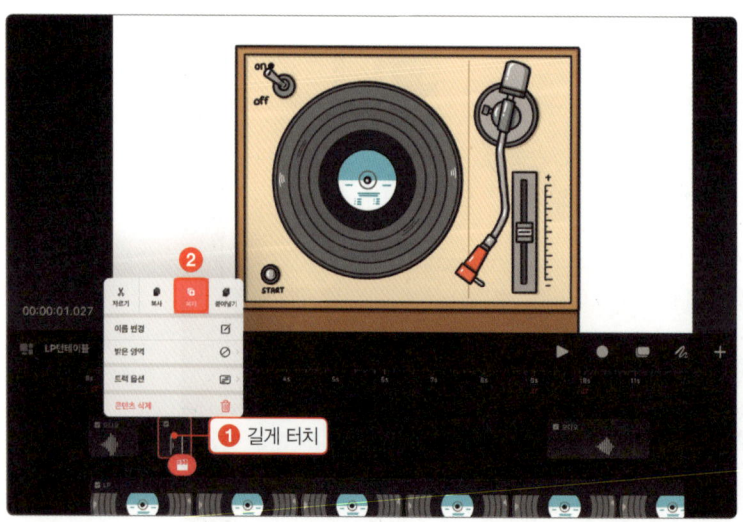

06 영화를 재생해 보면서 2개의 스위치 효과음 콘텐츠를 실제 스위치가 작동하는 시점에 맞게 옮깁니다.

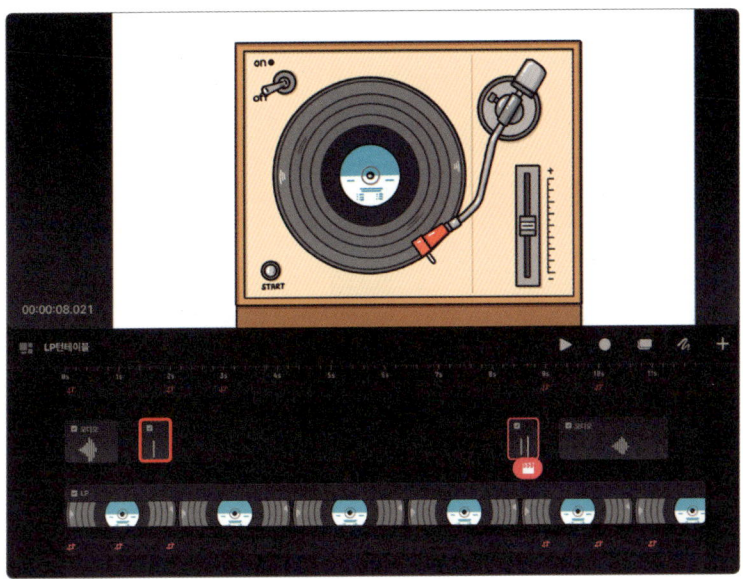

07 끝으로 엘피판에서 재생되는 음악을 표현하기 위해 ❶ 맨 위에 새로운 트랙을 추가한 후 ❷ [실습13] 폴더의 [Happy Birthday to You Jazz Loop] 오디오 파일을 가져옵니다.

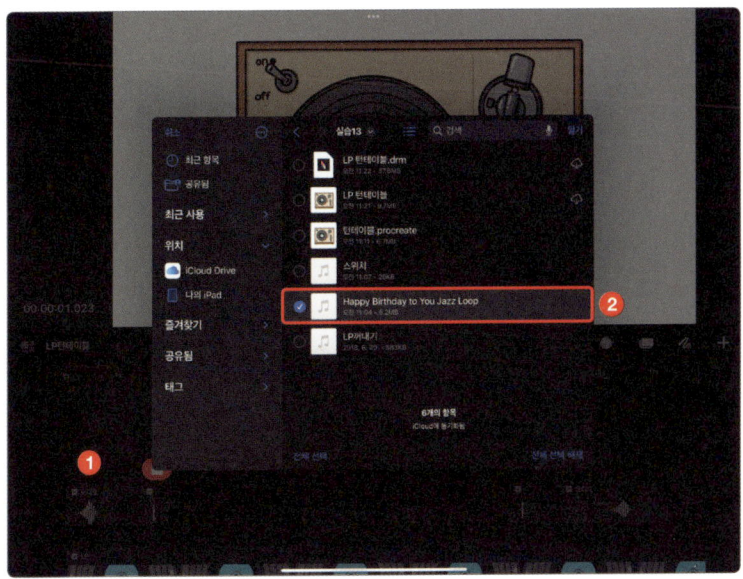

LESSON 10 음악이 재생되는 턴테이블

08 ❶ 음악 콘텐츠의 시작 위치를 엘피판이 회전하기 시작하는 3초 위치로 맞춥니다.
❷ 재생 헤드를 8초 위치로 옮긴 후 터치하여 ❸ [편집]-[분할]을 선택합니다.

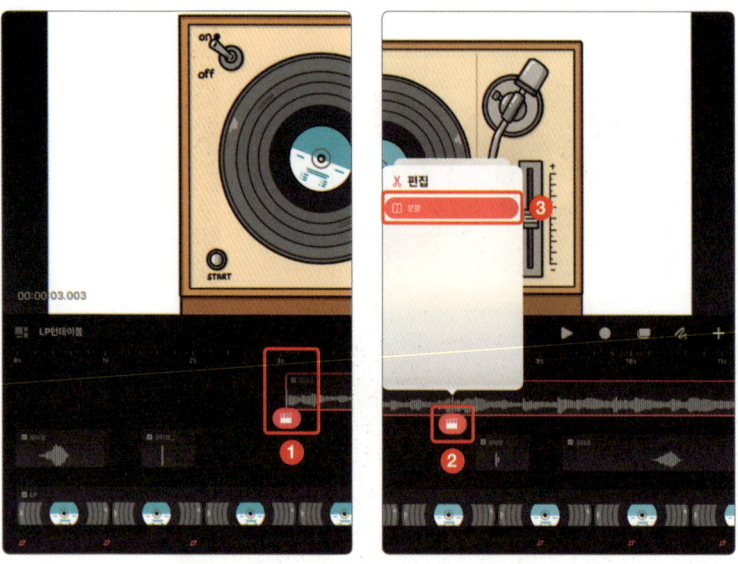

09 끝으로 분할된 오디오 콘텐츠 중 뒤에 있는 콘텐츠를 길게 터치한 후 ❶ [콘텐츠 삭제]를 선택합니다. 축하 드립니다. 드디어 완성입니다. 애니메이션과 효과음, 음악이 모두 잘 어울리는지 재생해 보세요.

246 **PART 02** 프로젝트로 배우는 프로크리에이트 드림

좀 더 효과적인 애니메이션 제작을 위한 보조 도구

꼭 필요한 것은 아니지만, 필자의 경험상 있으면 도움이 되는 장비를 몇 가지 소개합니다.

프로크리에이트 앱

프로크리에이트는 드로잉과 페인팅에 특화되어 있습니다. 반면, 프로크리에이트 드림은 애니메이션에 특화되어 있습니다. 일부 기능은 프로크리에이트와 비슷해 익숙하게 사용할 수 있습니다. 그러나 프로크리에이트에서 익숙하게 사용하던 몇 가지 기능(퀵 쉐이프, 브러시 스튜디오 등)은 지원하지 않아 불편하게 느껴질 수 있습니다. 프로크리에이트와 프로크리에이트 드림은 역할을 적절하게 나누고 있습니다. 따라서 프로크리에이트와 프로크리에이트 드림은 함께 사용할 때 더욱 효과적입니다. 세밀하고 완성도 높은 작품을 만들고 싶다면 프로크리에이트에서 드로잉과 채색 작업을 진행하고, 분리된 레이어를 프로크리에이트 드림으로 가져와서 애니메이션을 추가하는 방식으로 작업하는 것을 추천합니다.

종이 질감 필름

미끄러운 얼음 위를 걷는 것과 아스팔트 위를 걷는 것을 비교해 보세요. 디지털 드로잉도 마찬가지입니다. 약간의 마찰력이 있으면 펜을 좀 더 쉽게 제어할 수 있습니다. 다만, 종이 질감 필름을 부착하면 화면의 반사율이 조금 떨어집니다. 시중에는 다양한 종이 질감 필름이 출시되어 있습니다. 본인의 취향에 맞게 선택할 수 있으며, 필자는 수년간 '랩씨 종이 질감 필름'을 사용하고 있습니다. 다른 제품에 비해 표면이 덜 거칠고 애플 펜슬을 순정으로 사용하면 착 감기는 느낌으로 작업할 수 있습니다.

▲ 랩씨 종이 질감 필름

펜슬 팁

애플 펜슬의 팁은 소모품입니다. 열심히 작업하다 보면 어느 순간 플라스틱이 닳아 없어지고 스틸로 된 철심이 드러나게 됩니다. 현재, 애플 펜슬의 펜촉에 끼울 수 있는 다양한 제품이 출시되어 있으나 오랜 경험으로 필자가 내린 결론은 '순정'입니다. 애플의 정품 펜슬 팁은 1세트(4개)에 2만 원 중반으로 저렴한 가격은 아니지만, 매일 작업해도 1세트면 1년 정도는 여유 있게 사용할 수 있습니다.

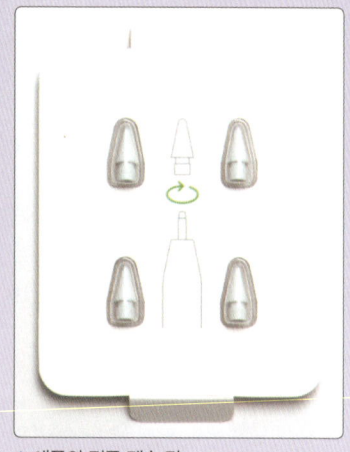

▲ 애플의 정품 펜슬 팁

거치대

장시간 애니메이션 작업을 할 때는 적당한 각도에서 작업하는 것이 매우 중요합니다. 제일 좋은 것은 상판의 각도가 조절되는 책상입니다. 차선책으로 시중에 나와 있는 노트북 거치대를 이용하면 좀 더 편리하게 작업할 수 있습니다.

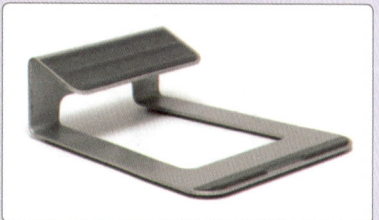

▲ 다양한 모양의 거치대

한 가지 팁을 드리자면, 가능하면 바닥과 만나는 부분이 불편하지 않는 것을 선택하는 것이 좋습니다. 이 부분이 생각보다 손바닥을 아프게 합니다. 아이패드를 거치하고 손을 움직여 보면 금방 알 수 있습니다. 보기에는 예쁘고 저렴하지만 정말 많은 거치대가 이 부분이 불편해 오랜 작업이 어렵습니다.

▲ 스케치보드 프로 홈페이지(https://sketchboardpro.com/)

부담스러운 가격이지만 제품을 추천해 달라고 하면 아이패드 전용 드로잉 거치대인 스케치보드 프로를 소개하곤 합니다. 아이패드가 쏙 들어가도록 설계되어 있어 정말 편하게 작업할 수 있습니다. 20만 원대 초반이며, 직구로만 구매할 수 있지만, 일단 사용해 보면 정말 편하고 생산성도 높아집니다.

드로잉 장갑

3개의 손가락은 펜슬을 잡고, 나머지 2개의 손가락만 끼우는 장갑입니다. 살짝 우스꽝스러운 모습이지만 스크린과 손바닥의 마찰을 줄여서 좀 더 편하게 작업할 수 있습니다. 부담 없는 가격에 전문가처럼 보이는 장점이 있습니다. 반드시 필요한 것은 아닙니다.

▲ 드로잉 장갑

실리콘 그립

애플 펜슬의 플라스틱 표면은 생각보다 미끄럽고 두께는 얇습니다. 따라서 적당한 두께의 그립을 끼우면 작업 효율이 좋아집니다. 실리콘 그립 선택 시에 고려해야 할 것이 하나 있습니다. 그것은 바로 '얼마나 쉽게 탈부착이 가능한가'입니다. 그립을 끼운 상태로 애플 펜슬을 충전할 수 없기 때문입니다. 인터넷에서 다양한 제품을 구입할 수 있지만 필자는 사용하지 않는 낡은 펜에서 가져온 실리콘 그립을 애용합니다.

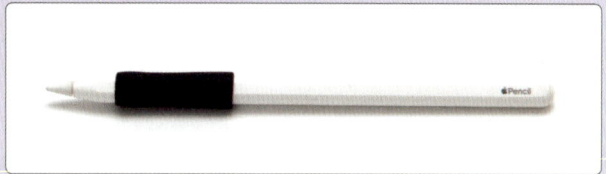

▲ 실리콘 그립을 끼운 애플 펜슬

진솔한 서평을 올려주세요!

이 책 또는 이미 읽은 제이펍의 책이 있다면, 장단점을 잘 보여주는 솔직한 서평을 올려 주세요.
매월 최대 5건의 우수 서평을 선별하여 원하는 제이펍 도서를 1권씩 드립니다!

- **서평 이벤트 참여 방법**
  - 제이펍 책을 읽고 자신의 블로그나 SNS, 각 인터넷 서점 리뷰란에 서평을 올린다.
  - 서평이 작성된 URL과 함께 **review@jpub.kr**로 메일을 보내 응모한다.

- **서평 당선자 발표**
  - 매월 첫째 주 제이펍 홈페이지(**www.jpub.kr**)에 공지하고, 해당 당선자에게는 메일로 연락을 드립니다.
  - 단, 서평단에 선정되어 작성한 서평은 응모 대상에서 제외합니다.

독자 여러분의 응원과 채찍질을 받아 더 나은 책을 만들 수 있도록 도와주시기 바랍니다.

찾아보기

기호

.dream 42
.drm 42
.procreate 61

F

Flip Book 34

H

HSB 75

K

Key Frame 35

P

Performing 35

S

Stage 24

T

Time Code 25
Tool Bar 26

ㄱ

공백 23
공유 38, 41
그룹 137
그리기 23
그리기 및 페인트 46
극장 18
길이 조정 49

ㄷ

뒤틀기 159

ㄹ

라이브 필터 75
레벨 126
레이어 63

ㅁ

명도 75
모션 필터링 134

ㅂ

반복 재생 55
배경색 92
배경 색상 25, 46

배경 음악 123
복제 19
불투명도 47, 153
브러시 크기 47
비디오 41

ㅅ

사이드바 19
삭제 19
새로운 영화 19
색상 변경 75
색조 75
선형 69
선형 번 198
속성 36
수평 뒤집기 73
스냅 기능 148
스테이지 24, 37
스테이지 등장 78
실행취소 40

ㅇ

앵커 편집 135
어니언 스킨 25, 84
연출 35, 53
영화 19
음량 127

찾아보기

이동 및 비율 117
이름 변경 114
이미지로 저장 41
이즈 아웃 69
이즈 인 69
이징 69

ㅈ

작업 영역 24
작업 취소 30
재생 헤드 28
재실행 30
제스처 30
지속시간 연장하여 채우기 48

ㅊ

참고 이미지 80
채도 75
초기화 31
축소 31, 32

ㅋ

콘텐츠 삭제 87
콘텐츠 위치 49
클리핑 마스크 206
키프레임 35, 60

키프레임 간격 77
키프레임 상세 56

ㅌ

타임라인 27, 38
타임라인 채우기 48
타임라인 편집 97
타임라인 확대 200
타임 코드 25
툴바 26
트랙 27
트랙 삭제 87
트랙 옵션 98
트랙으로 전환 166

ㅍ

페이드 아웃 126
페이드 인 126
폴더 19
프레임 22
프레임 단위 95
프로크리에이트 61
플립북 34, 79
플립북 모드 81
필터 100

ㅎ

해상도 23
혼합 모드 198
확대 31, 32
환경설정 36
회전 31, 234